Peter Neville ist ein in England sehr bekannter Tierpsychologe, der als kompetenter Fachmann regelmäßig im Fernsehen BBC 1 auftritt. Als Bestsellerautor hat er mehrere erfolgreiche Tierbücher verfaßt, unter anderem »Hunde verstehen«.

Von Peter Neville ist außerdem erschienen:

Hunde verstehen (Band 82025)

Dieses Buch wurde auf chlor- und säurefreiem Papier gedruckt.

Vollständige Taschenbuchausgabe Juni 1993
Droemersche Verlagsanstalt Th. Knaur Nachf., München

Dieses Buch ist im Verlag Müller Rüschlikon unter dem Titel
»Versteh deine Katze« erschienen.

Titel der Originalausgabe »Do Cats Need Shrinks?«
Originalverlag Sidgwick & Jackson Ltd., London
Aus dem Englischen von Dr. Martha Jacober
Umschlaggestaltung Adolf Bachmann
Umschlagfoto Silvestris / Siegfried Kerscher
Druck und Bindung brodard & taupin
Printed in France
ISBN 3-426-82024-2

2 4 5 3 1

Peter Neville

Katzen verstehen

Tierpsychologie im Alltag

Knaur

Ich danke

Claire für all ihre Geduld, ihre Liebe und ihr Können. Und Bullet, Scribble, Wandsworth, Nimrod und Thumper, den Katzen, die ich bis jetzt erlebt habe. Danke all den Tierärzten, die mir Fälle geschickt haben, besonders Ian Hughes und seinen Partnern. Keith Butt, Geoff Little und seinen Partnern, Professor Keen und Tim Gruffydd-Jones, die mir Tierpsychiater bei meiner Arbeit mit ausgezeichneten Einrichtungen und erfahrenem Rat beistehen. Dank sei auch meinen geduldigen Eltern, die ihren Freunden erklären müssen, welchem Beruf ihr Sohn nachgeht, und schließlich den Katzen und ihren Bewunderern überall für die Anregungen, die sie mir gegeben haben.

Inhaltsverzeichnis

Einführung

»Könnte man den Menschen mit der Katze kreuzen, so würde der Mensch besser, die Katze aber schlechter« Mark Twain

»Mr. Neville? Verzeihen Sie, daß ich Sie an einem Sonntag so früh anrufe, aber es geht um meine Katze ...nein, in Wirklichkeit um meinen Mann. Er sagt, die Katze muß weg. Sie habe es jetzt zu oft getan und entweder gehe die Katze oder er ... Sie sind meine letzte Hoffnung.«

So beginnt wieder einmal ein Sonntag um halb acht Uhr früh. Sanft schiebe ich meine eigene, gewöhnlich hyperaktive und lautstarke Siamesin Scribble, die Gott sei Dank noch schläft, und ihren Freund, den einst verwilderten Bubble, beiseite und krieche aus dem Bett, um ans andere Telefon in meinem Büro zu gehen.

»Also, Mrs. ...«

»Fisher.«

»Nehmen wir das Ganze logisch durch, damit ich klarer sehe. Als erstes, welche Art Katze haben Sie, ist es ein Männchen oder ein Weibchen, und wie alt?«

»George ist ein Mädchen. Wir dachten, sie sei ein Junge, aber das war falsch. Sie ist anderthalb Jahre alt, eine Bauernkatze. Wir haben eine zweite Katze, und sie scheinen gut miteinander auszukommen, aber sie hört einfach nicht auf, es zu tun!«

»Was tut sie denn, Mrs. Fisher?«

»Sie uriniert überallhin. Aber es ist nicht das normale Urinieren; sie steht dazu. Sie macht auch Teichlein hinter dem Sofa, und mein Mann sagt, ihm reiche es.«

»Seit wie langer Zeit tut George das?«

»Seit etwa drei Monaten, als die Nachbarskatze hereinkam und sich mit ihr in der Küche raufte. Oh, bitte sagen Sie, daß Sie helfen können; ich könnte es nicht ertragen, sie ... Sie wissen, durch den Tierarzt ...«

Das ist ein typischer Fall. Eine normale, vielgeliebte Katze hat den Schock einer Invasion durch eine benachbarte Rivalin erlebt, und zwar im sicheren Zentrum ihres Territoriums. Der Vorfall liegt schon lange zurück, wirkt aber auf Georges Verhalten immer noch nach. Es gibt den verhältnismäßig häufigen Fall von nervösem Urinieren im haus, in Sicherheit, anstatt nach draußen zu gehen, wo sie beim Kauern verwundbar ist. Im Haus zu spritzen, stellt einen verzweifelten Versuch dar, für sich zu bewahren, was sie nicht missen kann – Nahrung, Liebe, Obdach. Die vielgeliebte Katze hat schnell die Liebe eines Familienmitglieds verloren, und die Beziehung zwischen den Besitzern ist deutlich gespannt. Vielleicht bin ich wirklich die letzte Hoffnung. Das Schicksal der Katze und vielleicht sogar der Ehe hängt von meiner erfolgreichen Lösung des Problems ab.

Als erstes bat ich Mrs. Fisher, mit ihrem Tierarzt zu sprechen und abzuklären, ob nicht medizinische Gründe für Georges Verhalten verantwortlich sind, und um ihn zu bitten, den Fall an mich zu überweisen. Dann fahre ich in die Stadt, um bei den Fishers den unentbehrlichen Hausbesuch zu machen und das Problem näher zu besehen. Nach zwei Stunden wissen wir, warum George sich so verhält, und stellen ein Behandlungsprogramm auf, das eine Veränderung der Umgebung des Heims einschließt, eine kontrollierte Konfrontation mit als gefährlich empfundenen Gebieten und das Restrukturieren der Beziehung zwischen den Haltern, besonders Mr. Fisher, und George. In höchstens vierzehn Tagen sollte das Problem bewältigt sein.

Als ich mich zum Gehen anschickte, um den Rest meines Sonntags zu genießen, sagte meine Kundin nebenbei: »George frißt sich durch die Rückenlehne meines Schlafzimmerstuhls hindurch, seit sie ein kleines Kätzchen war. Kann man da etwas machen?«

Also war George nicht nur eine Spritzerin und nervöse Urinıererin, sondern gehörte zu den Gewebefressern, einer Erscheinung, die ich seit langem untersuchte. Das war nun wirklich noch einen Teil meines Sonntags wert.

An seltenen ruhigen Tagen frage ich mich oft, wie es dazu gekommen ist, daß ich ein »Heimtier-Psychiater« wurde. Wie die meisten Jungen wollte ich zunächst Fußballer, dann Forscher werden; dann baute ich mein lebenslanges Interesse für Tiere zu einem Studium der Biologie an der Universität aus. Dennoch hätte ich nie vorausgesehen, daß ich professioneller Ratgeber über das Verhalten von Heimtieren würde. Noch, daß meine Sonntage spritzenden, urinierenden, gewebefressenden Katzen gewidmet sein würden. Daß das mir passieren sollte, ist vielleicht verständlich, da ich ja Tiere sehr liebe, aber daß unsere Gesellschaft Platz haben würde für einen Ratgeber über kätzisches Verhalten, überrascht sicherlich viele, nicht zuletzt Leute aus der Generation meines Vaters. Vor dreißig Jahren war die Katze ein Tier. das kaum sein Futter wert war, geschweige denn tierärztliche Behandlung oder Studium durch einen Katzenpsychologen.

Also haben sich die Zeiten wohl geändert, und ebenso unsere Beziehung zu Katzen, damit ich meinen Beruf ausüben konnte. Dieses Buch handelt von den Problemen, die ich zu lösen habe, und von den Menschen und Katzen, deren Bekanntschaft ich machte. Vor allem aber richtet sich das Buch an Leute wie mich, die von Katzen rettungslos fasziniert sind. Es soll die eher ungewöhnlichen Aspekte ihres Verhaltens und ihrer Beziehung zu uns aufzeigen.

1

Katzen, Hunde und Menschen

Katzen waren noch nie sehr nützlich. Abgesehen von der übertriebenen Legende, sie hätten Mäuse und Ratten gefangen, folgten sie nicht dem Weg der Zähmung, durch die Pferde und Hunde zur Erfüllung bestimmter Aufgaben abgerichtet wurden, noch (mit Ausnahme gewisser fernöstlicher Länder) dem Weg, uns mit Nahrung zu versehen, wie Kühe, Schweine oder Hühner. Dennoch haben Katzen den Menschen stets begleitet – verehrt im Alten Ägypten, aber als Hexengefährten im europäischen Mittelalter umgebracht. Verfehmt und vergöttert, ist die Katze heutzutage als Heimtier in den Vereinigten Staaten beliebter als selbst der herkömmliche beste Freund des Menschen, der Hund. Dasselbe dürfte bis in die Mitte der 90er Jahre auch in England und anderswo in Nordeuropa der Fall sein.

Trotz dieser Beliebtheit waren wir nicht sehr erfolgreich darin, die Grundform der Katze zu verändern, wie wir es bei der Manipulation der Gene des Hundes fertiggebracht haben, wobei Rassen entstanden wie Deutsche Doggen, Chihuahuas, mexikanische Nackthunde und der ungarische Puli. Statt dessen haben sich die Menschen verändert: körperlich sind wir jetzt größer als je zuvor in der Geschichte, und unsere Gesellschaft verändert sich noch schneller. Die Katze, ein perfekt entwickeltes Raubtier, eignet sich ideal dafür, unsere modernen, selbsterschaffenen technischen Nischen mit uns zu teilen. Man liebt Katzen, weil sie in kleinen, modernen Wohnungen sauber sind. Sie wissen selbst, was sie tun wollen, amüsieren sich selbst und werden vor allem geschätzt, weil sie sich zu uns liebevoll verhalten in einer immer förmlicheren, geschäftsdominierten Welt, die wenig Raum für den Ausdruck von Gefühlen bietet. Kinder werden heute früher erwachsen und beginnen weit schneller als vor zwanzig Jahren, die besorgte und beschützende Einstellung ihrer Eltern abzulehnen. Dagegen gibt es die Katze, die man lieben kann und die stets – na ja, fast immer – unserem Wunsch nach liebevollem Verhalten entgegenkommt.

In einer Welt, in der der Ausdruck von Gefühlen oft als Schwäche betrachtet wird, ist die freundliche Katze eines der wenigen Alltagsventile für ungehemmten Ausdruck. Wie beruhigend, daß, wenn wir heimkommen, die Katze ihre Freude, uns zu sehen, zeigt, schnurrend und um unsere Beine streichend mit bedingungsloser Zuneigung. Und wie beruhigend, daß wir uns frei fühlen, auf diesen Gefühlsausbruch zu reagieren, ohne daß ein Mitmensch sich lustig macht oder glaubt, wir seien nur schwach, und er könne davon profitieren. Liebevoll mit seiner Katze umzugehen ist gesellschaftsfähig. Und heutzutage brauchen die Leute das mehr als je zuvor.

Warum nicht ein Hund

»Für seinen Hund ist jeder ein Napoleon; daher sind und bleiben Hunde so beliebt.« Aldous Huxley

Unsere Verbindung mit Hunden ist ungefähr 10000 Jahre alt. Die Beziehung beruhte hauptsächlich auf der Bereitschaft des Hundes, sich in unsere Gesellschaftsgruppen einzuordnen, um Nahrung, Obdach und Schutz zu erlangen. Wir verhielten uns zu ihm wie Rudelführer, und er war willens, die bescheidene Rolle zuunterst in unserer Hierarchie anzunehmen. Unser Vorteil lag und liegt natürlich darin, daß der Hund zusammen mit uns unsere Interessen verteidigt: zuerst, indem er die Wölfe von unseren Herden fernhielt, dann, indem er unser Heim und das gemeinsame Territorium hütet. Noch heute sind viele Versicherungsgesellschaften der Ansicht, das Bellen eines Hundes schrecke Einbrecher ab, und bieten Hundehaltern niedrigere Prämien für ihre Hausratversicherungen an.

Hunde wurden auch oft gehalten, weil sie schnelle und geschickte Jäger sind, was unsere Überlebenschancen erhöht. Heutzutage macht man sich ihren feinen Geruchssinn zunutze, um versteckte Drogen oder Sprengkörper aufzuspüren. Ihre Gelehrigkeit ist für Blinde, Behinderte und für die Polizei beim Verfolgen von Verbrechern von unschätzbarem Wert. Aber, obwohl die Anzahl der im Vereinigten Königreich gehaltenen Hunde jedes Jahr um etwa 10 Prozent steigt, können sich immer weniger von uns den Luxus eines lediglich als Gefährten, als »des Menschen bester Freund« gehaltenen Hundes leisten. Wie früher muß der Hund jetzt wieder »arbeiten«, um sich sein Leben zu verdienen. Die Beliebtheit großer, zäher Wachhunderassen zeigt, daß die moderne Rolle des Hundes in unseren Städten wieder aufs Nützliche ausgerichtet ist, wie sie vor Tausenden von Jahren war. Der Unterschied ist bloß, daß wir – nicht die Wölfe – jetzt unsere ärgsten Feinde sind.

Schutz in Form eines kräftigen Rottweilers oder bellenden Deutschen Schäferhundes mag für das Überleben in gewissen Gegenden in der Stadt, wo man nicht reich genug ist, Türtelefone oder Überwachungsanlagen zu installieren, nötig sein. Aber wir sollten schon jetzt Unbehagen dabei empfinden, die Hunde zur Aggression zu erziehen, und uns fragen, wie gut der Hund seine Aggression im Griff hat. Und wir betrachten mit Sorge unsere Parks und offenen Flächen, die als Hundetoiletten benützt werden. Wenn dies sogar auf Gehsteigen der Fall ist, wird der Protest noch lauter – es gibt nichts Schlimmeres, als in Hundekot zu treten.

Man denke außerdem an die Eingeweidewürmer und andere Krankheiten, die vom Hund über dessen Kot auf den Menschen übergehen können, und schon ist unser Haustier in unseren übervölkerten Städten vom »grünen« Standpunkt aus unter Beschuß. Wie wirkungsvoll sie uns auch beschützen, Hunde werden immer weniger beliebt bei Nicht-Hundehaltern; sehr oft erheben die Leute und die Politiker den Ruf nach schärferer Gesetzgebung bezüglich Besitz, Lizenzen und Kontrolle.

Auch Katzen können uns anstecken. Sie haben Eingeweidewürmer und legen ihren Kot im Freien ab, oder schlimmer, in Sandhaufen, wo die Wurmlarven in den Mund von Kindern gelangen können. Daß der Mensch vom Spulwurm *Toxocara cati* befallen werden kann, ist noch nicht bewiesen; sicher gilt dies nur für *Toxocara canis*. Hingegen ist das Risiko, von einer Katze mit einem einzelligen Parasiten angesteckt zu werden, der eine Toxoplasmose verursacht, höher. Über 50 Prozent der Bevölkerung werden zu irgendeiner Zeit davon befallen, aber wenige Menschen entwickeln Symptome. Ein wirkliches Risiko laufen nur schwangere Frauen; es kann zu einer Fehlgeburt oder zur Schädigung des Embryos kommen. Man soll dafür Sorge tragen, daß die Katzen regelmäßig entwurmt werden und daß man beim Kistchenleeren und bei Gartenarbeiten vorsichtig ist, dann ist das Risiko einer Ansteckung gering. Die Hauptgefahr geht von nicht genügend gekochtem Fleisch aus – schwangere Frauen sollten also kein Steak »bleu« essen.

In Städten ist es die wohlhabendere, jüngere Schicht, die Yuppies und die Doppelverdiener ohne Kinder, die das Halten von Katzen in Mode brachten. Sie können sich oft ein mechanisches Sicherungssystem für ihr Besitztum leisten und brauchen ein Heimtier aus Gefühlsgründen. Katzen werden von den sozioökonomischen Klassen AB und C1 bevorzugt, während Hunde bei den C2 und DE-Gruppen am beliebtesten sind, entnehmen wir dem Jahresüberblick über Heimtier-Trends der Pet Food Manufacturers Association. Katzen werden von der geschäftigen Gruppe der Jungen gehalten, aber auch in Eigenheimen, wo der Haushaltvorstand ganztägig arbeitet. Gott sei Dank sind nicht alle Heimtierhalter gleich oder leicht in Kategorien einzuteilen und leben nicht alle wohlhabenden Leute in der Stadt. Viele Leute verzichten ganz auf Heimtiere, und andere, wie ich selbst, halten sowohl Hunde als auch Katzen (dies nur für den Fall, ein Leser könnte den Eindruck haben, ich sei gegen Hunde eingestellt).

Der angesehene Philosoph über die Bindung zwischen Menschen und Tieren, Stephen Kellert, stellt die These auf, daß es vier Kategorien von Heimtierhaltung gibt. Es gibt »negativistische« Leute – sie hassen und fürchten Tiere und vermeiden sie. Manchmal werden sie doch durch Umstände gezwungen, ein Heimtier zu akzeptieren, und sehen dann ein, daß sie etwas sehr Besonderes verpaßt haben. Aber da kaum jemand aus dieser Gruppe mein Buch lesen wird, gehe ich zur nächsten Kategorie über, derjenigen des Nützlichkeitsdenkens. Hier figurieren viele ältere Menschen, die in härteren Zeiten aufgewachsen sind, als jeder Esser in der Familie irgend etwas beitragen mußte.

Viele Anhänger des Nützlichkeitsdenkens brauchen heute im Westen kein Heimtier zur halten. Aber jüngere Menschen, von 18 bis 35 Jahren, können »humanistisch« oder sogar »moralistisch« denken, denn der heutige Reichtum erlaubt ihnen das. Humanisten interessieren sich für bestimmte einzelne Tiere und bringen ihnen große Zuneigung entgegen. Die meisten heutigen Heimtierhalter gehören zu dieser Gruppe. Moralisten genießen einen noch größeren Luxus, denn sie sind um die Rechte aller Tiere besorgt, widersetzen sich jeglicher Form von Grausamkeit und führen für ihre Ziele Kampagnen durch. Die moralistische Haltung ist mit der des Nützlichkeitsdenkens so gut wie unvereinbar und natürlich undenkbar in der Dritten Welt oder sogar in den ärmeren westlichen Ländern.

Es mag paradox sein, daß viele alte Anhänger des Nützlichkeitsdenkens jetzt von Therapieprogrammen mit Heimtieren profitieren, die die Lebensqualität in Heimen lebender alter Menschen, Behinderter und Geisteskranker verbessern sollen. Immer mehr Katzen und Hunde werden in Spitälern und sogar Strafanstalten aufgenommen, um die Rehabilitation zu fördern oder einfach ein wenig kritiklose Liebe und Zuneigung zu spenden. Wir alle wissen von der Entspannung, der Senkung des Herzrhythmus und des Blutdrucks, die sich einstellen, wenn man einfach eine Katze oder einen Hund streichelt, und vielleicht sind wir auf dem Weg zu einer Gesellschaft, die ohne diese Möglichkeit nicht mehr auskommt.

Für den modernen Menschen ist das Leben zu wenig berechenbar, als daß er einen Hund halten könnte. Hunde muß man zu bestimmten Zeiten spazierenführen und füttern. Sie dürfen nicht allzu lange alleingelassen werden, sonst drohen Unfälle. Heutzutage müssen beide Partner in einer Beziehung berufstätig sein, um die hohen Zinsen und Hypotheken in der Stadt bezahlen zu können, und sind den ganzen Tag aus ihrer Wohnung abwesend. Flexible Arbeitszeiten und abendliches Ausgehen würden für den Hund ein elendes Leben mit sich bringen. Und dennoch, nach einem harten Tag und Abend im Büro, einem abendlichen Geschäftstreffen in einer Bar, einem Theaterbesuch und einer nächtlichen Heimfahrt braucht der Mensch sein Heimtier. Er muß doch irgendwie menschlich bleiben! Immer mehr wird er als sein Heimtier die Katze wählen.

Der Direktor der Forschungsgruppe über Tiere als Gefährten in Cambridge, Dr. James Serpell, ist der Ansicht, daß wir in der vergangenen Dekaden in unserer Beziehung zu Tieren nicht nur vom Nützlichkeitsdenken unserer Eltern abgekommen sind (ausgenommen im Fall der großen Wachhunde), sondern dank unserem steigenden »Humanismus« Gefühlsbindungen zu unseren Heimtieren akzeptiert und entwickelt haben, die man früher als ungesund oder unverständlich bezeichnet hätte. Eine unvermeidliche Folge dieser engen Beziehung und der Mangel an menschlicher Gesellschaft (man ist niemals so allein wie, von Menschen rundherum umgeben, in einer Großstadt) ist die Betrachtung der Tiere als Menschen. Man nennt das Anthropomorphismus.

Kleine Käfigtiere wie etwa Hamster sind immer beliebter, aber sie sind einfach nicht hoch genug entwickelt für die Gefühlsbeziehung, die wir suchen. Egal wie schön anzusehen und wie beruhigend – was viele Zahnärzte wissen –, ein Gefühlsaustausch mit einem Aquarium voll Fischen ist nicht möglich, und wiederum verfallen wir auf die Katze.

Katzen bewähren sich als Wohnungstiere, obschon sie so hochentwickelte Jäger sind. Deshalb gibt es mehr als 55 Millionen davon in den Vereinigten Staaten, wo über 80 Prozent der Menschen in Städten leben, und über 6,7 Millionen im Vereinigten Königreich, wo wir immer mehr in Städten oder Vorstädten wohnen. Sie sind leicht zu halten, anpassungsfähig und glücklich, zu genießen, was wir offerieren können, und hängen doch nicht von uns ab; die Katze hat nie so gut zu uns gepaßt. Katzenhasser, von denen es immer noch viele gibt (wenigen sind Katzen gleichgültig, man liebt oder haßt sie), verachten oft gerade die Unabhängigkeit der Katze und ihren Wunsch, so gefüttert, untergebracht und geliebt zu werden, wie es ihnen paßt, und dabei Abstand zu wahren. Sie ziehen wohl die sklavische Ergebenheit des Hundes vor. Biologisch ausgedrückt, könnte man sagen, die Katze sei ein Parasit, wenn man die Symbiose damit vergleicht, die uns mit dem Hund verbindet. Aber das wäre weder ein ökonomisches noch ein Überlebens-Argument gegen die Katze, die wir jetzt mehr als je zuvor für unsere emotionelle Gesundheit brauchen.

Katzen waren nie von großem Nutzen. Dennoch sind sie Tausende von Jahren bei uns geblieben. Und die Entwicklung dieser Beziehung bringt neue Forderungen und Reaktionen mit sich, und die geistige Gesundheit von Katze und Katzenhalter ist das Thema dieses Buches.

2

Die Beziehung

Die frühest bekannten Vorläufer der heutigen Hauskatze erschienen vor etwa 13 Millionen Jahren auf der Erde; in ihrer größeren Gestalt als Löwe und Tiger stellt man sie erst 10 Millionen Jahre später fest. Bis dahin hielt sich die Katze so erfolgreich an der Spitze der Nahrungskette, daß sie sich über die ganze Welt verbreitete, mit Ausnahme von Australasien, der Antarktis, Madagaskar und der kleinen Inseln.

Der wahrscheinlichste Ahne unseres heutigen Haustiers, *Felis catus*, ist die rötlich bis graubraune Afrikanische Wildkatze, *Felis lybica,* die etwas größer ist, einen magereren Körper und einen langen dünnen Schwanz hat. Diese Art läßt sich leicht zähmen, und die ältesten Hinweise auf die Verbindung des Menschen mit irgendeiner Katzenart stammen aus dem Jahr 2600 v. Chr. und befinden sich im Alten Ägypten, das zum Territorium der Afrikanischen Wildkatze gehörte. Beweise für die Zähmung von Katzen findet man in Ägypten ab 1600 v. Chr.; viele Grabmalereien geben die Rolle der Katze im Familienleben wieder. Um diese Zeit hatten die Ägypter schon seit 1000 Jahren andere Tiere gezähmt; also ist das späte Auftauchen der Katze in ägyptischen Heimen vielleicht eine Folge gesellschaftlicher Veränderungen. Je fortgeschrittener eine Zivilisation ist, desto besser sorgt sie für ihre Schwachen und desto beliebter wird das Halten von Heimtieren. Vielleicht hat auch die Katze eine genetische Veränderung erfahren, die sie gefügiger und menschenfreundlicher machte, so daß es ihr möglich war, von draußen her in sein Haus zu kommen. Dann wurden Neugeborene im Haus gepflegt, was den Vorgang der Zähmung beschleunigte, und schließlich folgte eine bewußte Auswahl freundlicher, ansprechbarer Tiere.

Dies ist natürlich weitgehend eine Rekonstruktion auf Grund der spärlichen archäologischen Beweise, die wir haben, aber während die afrikanische Wildkatze sich zum Haustier entwickelte, hat sich die getigerte europäische Wildkatze, *Felis sylvestris,* niemals zähmen lassen. Als die Afrikanische Wildkatze sich verbreitete oder vom Menschen als Haustier mitgenommen wurde, kreuzte sie sich mit ihrer europäischen Verwandten und brachte die ursprüngliche Tabby-

Markierung der heute als Hauskatze bekannten Art hervor.

Die Zähmung bedingt eine genetische Veranlagung zur Fügsamkeit, die sich der Mensch zunutze machen und bei der Zucht bewußt in den Vordergrund stellen kann, um seine Tiergefährten nicht aggressiv, weniger ängstlich und leichter lenkbar zu machen. Sicher wurden die modernen Bauernhof-Tiere um ihrer Produktion willen gezüchtet, aber Fügsamkeit war auch wichtig, da man sie ja einsperrte und erfolreich und sicher züchten wollte. Auch Hunde wurden auf Fügsamkeit und Leistung hin ausgewählt, und erst, nachdem wir Tausende von Jahren zahme Hunde hervorgebracht hatten, begannen wir ihre Gene auf ihre Erscheinung hin zu manipulieren und die über 450 Rassen hervorzubringen, die wir heute kennen. Die meisten Hunde sind noch immer Wachhunde, aber einige werden für besondere Aufgaben wie Jagd und Schafhüten gehalten. Sie sind als Gefährten bei uns und wurden im Verlauf der Zähmung so verändert, daß sie wenig Chance haben, ohne uns zu überleben. Es gibt Mengen verwilderter Hunde in der ganzen Welt, von New York bis Liverpool und den Bergen Italiens, aber diese überleben nicht, wenn es ihnen nicht gelingt, funktionstüchtige Jagd- und Nahrungssuch-Rudel zu bilden, wie ihre Ahnen es taten. Die erfolgreichsten verwilderten Hunde sind mittelgroße bis große Bastarde mit kurzem oder höchstens halblangem Fell, denn Hunde der künstlich von uns geschaffenen Rassen kreuzen sich bald, wenn sie überhaupt davonkommen.

Zähmung ist also so etwas wie ein Kompromiß für die meisten Arten, aber nicht so sehr für die Katze. Die lose Verbindung mit dem Menschen in frühester Zeit, als die Katze in der Nähe der Siedlungen als Nagetiervernichter gerne geduldet, jedoch nicht als Rudelgenosse in die Familie aufgenommen wurde, hat dazu geführt, daß ihr Charakter nicht gänzlich durch unsere Bemühungen ruiniert wurde. Seit der Zähmung dürfen die Katzen in unser Haus kommen, jedoch ein- und ausgehen, wie sie wollen, wodurch ihr selbstbestimmendes Verhalten erhalten blieb. Natürlich haben wir im allgemeinen auf Zahmheit hin gezüchtet, aber da die Katze sich als Alleinjäger entwickelt hat, braucht sie uns nicht zum Überleben und müssen deshalb auch keine untergeordnete Stellung in unserer Familie akzeptieren, um Nahrung und Obdach zu erhalten. Als Opportunistin profitiert die Katze von der Nahrung, die wir ihr geben, und schätzt das Obdach, aber sie erhält sich die Fähigkeit, allein durchzukommen. Die Domestikation hat die erfolgreiche Entwicklung zum

Raubtier nie behindert, und alle Katzen (vielleicht mit Ausnahme der flachgesichtigen Perser) bleiben tüchtige und aktive Jäger, wenn sich die Gelegenheit oder Notwendigkeit ergibt. Auch die bestgefütterten Katzen bringen Mäuse und Vögel nach Hause.

Eine enorme Zahl von verwilderten Katzen überleben und vermehren sich; sie brauchen keinen Zuwachs durch verlaufene oder verlassene Heimtiere. Man findet verwilderte Katzen in allen Winkeln der Welt, von den Galapagos-Inseln (wo sie die einzigartige Tierwelt ernstlich bedrohen) bis zu den Hotels am Mittelmeer und am Indischen Ozean; es gibt die berühmten Katzen des Kolosseums in Rom, in den Straßen Londons und aller großen Städte in Ost und West, und auf vielen Bauernhöfen. Die verwilderten Hauskatzen sind offensichtlich viel lebenstüchtiger als die ursprünglichen Wildkatzen wie zum Beispiel die Schottische Wildkatze, die wegen der Verfolgung durch den Menschen und dem Verlust an Lebensraum im Niedergang sind. Dies erklärt sich vermutlich aus der Bereitschaft der Katzen, der leichteren Nahrungssuche wegen in der Nähe der Menschen zu bleiben. Einige verwilderte Katzen, zum Beispiel Gruppen, die von auf Inseln ausgesetzten Katzen stammen, leben ausschließlich von der Jagd; andere durchwühlen Mülleimer oder werden von freundlichen Leuten gefüttert.

Die zahme Katze ist also nicht völlig von uns abhängig. Statt dessen überlebt sie ausgezeichnet dank einer Reihe von Nahrungssuche-Methoden, die den meisten anderen Tieren, die wir an uns gewöhnt haben, abgehen. Katzen bleiben bei uns, weil wir ihnen das Leben leicht machen, und was die Zähmung erreicht hat, ist lediglich, daß Katzen zur Zucht gewählt wurden, die es besser verstanden, durch Liebesbezeugungen und entspannte Kameradschaft das Beste aus uns herauszuholen. Dennoch ist dieses Bild unserer gegenseitigen Beziehung zu einfach. Katzen sind vielleicht unverfälscht und sicherlich unabhängig, aber die enorme Bindung, die wir mit einer so stark entwickelten Kreatur aufbauen können, ist nicht nur ein Fall gegenseitiger Toleranz. Wir müssen die Entwicklungsbiologie der Katze anschauen, um herauszufinden, wie wir ins Weltbild der Katze passen, und warum wir mehr sind als friedliche Hausgenossen.

Für den Hund sind wir der Rudelführer, ein Napoleon, der Entscheidungen fällt, das Leben ordnet, das Lager und andere Rudelmitglieder schützt und Nahrung spendet. Diese Beziehung ist mit Wesen, die keine Rudeltiere sind, undenkbar. Für die Katze sind wir die Mutter, lange nachdem sie selbständig geworden wäre, ja das ganze Leben lang. Nur als kleines Kätzchen hängt die Katze von anderen Wesen ihrer Art ab, da es am Anfang seine Mutter braucht wegen der Milch und später, wenn es entwöhnt ist, wegen festerer Nahrung, die sie ihm bringt. Um diese Zeit zeigt das Kätzchen schon deutliche Unabhängigkeit; es erforscht die Umgebung und hat immer weniger Kontakt zu seinen Geschwistern. Nur zwölf Wochen nach der Geburt kann es für sich selber sorgen und ist schon ein leidlicher Jäger.

Der zwölf Wochen alte Hund dagegen ist noch sehr unerwachsen und lernt erst, wie er sich im Rudel zu benehmen hat. Er muß lernen, auf seinen Anteil an der Jagdbeute zu warten; lernen, daß ältere, hochrangige Hunde ein Recht auf ihre bevorzugten Winkel und Wege und generell den Vortritt haben. Nimmt man einen Welpen nach der Entwöhnung, im Alter von sechs bis zwölf Wochen von seiner Mutter weg und bringt ihn in ein menschliches Rudel, so gibt man der üblichen Einpassung in ein Rudel nur eine andere Richtung. Bemerkenswerterweise zeigen Hunde, die bald nach der Entwöhnung in ein Heim gebracht, die oft berührt wurden und nach der Impfung eine Menge verschiedener Menschen, andere Hunde und Örtlichkeiten kennenlernten, in ihrer Jugend oder als erwachsene Tiere viel weniger Verhaltensprobleme. Unverträglichkeit aus Nervosität oder Aggression, ist weitgehend vermeidbar bei früher Gewöhnung. Isoliert man einen Welpen während der ausschlaggebenden Zeit, zwischen sechs und achtzehn Wochen, wird er unweigerlich später untüchtig sein.

Die gleichen Grundsätze gelten im allgemeinen für die Sozialisierung von Kätzchen. Werden sie früh viel berührt und bald nach der Entwöhnung bei sechs bis acht Wochen in ein Heim gebracht, so wachsen sie meist zu umgänglichen, verspielten und freundlichen jungen Katzen heran, selbst wenn sie sich auf ein Territorium beschränken müssen und wenig Kontakt mit den Katzen der Nachbarschaft haben. Schließlich ist keine der kleinen wilden Katzenarten besonders gesellschaftsliebend. Dennoch, wenn wir verwilderte Kätzchen aufnehmen, die wild geboren und vor acht Wochen von keinem Menschen berührt wurden, können wir sie rasch zähmen und aus ihnen Heimtiere machen, die von den daheim aufgezogenen nicht zu unterscheiden sind. Versucht man dasselbe mit einer acht Wochen alten Schottischen Wildkatze, so läßt sie sich nicht mehr zähmen; sie lehnt uns ab und entwickelt sich zur Selbständigkeit, ein Vorgang, den die meisten von uns kennenlernten beim Versuch, junge Wildkaninchen, Eichhörnchen und andere Säugetiere großzuziehen. Solange sie von uns abhängen und jung sind, sind sie freundlich und akzeptieren uns als Muttterersatz. Sobald sie sich aber selbst ernähren können und ins Stadium der reifen Jugend treten, lehnen sie uns ab und gehen fort, um ihr eigenes Territorium fern vom »mütterlichen« Heim zu errichten.

Noch interessanter als die Zähmung verwilderter Kätzchen ist die Tatsache, daß viele erwachsene wilde Katzen, die von Menschen nie berührt oder mit ihnen Kontakt haben, zahme und anhängliche Heimtiere werden können. Es dauert etwas länger als bei Kätzchen und benötigt gemeinsame Anstrengungen und die Anwendung intensiver Sozialisierungsmethoden, aber es gelingt den Katzenrettungs-Gruppen im ganzen Land. Bei einer wirklichen Wildkatze jedoch führen dieselben Methoden bestenfalls dazu, daß die Katze einen Menschen erkennt.

Die verwilderte Katze kann in allen möglichen Gesellschaftssystemen leben, je nach Nahrungsangebot. Wo es wenig Nahrung gibt, sind verwilderte Katzen oft Einzelgänger und leiden keine anderen Katzen in ihrer Nähe, aber sobald mehr Nahrung da ist, erhöht sich ihre Fähigkeit, gesellig zu leben. Wahrscheinlich findet sie es sinnlos, in einem Kampf eine Verwundung zu riskieren, wenn genug da ist für alle, und so findet man manchmal große Katzengruppen beisammen, die einander anscheinend tolerieren. Viele solche Gruppen bestehen aus verwandten Tieren und können als Großfamilien angesehen werden, aber andere umfassen nichtverwandte verwilderte Katzen, die manchmal ein kompliziertes Gesellschaftssystem entwickelt haben. Sie jagen selten oder nie zusammen, noch teilen sie ihre Beute, aber sie fressen friedlich miteinander, und eine Mutter säugt manchmal das Kätzchen einer andern, und sie teilen sich in die Aufgabe, die Kätzchen zu schützen. Es scheint, daß das Gesellschaftsleben der Hauskatze höchst variabel und äußerst elastisch ist – eine weitere Eigenschaft, die gewiß dazu beigetragen hat, daß die Katze sich so vielen verschiedenen Lebensarten der Menschen anpassen konnte. Vielleicht war es purer Zufall, daß die afrikanische Wildkatze die Gene besaß oder entwickelte, die ihre Zähmung durch die Ägypter erlaubten, und vielleicht verdanken wir den Erfolg des heutigen Heimtiers diesem Zufall, denn ohne ihn wären alle Katzen wohl heute noch scheu und fern, und ihre Zahl nähme ab wie bei den meisten Arten kleiner Wildkatzen.

Unsere moderne Hauskatze besitzt also die nötigen Eigenschaften, um uns zu akzeptieren und mit uns zu leben. Aber das ist nur möglich, wenn wir die Rolle der Mutter erfüllen und die einzige Zeit im Leben der Katze nachahmen, in der die Katze wahrhaft gesellig ist. Wir füttern nicht nur, wenn die Katzenmutter erwarten würde, daß das Junge sich selbst ernährt, sondern wir erlauben ihr auch, körperliche Aufmerksamkeit, Wärme und Zuneigung von uns zu verlangen, wie sie nur die Mutter geben könnte. Wir bieten dieselbe Sicherheit in unserem Schoß, wie sie das Kätzchen kannte, als es an der Mutter saugte oder neben ihr lag. Oft anwortet die Katze mit Schnurren und Sich-an-uns-Reiben, und auch mit Treteln auf unserem Schoß, womit es die Zitzen der Mutter zu größerem Milchfluß anregte. Manche besonders anhängliche oder eng gebundene Katzen geifern sogar in Erwartung der Muttermilch. Mit Ausnahme vielleicht des Geiferns lieben wir diese kindlichen Liebesbeweise und können dem Drang, die Katze zu streicheln, nicht widerstehen, während wir da sitzen mit ihr im Schoß oder sie wie ein Baby in unseren Armen halten. Selten ist die Beziehung für uns ein direkter Ersatz für diejenige mit einem Kind, aber warm entspannt und beschützend spielen wir alle die Rolle der Mutter, solange die Katze lebt, und entspannen uns dabei und fühlen uns besser.

Zu anderen Zeiten spielen wir mit der Katze »Jagen«, indem wir ihr bewegliche Ziele wie Pingpongbälle und Schnurstücke zum Verfolgen darbieten, wie ihre Mutter sie mit ihrem Schwanz lockte, um ihr Lauern, Jagen, Zupacken und andere jägerische Fähigkeiten beizubringen. Nach der Entwöhnung hätte die Mutter halbtote Beute gebracht, um das Fangen und Töten zu üben, und sie so weiter in der Kunst des Jagens instruiert. Statt dessen setzen wir ihr volle Mahlzeiten bereits getötet vor, die sie nur zu essen braucht, und verstärken so das Bild der nährenden Mutter. Kein Wunder, daß Katzen zur Essenszeit so liebevoll sind. Schließlich erhalten sie durch uns ein sicheres Lager – unser Haus –, wo die Katze durch vier Wände (und eine ganze Familie von Müttern) vor Feinden und Auseinandersetzungen mit andern Katzen geschützt ist. Das ist auch der Ort, an dem es Nahrung und Liebe gibt und zu dem heimzukommen sich lohnt (es sei denn, der Service sei an der nächsten Straßenecke besser).

Unsere Katzen brauchen uns, und wir fördern die Abhängigkeit dauernd, aber die mütterliche Beziehung ist ebenso sehr Teil des Katzenverhaltens wie unseres ihnen gegenüber, und selbst wenn sie total als »Kindsersatz« verwöhnt werden, behalten sie ihre Fähigkeit. rasch erwachsen zu werden und gut ohne uns zu überleben. Wir bauen enorme Gefühlsbindungen zu unseren Katzen auf, und mehr als das: Wir fangen an, in unserer modernen und zunehmend leeren Gesellschaft etwas zu *brauchen,* für das wir sorgen können, und die Katze ist die vollkommene Empfängerin unserer mütterlichen und liebenden Gefühle.

Katzen und Kultur

Unser Bindung zur Katze hat sich aus einem losen, für die Bekämpfung von Nagetieren eingegangenen Verhältnis über die Toleranz einer nicht konkurrierenden, selbständigen Kreatur zur Abhängigkeit, entwickelt, aber durch all die Jahrhunderte wurde die Katze auch einfach wegen der Grazie ihrer Bewegungen und der Schönheit ihrer Gestalt bewundert. Die moderne Beziehung beruht noch stärker auf dieser Bewunderung. Dichter und Künstler ließen sich von den Eigenschaften der Katze seit der Zeit der alten Ägypter inspirieren, und die hingegossene Gestalt der Katze war um 1920 im Westen, im Jugendstil, ein häufiges Thema.

Heutzutage sind wir alle wenigstens Lehnsessel-Naturkundler. Die modernen Medien, Fernsehen, Kino und eine hochentwickelte photographische Technik haben die Vielfalt der Natur und ihre komplexen Zusammenhänge in unser Heim gebracht und uns damit fasziniert. Wir wissen deshalb mehr darüber und betrachten die Raubtiere an der Spitze der Nahrungskette – wie Löwen, Hecht und Adler – nicht mehr als grausame, schädliche Mördertiere. Wir verstehen jetzt ihre Aufgabe, die Natur gesund zu erhalten, indem sie Schwache, Kranke und Alte erbeuten, und können deshalb die Raubtierzüge unserer Heimkatze zwar selten mit Vergnügen, aber doch mit Verständnis akzeptieren. Wir bewundern noch immer die graziöse Leichtigkeit ihrer Bewegungen und ihre blitzartigen Reflexe, aber wir haben auch Verständnis für die Funktion des Jägers. Hochentwikkelte Sinne und wirksame Waffen – Klauen und Zähne – sind alle Teil des göttlichen Plans. Die Möglichkeit, die unbarmherzige Natur gleichzeitig mit ihrer Schönheit bequem in unserem Wohnzimmer liegend zu sehen, ist ein weiterer Grund für die wachsende Beliebtheit der Katze in unserer Gesellschaft. Bald Tiger in der Stadt, bald Kindchen in unseren Armen – ein vollendeter Kontrast.

Das Gesetz

Wir geben unseren Katzen Obdach und Futter, bewundern, bemuttern und lieben sie. Wir nennen uns ihre Besitzer, aber da wir sie nicht für bestimmte Aufgaben dressieren oder züchten können, zeigt sich eine verminderte Verantwortung für sie im Gesetz. Eine Katze kann nicht »unbefugt fremdes Gelände betreten«, und wenn sie einen Unfall verursacht, kann ihr Halter nicht, wie der eines Hundes, zur Verantwortung gezogen werden. So genießen wir eine sehr angenehme und risikofreie Beziehung mit einer der bestentwikkelten Mordmaschinen der Welt! Die Katze als Besitztum hingegen genießt gesetzlichen Schutz, und wer sie verletzt oder tötet, setzt sich einer Wiedergutmachungsklage aus. Und wir können bis zu sechs Jahren nach dem Diebstahl eine gestohlene Katze zurückverlangen, selbst wenn ihr neuer Halter überhaupt nicht wußte, daß sie gestohlen war. Es scheint, daß die Katze es wieder einmal fertiggebracht hat, sich die beste aller Welten zu schaffen, und selbst das Gesetz hat sich ihrer Eigenart beugen müssen.

3

Die Katzenartikel-Industrie

Ob wir unsere Katze um ihrer wilden Seite oder um ihres im Haus gezeigten liebevollen Wesens willen lieben – in jedem Fall ist offensichtlich, daß wir als Gesellschaft meist äußerst gut für sie sorgen. Im Vereinigten Königreich halten wir 6,7 Millionen Katzen in 4,5 Millionen Haushalten – fünfunddreißig Prozent dieser Haushalte haben also mehr als eine Katze. 1988 gaben wir mehr als 2 Milliarden Pfund für alle unsere Heimtiere aus – wie eine Zeitung schrieb, »etwa das 58-fache des Bruttosozialprodukts von Gambia und das 23fache des Beitrags, den die Weltbank 1987 der Landwirtschaft des notleidenden Äthiopien bewilligte. Das sieht moralisch fragwürdig aus, aber ein Blick auf die ungeheure Industrie, die sich um die Katze allein entwickelt hat, zeigt ihre wichtige Rolle als Arbeitgeber und Verdienstschaffer im Vereinigten Königreich.

Die führende Marke von Katzenfutter in Dosen nimmt auf unseren Supermarkt-Gestellen den meisten Raum unter allen Lebensmitteln ein und stellt den Löwenanteil eines Angebots von 524500 Tonnen feuchter, halbfeuchter und trockener Katzennahrung, deren Verkaufswert sich auf 443 Millionen Pfund im Jahr beläuft. In ganz Europa, wo knapp einer von zwei Haushalten Heimtiere hält, vertilgen 25 Millionen Katzen 1070000 Tonnen Katzenfutter im Jahr. Das meiste davon stammt aus der Fischindustrie und verwendet Fleisch, das sonst weggeworfen würde. Keine der Gesellschaften, die dem UK Verband der Heimtiernahrungs-Hersteller angehören und aus deren Jahresbericht 1989 diese Angaben übernommen wurden, verwenden in ihrem Futter Fleisch von Ponys, Pferden, Walen oder Känguruhs, und so darf die britische Katze unbesorgt essen im Wissen, daß sie die Kultur ihres Landes und den Tierschutz nicht verletzen. Katzenbiskuits und Snacks werden für 3,5 Millionen Pfund verkauft – das ist noch weniger als ein Zehntel des entsprechenden Marktes für Hunde, befindet sich aber in steilem Aufschwung.

Die Katzenstreu-Industrie weist einen Umsatz von fast 40 Millionen Pfund auf, trotz der Tatsache, daß sich die meisten Katzen im Freien versäubern. Die Katzenstreu-Industrie weitet sich rasch aus; größere chemische und Montankonzerne haben sich eingeschaltet.

Der größte Katzenfutter-Hersteller hat ebenfalls eine eigene Marke Katzenstreu auf den Markt geworfen. Die kleinen Hersteller dürften ebenfalls wachsen, da immer mehr Katzen in den Städten als Wohnungskatzen gehalten werden und viel mehr Streu für ihre Bedürfnisse brauchen.

1988 gaben wir beim Tierarzt 500 Millionen Pfund für alle unsere Heimtiere aus, was bedeutet, daß die Katzengesundheit ein großes Geschäft auch für die Katzenmedikamente-Hersteller ist. Sie bewerben sich um die Gunst des Tierarztes ebenso leidenschaftlich, wie dies auf dem Markt für Human-Medikamente geschieht. Wir haben beim Tierarzt kaum eine Wahl, welchen Impfstoff er verwendet, um unsere Katze nächstes Jahr vor Influenza- oder Enteritis-Viren zu schützen, und wahrscheinlich ist uns das auch nicht wichtig. Wir überlassen das fröhlich unserem Tierarzt; er soll das Bombardement der Impfstoff-Hersteller über sich ergehen lassen und für uns das Beste wählen.

Die Tage der Tierärzte in der Art von James Herriot sind gezählt. Die Landwirtschaft wird immer intensiver und die Skala des Wissens so breit, daß die meisten Praxen schon heutzutage entweder für Kleintiere oder für Großtiere sind. Wenige betreuen beides wie zu Herriots Zeiten. Unsere Tierärzte gehören heute zu den höchstgeachteten Fakultäten; Kandidaten bekommen nur mit allerbesten Noten einen Platz an unseren sechs Tierarztschulen. Der Beruf ist populär – weitgehend als Folge des Buches »Der Doktor und das liebe Vieh«, aber auch, weil die fünf- oder sechsjährige Ausbildung als Tierarzt intellektuell höchst anspruchsvoll ist und eine Menge Fähigkeiten verlangt, nicht nur Tierliebe. Interessant ist, daß es sehr viel leichter ist, einen Platz in der medizinischen Fakultät zu bekommen und ein Menschendoktor zu werden.

Es gibt ungefähr 10000 Tierärzte im Vereinigten Königreich, doch haben nicht alle Praxen: einige arbeiten für den Staat oder in der Industrie oder der Forschung. Man kann unter ungefähr 2700 Praxen wählen, und obwohl es so schwierig ist, einen Platz an der Veterinärschule zu bekommen, ist es immer noch ein Beruf, der Berufung voraussetzt. Man kann sich auf ein mitfühlendes Ohr des Tierarztes und auf sein Mitleid verlassen – Dinge, die nur allzusehr fehlen in der Humanmedizin. Es ist zwar nicht so, daß die Ärzte gefühllos sind, sie sind nur überarbeitet und haben innerhalb des staatlichen Gesundheitswesens keine Zeit für Mitgefühl. In den Tagen, in denen ich dies schreibe, scheint der Familienarzt auszusterben, und Profitüberlegungen nehmen überhand. Zweifellos werden immer mehr Lebensberater und Psychologen den Patienten so zuhören, wie es früher der Familienarzt tat, sei es auf Kosten des Patienten oder des Staates. Unser staatliches Gesundheitswesen macht es unglücklicherweise etwas schwer für den Tierarzt. Wenige von uns haben nämlich eine Ahnung von den realen Kosten einer Krankheit. Wir gehen einfach ins Spital oder zum Arzt und werden geheilt ohne Rechnung. Wenn unsere Katzen krank sind, marschieren wir zum Tierarzt und erwarten dieselben diagnostischen Geräte und die gleiche fachkundige Betreuung, wie wir sie selbst bekommen. Dann erhalten wir eine Rechnung und beklagen uns.

In vielen Fällen werden Tierärzte kritisiert, ganz einfach, weil wir keinen Begriff von den Kosten der Krankenpflege haben und noch viel weniger von den nötigen Fähigkeiten, die chirurgische Kenntnisse für eine ganze Anzahl von Tierarten voraussetzen, welche, wären es Menschen, eine Anzahl Experten bedingten. Wenn also Ihre Katze sich wieder unwohl fühlt oder eine Wiederholungsimpfung braucht, schauen Sie Ihren Tierarzt mit neuen Augen an und seien Sie dankbar, daß die Rechnung nicht die Hälfte der Kosten anderswo in Europa oder in Amerika beträgt. Wenn Sie trotzdem eine größere Rechnung fürchten, so können Sie Ihre Katze gegen die Kosten unvorhersehbarer Behandlungen versichern. Das kostet oft bloß 30 Pfund im Jahr, und obschon die üblichen Impfungen, Kastrieren und andere nicht lebenswichtige Eingriffe nicht gedeckt sind, so können Sie doch, wenn Ihre Katze krank ist, dem Tierarzt sagen, er solle jede mögliche Behandlungsmethode anwenden, die Kosten spielten keine Rolle. Viele Heimtier-Versicherungspolicen vergüten auch einige oder die gesamten Kosten einer Behandlung von Verhaltensproblemen, was beruhigend ist für die Besitzer und für mich.

Die Katzenmedizin hat in den letzten zehn oder fünfzehn Jahren im Maße, als wir für unsre Tiere ein gesundes Leben forderten, beträchtliche Fortschritte gemacht. In England hat die Vereinigung der Tierärzte untersagt, Praxen für eine einzige Tierart zu errichten. Aber seine Katzenkliniken sind in Australien und den Vereinigten Staaten im Vormarsch, und ihnen ist ein großer Wissensschatz infolge der riesigen Anzahl behandelter Tiere zu verdanken. An der Veterinärfakultät der Universität von Bristol wird speziell auf die Katzenmedizin eingegangen. Eine spezialisierte Katzen-Wohltätigkeits-Institution, das Katzenberatungsbüro, sammelt Geld fast ausschließlich, um den Platz eines Katzenspezialisten in der tierärztlichen Fakultät zu bezahlen. Der Spezialist ist ein approbierter Tierarzt, der sich besonders für Katzen interessiert, und bleibt jeweils ein Jahr, um von Tierärzten überwiesene Fälle zu behandeln und medizinische Probleme bei Katzen zu untersuchen. Die Einrichtung war so erfolgreich, daß der Katzenschutzverein, eine weitere Wohlfahrtsorganisation, etwas Ähnliches an derselben Fakultät eingerichtet hat, und neuerdings hat ein bedeutender Hersteller von Impfstoffen für Kleintiere eine solche Stelle am Universitätsspital für Kleintiere in Liverpool eingeführt.

Wenn Sie also nicht allzu weit weg von Bristol wohnen und Ihre Katze eine ungewöhnliche Krankheit hat, die Ihr Tierarzt vielleicht auch mangels spezialisierter Geräte nicht behandeln kann, so kann er Sie an die Universität verweisen. Auch andere tierärztliche Fakultäten nehmen solche Überweisungen an. Es läuft also auf die bestmögliche Betreuung kranker Katzen hinaus. Kein Wunder, daß heute Katzen älter werden und man immer wieder von zwanzigjährigen hört, während vor nur zehn Jahren ein Alter von fünfzehn Jahren schon bemerkenswert war. Der Weltrekord ist übrigens sechsunddreißig Jahre und ein Tag, aufgestellt von einer britischen Mischlingskatze aus Devon namens »Puss«.

So kann unser Land als fortschrittlich bezeichnet werden; es gehört zur Vereinigung der Selbsthilfe-Katzenliebhaber in Europa, und hält nicht nur mehr Katzen als früher, sondern unterhält auch gewaltige Katzenartikel-Industrien von Nahrung bis zu privater Krankenversicherung.

4

Brauchen Katzen Psychiater?

Katzen schenken uns schon deshalb viel Freude, weil jede Katze zwei ganz verschiedene Wesen in sich vereinigt.

Im Haus ist die Katze liebevoll und ruhig außer seltsamen Ausbrüchen von Bewegungslust, und sie lebt ihr Leben um uns herum, ohne uns zu behindern. Im Freien kommt sofort ihr zweites Ich zum Vorschein, sie wird wieder zum wilden Jäger. Zwar gefällt es uns selten, wenn sie Erfolg hat, aber wir sehen doch voll Bewunderung ihre Anschleichkünste und ihren zähen Willen, ihr Stücklein Garten als ihr Territorium zu verteidigen. Sind Heim und Jagdgründe erfolgreich verteidigt, die Vögel verscheucht und die Mäuse in ihre Löcher verjagt, kommt sie heim und wird augenblicklich wieder zum Kätzchen.

Die große Mehrheit der Katzen lebten so sehr angenehm; jede ihrer Launen läßt sich so befriedigen. Ein paar kostbare Rassekatzen, die in der Nähe von verkehrsreichen Straßen wohnen, können ihre wilde Seite nicht ausleben, da sie ihr ganzes Leben im Haus bleiben. Es ist zwar schade, daß ihre Halter nie die Gelegenheit bekommen, die Wildtier-Seite ihrer Katze zu sehen, aber ihr selbst scheint es nichts auszumachen. Vorausgesetzt, man hat sie, seit sie ein Kätzchen war, und sie hat nie freien Ausgang gehabt, kann sie sich ausgezeichnet an das Leben in der Wohnung gewöhnen. »Was man nie hatte, kann einem nicht fehlen« – aber undenkbar wäre es freilich, eine Katze ans Wohnungsleben zu gewöhnen, die früher draußen ein Territorium besaß. Frustrationen wären unvermeidlich und damit auch unerwünschtes Verhalten wie Hin- und Hergehen, Schreie mitten in der Nacht und Überreaktionen auf kleine Dinge, wie in vorbeigehende Beine zu beißen.

Schließlich möchte ich die Möglichkeit, daß Ihre Katze sich schlecht verhält, wenigstens erwähnen. In diesem Fall gibt es zwei naheliegende Lösungen – erstens, ein Risiko einzugehen und der Katze ihre Freiheit zu geben. Zweitens, ihr ein neues Heim zu suchen, damit sie ihr Leben wieder genießen kann. Aber bei anderen Problemen mit weniger klarer Ursache kann die Behandlung schwierig sein. Wenn eine Katze den Teppich verschmutzt, die Küchentische bespritzt und sich versteckt, sobald die Türglocke erklingt, gibt es vielleicht nur die Möglichkeit, sie wegzugeben oder den Tierarzt zu bitten, sie einzuschläfern, nachdem man vergleichbar versucht hat, alle Ratschläge von Freunden, Katzenzüchtern und dem Tierarzt zu befolgen.

Aber wir sind meist viel zu stark in unserer mütterlichen Beziehung gefangen, um so gefühllos gegenüber einer Kreatur zu reagieren, die sich schlimmstenfalls neunundneunzig Prozent der Zeit durchaus wohlverhält und von der wir mehr als nur Freundschaft erhalten. Kein Wunder also, daß die meisten Eigner von verhaltensgestörten Katzen diese tolerieren.

Oft suchen Besitzer den Fehler, der die Verhaltensprobleme ihrer Katze verursacht, bei sich und glauben, ihre Katze habe einfach zu wenig Liebe oder nicht die richtige Umgebung. Sie grübeln über ihre eigenen Unterlassungen nach und wollen keinesfalls das »unschuldige Opfer« tadeln. Der emotionelle Kompromiß, ein »Mistvieh« zu lieben, das all diese Liebe und Sorge mißachtet, kann einen Halter und seine Familie enorm belasten und schwerer wiegen, als die Freude an der Katze selbst. Halter von Katzen, die sich im Haus versäubern oder spritzen, lassen ihre zwischenmenschlichen Beziehungen fallen, weil es ihnen peinlich ist, wenn Außenstehende ihr »unsauberes Heim« sehen; hierauf steigt ihr Bedürfnis nach der Gesellschaft der Katze noch höher und der Wunsch, sie loszuwerden, erstirbt. So schließt sich der Teufelskreis, bis vielleicht Familienmitglieder darunter zu leiden beginnen und etwas unternehmen müssen.

Aber was genau ein »Problem« ist, ist sehr variabel. Einigen genügt ein einziger Fehler auf dem Teppich, wenn die Katze nicht hinauskonnte, um sie zu verstoßen. Die meisten tolerieren dasselbe Mißgeschick als etwas, das von Zeit zu Zeit passieren kann, akzeptieren, daß die Hunde- oder Katzenhaltung Haarausfall und Fußstapfen mit sich bringt, und finden sich mit dem nicht mehr so hohen Reinlichkeitsstandard ihres Heims ab. Viele andere akzeptieren weit schlimmere Probleme ohne Wimpernzucken und betrachten beinahe die mangelnde Toilettenerziehung ihrer Katze als normal. Die Definition dessen, was ein Problem ist, ist äußerst persönlich, je nach der Toleranzfähigkeit der Besitzer und ihrer Beziehung zu ihren Heimtieren.

Ein Verhaltensproblem wird häufig dann wahrgenommen, wenn die Mühe, die der Kampf mit der Katze verursacht, die Freude, die sie schenkt, übersteigt. Empfindet der Eigner der Katze irgendeinen Aspekt ihres Verhaltens als problematisch, so sollte niemand ihm sagen, er sorge sich ohne Grund. Aber die Orte, wo solche Katzenhalter Hilfe finden können, sind beschränkt. Erstens sind die Besitzer oft nicht willens, einzugestehen, daß ihr Heimtier ihnen Probleme verursacht, weil sie sich schuldig fühlen und auch nicht möchten, daß jedermann weiß, wie unglücklich ihr Heimtier bei ihnen ist. Besonders ungern sprechen sie über Toiletten- und Spritzprobleme, weil ihr Heim dann als unsauber erscheint. Aber wenn das Problem mit allen Anstrengungen des Halters nicht gelöst werden kann, muß er darüber sprechen und zugeben, daß er seine Katze genügend liebhat, um unter ihren Problemen zu leiden.

Katzenhalter wenden sich zuerst um Rat an Freunde oder Verwandte, die auch Katzen haben, und dann an ihren Katzenzüchter oder einen Katzenfanatiker in der Nachbarschaft. Der größte Teil der Probleme wird auf diesem Weg gelöst, oder an der nächsten Station, dem Tierarzt. Erfahrung ist oft nützlich, besonders bei der Erziehung junger Kätzchen zur Stubenreinheit. Aber es gibt einige Probleme, die so selten sind, daß selbst Züchter oder Tierarzt ihnen nie begegnet sind, oder so kompliziert, daß es keine einfache, direkte Lösung gibt. Es gibt auch andere zähe Probleme, einschließlich mancher Heimbespritzer, die entweder gar nicht oder nur zeitweilig gelöst werden können, und Beziehungsprobleme, bei denen die Katze den Wünschen oder Erwartungen des Halters einfach nicht entspricht, vielleicht aus Nervosität oder bei niedriger Aggressionsschwelle. Diese Art von Problemen – handle es sich um das Verhalten der Katze, um Schwierigkeiten in der Beziehung oder, was oft der Fall ist, um beides – zu lösen braucht Zeit. Zeit, um alle Faktoren in Betracht zu ziehen, die das Verhalten der Katze beeinflussen, von der Struktur ihrer Umgebung bis zu ihrem Verhältnis zu jedem Familienmitglied und ihren Freunden oder Rivalen von der Straße. Zeit, um die Entwicklung und die frühen Erfahrungen der Katze im Stil des wahren Psychologen zu studieren und um unabhängig vom eigentlichen Problem ihren Charakter und ihre Veranlagung sehen zu lernen. Es gibt keine zwei ganz gleichen Katzen, kein zwei ganz gleichen Halter und keine zwei ganz gleichen Probleme, und so ist es nötig, bei der Suche nach der Ursache von Verhaltensstörungen einen offenen Geist zu bewahren und mit jedem Besitzer einen eigenen Behandlungsplan auszuarbeiten. Und am wichtigsten ist eine verständnisvolle Haltung, da man es mit einem sehr wichtigen und gefühlsbetonten Aspekt des Lebens der Menschen zu tun hat. Und schließlich sollte man fähig sein, die Besitzer zu motivieren, damit sie sich nochmals mit dem Problem befassen, obschon sie fast am Ende ihrer Geduld sind.

Das klingt wie eine Skizze für einen Ratgeber über Katzenprobleme, mit einem Quentchen Humanpsychologie, und das ist es auch. Brauchen Katzen Psychiater? Vielleicht sie selbst nicht und ebensowenig die Mehrzahl ihrer Besitzer. Was sie manchmal wirklich nötig haben, ist ein Katzenverhaltens-Spezialist mit der Zeit und der Geduld, zu verstehen, warum die Katze tut, was sie tut und wann, und wie das innerhalb der Beziehung zwischen Katze und Eigner und der Geographie ihres Territoriums zu ändern wäre. Unsere Beziehung mit Katzen braucht auch von Zeit zu Zeit eine Anpassung, und Besitzern kann man Ratschläge erteilen, wie sie ihre Beziehung restrukturieren können, um ihre Katze zu beeinflussen, und bestimmte Typen von Verhaltensproblemen mildern können. Manchmal braucht das Verhalten der Katze nur wenig Änderung und manchmal sehr viel, bis Besitzer und Katze das Leben und einander wieder (oder zum erstenmal) genießen.

Und je mehr Vergnügen wir dabei empfinden, Katzen zu halten, und je mehr wir darin unsere Gefühle ausleben, desto weniger sind wir zufrieden, wenn nicht alles glatt verläuft. Wie auf vielen anderen Gebieten suchen wir immer häufiger die Hilfe von Experten, die uns mit objektivem Blick helfen können, die Schwierigkeiten zu überwinden, wenn wir selbst nicht damit fertig geworden sind. Die Zeiten, zu denen man eine Katze wegen eines Verhaltensproblems strafte oder aussetzte, sind vorüber, denn es gibt jetzt professionelle Hilfe, und mit der richtigen Einstellung können die Probleme normalerweise gelöst werden. Vor zehn Jahren mag die Beziehung zwischen Mensch und Katze nicht stark genug gewesen sein, um einen Berater für Katzenverhalten zu konsultieren – aber jetzt sind wir auf dem besten Weg dazu.

Die Praxis

Meine Praxis beruht ausschließlich auf Überweisungen von Tierärzten, und ich arbeite hauptsächlich mit Tierärzten zusammen in deren Praxen. Natürlich ändert sich das Verhalten einer Katze, wie das unsere, wenn sie krank ist. Deshalb ist es wichtig, daß die Katze zuerst vom Tierarzt untersucht wird, um diese Möglichkeit auszuschalten, ehe ich den Fall übernehme. Andere Fälle, zum Beispiel Katzen, die sich selbst verstümmeln, werden am besten durch ein Team von Tierarzt und Verhaltensspezialist bearbeitet, denn das Verhalten kann sowohl physische wie auch psychische Ursachen haben, und die Behandlung sollte beides berücksichtigen. Aber normalerweise empfange ich Besitzer und ihre Katzen eine bis zwei Stunden in zwei Tierspitälern in Nordwest-England, an der Veterinär-Fakultät der Universität Bristol und in einer Tierarzt-Praxis in Südwest-London. Hin und wieder mache ich auch Hausbesuche bei Besitzern, die eine mühsame Reise zu diesen Zentren hätten. Während jeder Konsultation mache ich Notizen über die Art des Problems und die Lebensweise der Besitzer und der Katze. Nachdem wir das Problem besprochen haben, versuche ich, ein Behandlungsprogramm zu entwerfen, das zu Hause befolgt werden kann. Nach der Konsultation schicke ich dem Besitzer einen schriftlichen Bericht, von dem der überweisende Tierarzt eine Kopie erhält, zusammen mit allfälligen Anregungen wie die Verwendung von Sedativen oder Hormonen. Die Besitzer bleiben in telefonischem Kontakt mit mir und nach zwei bis drei Wochen schätzen wir ab, ob die Behandlung hilft. Nur sehr selten ist eine zweite Konsultation nötig.

Ich zähle mich stets zu den Glücklichen, denn nicht nur darf ich mit meinen Lieblingstieren beruflich zusammenarbeiten, sondern ich mache auch die Bekanntschaft der nettesten Leute. Heimtierhalter sind geselliger als Leute, die auf Heimtiere verzichten, und was immer das Problem ist, Katzenbesitzer sind stets angenehm, empfindsam und interessant. Was noch wichtiger ist: Sie haben einen prachtvollen Sinn für Humor. Das wird sich in den folgenden Kapiteln zeigen, in denen wir einen breiten Überblick über die Fälle erhalten, die ich behandelt habe – typische und untypische. Nur die Namen wurden zum Schutze meiner Klienten teilweise geändert.

PROBLEME, PROBLEME

5

Nervosität, Phobien, Mangel an Sicherheit

Lieber Mr. Neville

Ich habe zwei weibliche, kastrierte Katzen, eine vier- und eine fünfjährige. Die Vierjährige, Sammi, ist extravertiert, sehr selbstsicher und liebevoll mit jedermann, sogar mit dem Hund. Shelley dagegen ist scheu, rennt vor jedem Geräusch davon und versteckt sich und schleicht stets furchtsam herum. Beide gehen aus, aber Shelley geht nie weit und rennt beim kleinsten Zwischenfall ins Haus. Entspannt ist sie eigentlich nur auf meinem Schoß. Ist das Grund zur Sorge? Kann ich was tun, um ihr zu helfen, damit sie mehr Lebensfreude hat? Es ist so ein Jammer, wenn doch Sammi so zufrieden ist.

Mit freundlichen Grüßen

Monica McFarlane

Der Zweck des Lebens ist, gemäß der Entwicklungslehre, so lange am Leben zu bleiben, bis man sich fortpflanzen und das Überleben der Gene sichern kann. Das Ziel dieses ganzen Vorgangs ist unbekannt und fast zu großartig, um darüber nachzusinnen. Durch Studium von Fossilien und anderen Spuren, die längst ausgestorbene Arten hinterlassen haben, können wir zwar die Entwicklung vieler Lebensformen auf der Erde durch Millionen von Jahren verfolgen, aber niemand hat je die simpelste Art aus einer Flasche Chemikalien erschaffen können, noch wurde je plausibel dargetan, warum das Überleben der Tüchtigsten, oder einer Art, wichtig ist. Ich bin kein Philosoph und auch kein Experte über Gottes Ziele; ich sollte mich wohl darauf beschränken, wie jede Katze zu überleben, die ihre Gene der nächsten Generation zu vermachen sucht.

Menschliches Dazwischengreifen verhindert weitgehend die Fortpflanzung durch Kastration der Katze, aber der Wille zum Überleben bleibt bestehen. Wie jedes andere Tier wird die Katze mit der Fähigkeit geboren, auf Angriffe zu reagieren und sich gegen Lebensgefahr, ausgehend etwa von einem Raubtier oder von Feuer, zu schützen. Die Reaktionen auf solche Gefahren sind deutlich verschieden von den normalen, häufigst gesehenen Verhaltensmustern der Katze. Die Überraschungsreaktion ist genetisch programmiert; man kann junge Kätzchen einen Buckel machen, das Haar aufstellen und die Ohren flachlegen sehen, wenn ein plötzliches lautes Geräusch oder unvertrautes Geschehen es ängstigt. Allmählich gewöhnt sich das Kätzchen an übliche Geräusche oder Geschehen in der Umgebung, besonders, wenn darauf nie etwas Gefährliches oder Schmerzhaftes gefolgt ist.

Kurz, das Kätzchen lernt unterscheiden, welche Reize gefährlich sein könnten und welche nicht, verliert aber niemals seine angeborene Überraschungsreaktion. Während seiner Jugendzeit erfährt das Kätzchen normalerweise unzählige Schwierigkeiten und Begegnungen, zuerst mit seinen Wurfgeschwistern und seiner Mutter, später mit anderen Katzen. Hat es gelernt, damit umzugehen, so bleibt seine Fähigkeit, bestimmten Reizen ohne Angst zu begegnen, dadurch erhalten, daß sich diese wiederholen. Die Wiederholung von Reizen, die mütterliche Unterweisung und der Forschungstrieb, der dem Kätzchen neue Erfahrungen beschert, all dies lehrt es, wie es mit etwas Neuem fertigwerden und die angeborenen Verhaltensmuster benutzen kann, um Bedrohliches abzuwenden. Monica McFarlanes Sammi ist eine typische selbstbewußte Katze, die durch die Katzenschule des Lebens gegangen und unter unserer Führung zum idealen Heimtier geworden ist.

Wenn aber nervös reagiert wird, wenn die Katze jeder bedrohlichen Situation ausweicht, indem sie sich in einer dunklen Ecke oder hinter dem Sofa versteckt oder beim geringsten Anlaß die Flucht ergreift, wird sie niemals lernen, sich dem Leben zu stellen. Man erkennt die ängstliche Katze leicht an ihrem geduckten Gang, dem tiefgetragenen Schwanz und ihren möglichst unauffälligen Bewegungen in Richtung einer Zuflucht unter dem Tisch oder in einer Ecke. Ist sie einmal so sicher, wie es eben möglich ist, blickt sie vielleicht hervor, noch immer geduckt und bestrebt, keine Aufmerksamkeit zu erregen, mit geweiteten Pupillen, die das Vorhandensein von Adrenalin anzeigen, welches ihre Muskeln für die Flucht vorbereitet. Oder sie kann auch die Vogel-Strauß-Methode anwenden, um einer Drohung aus dem Weg zu gehen. Hat sie eine sichere Zuflucht gefunden, ignoriert sie die Situation gänzlich und liegt still in der Hoffnung, sie möge verschwinden. Manche lernen sogar, sich, wenn sie Angst haben, unter Bettdecken zu verstecken, was gleichbedeutend ist mit der Methode, den Kopf in den Sand zu stecken, damit etwas Beunruhigendes verschwindet. Was immer die Katze tut, es ist klar, daß sie leidet, und auch der Halter leidet, besonders, wenn die Katze auf harmlose, alltägliche Begebenheiten so reagiert und ein angstvolles Leben führt. Man sieht, wie schlecht es ihr geht, und kann sie doch kaum beruhigen, ohne ihre Angst noch zu verstärken. Genau dann, wenn sie Gefahren vermeiden will, wird sie beachtet, und sie lernt vielleicht nie, daß wir sie nur beruhigen wollten. Gehen wir zu forsch vor, so kann sie sogar nach uns schlagen, wenn sie nicht ausweichen kann, und wird deshalb noch nervöser. Eine solche Katze ist Shelley, im Gegensatz zur lebenstüchtigen Sammi: Es ist klar, daß ihr Lebensgefühl beeinträchtigt ist.

Reaktionen wegen Mangel an Gewöhnung

Kätzchen, die von unerfahrenen oder untüchtigen Müttern aufgezogen wurden, werden selbst auch weniger leicht mit Veränderungen fertig. Das gilt auch für jene, denen während der ersten Wochen ihres Lebens kaum etwas Unerwartetes zugestoßen ist. Ihre Überlebenschancen in der Wildnis wären nicht sehr gut. Jedes Kätzchen hat eine ganz andere Reaktionsschwelle verschiedenen Reizen gegenüber, sogar, wenn zwei Kätzchen aus demselben Wurf stammen und von Geburt an scheinbar das Gleiche erlebt haben. Zwar gewöhnen sich junge Tiere stets schneller an Reize als ausgewachsene, aber ein kleineres oder konstitutionell schwächeres Tier wird Abstand wahren von seinen Wurfgeschwistern, wenn es gilt, ein neues Spielzeug zu erforschen, denn es hat gelernt, daß es dabei von den anderen umgestoßen und überrannt werden kann. Dieses Risiko vermeidet es, indem es erst zuletzt oder gar nicht hingeht. Das bedeutet, daß es ein Erlebnis verpaßt und weniger Lebenserfahrung und -tüchtigkeit hat als die andern. Erscheint dasselbe Spielzeug später wieder. so haben die anderen Kätzchen ihr Zögern bereits einmal überwunden und springen sofort darauf los, um zu spielen, oder lassen es links liegen. Das unerfahrene Kätzchen dagegen erschrickt, wenn es das Spielzeug vor sich sieht, oder, schlimmer, wagt überhaupt nicht, es zu untersuchen.

Vielleicht ist Shelley ein erwachsenes Beispiel für das zögernde, lebensuntüchtige Kätzchen. Solche Nervosität nennt man Angst vor dem Ungewohnten – die Katze hat als Kätzchen zu wenig Erfahrungen gemacht, um für den Strom neuer Erfahrungen im Erwachsenenleben gewappnet zu sein. Wenn man sie gut dosiert Erfahrungen aussetzt, die wir und Sammi im Heim und sogar draußen als ganz gewöhnlich und nicht bedrohlich betrachten, können wir Shelley eine neue Gelegenheit geben, sich zu ertüchtigen. Man kann allerdings auch so kaum je eine völlig lebenstüchtige, »normale« Katze zuwegebringen, denn an gewisse Reize kann sich nur das Jungtier gewöhnen, weil es später negative Erfahrungen oder gar keine erlebt hat. So zeigen Kätzchen, die mit Welpen aufgewachsen sind, selten Nervosität, wenn erwachsene Hunde mit ihnen spielen wollen. Im Gegensatz dazu ist es unwahrscheinlich, daß erwachsene Katzen ohne Erfahrung mit Hunden solche Annäherungsversuche entspannt entgegennehmen; normalerweise suchen sie das Weite. Es gibt ältere Katzen, die noch lernen, mit einem Hund zusammenzuleben, aber das braucht unsäglich viel Geduld, und die Katze toleriert dann eventuell den Hund, aber sie spielen nicht miteinander.

Bei der Behandlung eines nervösen Tiers kommt man nicht weiter, als es seine gegenwärtige Lernfähigkeit erlaubt, die wiederum von der Summe der bisher gemachten Erfahrungen abhängt. Mit Katzen wie Shelley kann man einiges erreichen, indem man ihr eine neue Kiste gibt – eine Wurfkiste ist ideal. Man stellt diese ins meistbenutzte Zimmer des Hauses. Das normale Familienleben spielt sich wie üblich rund um die Katze ab, die in ihrer Kiste vor körperlicher Gefahr geschützt ist. Wichtig ist dabei auch, daß die Katze dadurch am Weglaufen gehindert wird, so daß sie verschiedene Personen, Bewegungen, Geräusche von der Television oder von herumgeschobenen Möbeln zur Kenntnis nehmen muß. Sie wird dann anfangen, das Geschehen zu interpretieren. Die Katze ist geborgen wie im Mutterleib, warm, gefüttert, getränkt und mit einem Versäuberungsplatz, aber sie ist gleichzeitig in der Lage, sich an Reize zu gewöhnen, vor denen sie früher angstvoll davonlief. Die gleiche Technik läßt sich übrigens auch im Freien anwenden bei agoraphobischen Katzen.

Schwere Fälle von Nervosität infolge von Mangel an Gewöhnung können auch mit Sedativen behandelt werden. Ja, Katzen mit gewissen Arten von Problemen kann man Valium geben, wie auch ihren geduldigen Besitzern. In den meisten Fällen von Nervosität ist es wichtig, daß das Sedativum langsam reduziert wird im Maße, wie die Katze lernt, mit Reizen umzugehen, damit ihr neues Selbstvertrauen nicht von dem Medikament abhängt. Kurz, das Medikament ist ein Medium für den Lernprozeß, so daß die Katze ihre Lernfähigkeit voll ausnützen kann, ohne von Ängsten überschattet zu werden. In manchen Fällen wird eine geringe Erhaltungsdosis des Beruhigungsmittels lange oder sogar dauernd angezeigt sein, aber glücklicherweise brauchen die meisten, sogar schweren Fälle, Medikamente nur kurze Zeit während der Gewöhnung an Reize. Ich bin kein Experte in alternativer Medizin, habe aber gehört, daß gewisse Arten von homöopathischer oder Kräuterbehandlung Sedative wirkungsvoll ersetzen können und von manchen Tierärzten angewandt werden. Aber wie bei der herkömmlichen Tiermedizin ist es auch hier wichtig, nur einen verantwortungsvollen Arzt aufzusuchen, der Mitglied der Britischen Vereinigung Homöopathischer Tierärzte ist.

Unangewöhnte nervöse Katzen, die nicht behandelt werden, kommen normalerweise in stets schlimmere Zustände. Die meisten Fälle dieser Art, die mir überwiesen wurden, betrafen sechs oder mehr Jahre alte Katzen. Ihre Besitzer berichten oft, daß die Tiere vom Tag ihrer Ankunft an scheu oder zurückhaltend gewesen seien und ihre Fähigkeit, den Lebensstil der Besitzer und die Aktivitäten im Haus zu ertragen, stetig abgenommen habe. Die Schwelle ihrer Fluchtreaktion fällt auf einen Punkt, wo jedes kleinste Geräusch, jede abrupte Bewegung genügen, um sie in ihre Zuflucht zu jagen, wo sie lange, nachdem das »Problem« vorüber ist, verharren. Andere typische Zeichen sind Rückzug der Katze, die jede Veränderung vermeidet und immer länger braucht, um sich im Haus zu zeigen, wenn der Besitzer ein Weilchen fort war. Die Katze sucht dunkle, stille Ecken als Zuflucht auf und verweilt dort lange; es kommt sogar vor, daß sie sich nur in der Dunkelheit an den Freßnapf wagt.

Das ist für den Halter oft schwer zu ertragen, auch wenn die Zeichen der Verschlimmerung seit einiger Zeit sichtbar waren. Je länger man die Katze ohne Behandlung läßt, desto schwieriger wird es, den Zug zur Weltflucht umzukehren und der Katze ihr einstiges Selbstvertrauen und noch mehr wiederzugeben.

Seltener kommt es vor, daß die nichtangewöhnte nervöse Katze dauernd an ihrem Halter klebt und starke Reaktionen zeigt, wenn sie von ihm getrennt wird.

Überanhänglichkeit ist für den Halter besonders schwer zu behandeln, denn eine Heilung setzt eine Lockerung der Bindung voraus; sie sollte aber schon rein deswegen behandelt werden, damit die Katze nicht so leidet, wenn der Halter fort ist.

Die Forschung der Verhaltensfachleute in der ganzen Welt zeigt klar, wie wichtig es ist, daß die Kätzchen so oft als möglich angefaßt werden im Alter zwischen zwei und sieben Wochen, damit sie sich an den Kontakt mit Menschen gewöhnen und tolerante und freundliche Haustiere werden. Im wesentlichen überspielen wir allfälliges Erschrecken der Kätzchen, indem wir sie mit Annäherung und Kontakt überfluten, so daß sie schnell lernen, daß damit keine Gefahr verbunden ist. Ein Kätzchen findet das Hochgehobenwerden sogar angenehm; es erinnert sich an ähnliche Handlungen der Mutter. Es lernt auch, daß unsere Wohnungen sicher sind und daß es, wenn es sich unter den Möbeln hervorwagt, bemerkt wird und tröstliche mütterliche Zuneigung empfängt. Dasselbe gilt im großen ganzen für Welpen, und bis unsere Heimtiere entwöhnt sind und gesellig werden, fürchten sie Menschen schon lange nicht mehr ... gewöhnlich.

Verlust gewohnter Reaktionen

Lieber Herr Neville

Ich las von Ihnen in einer Frauenzeitschrift und fragte mich, ob Sie meiner Katze helfen könnten. Ich hab' mein ganzes Leben lang Katzen gehalten; keine davon hat je gespritzt, die Kopfhörer der Hi-fi-Anlage beschmutzt oder an meiner Unterwäsche genagt. Aber Topper fürchtet neuerdings alle Besucher und rennt davon, wenn jemand kommt. Früher war er sehr tolerant und freundlich, und er ist es auch noch heute mit meinem Mann und mir, aber er tut mir so leid, weil er Angst hat, in seinem eigenen Heim zu bleiben, wenn meine Freunde bloß nett zu ihm sein wollen. Sobald die Türglocke geht, saust er davon und kommt nicht zurück, bis die Besucher gegangen sind. Gibt es etwas, was wir tun können? Hilfe!

Hoffnungsvoll

Joyce Hayes

Topper ist das klassische Beispiel einer Katze, die gelernt hat, mit der Ankunft Fremder im Herzen seines Territoriums fertig zu werden, diese Fähigkeit jedoch zunehmend verlor. Ich sehe viele ähnliche Fälle; die Katze läßt sich durch Veränderungen im Haus nicht stören, verliert aber vollkommen ihre frühere Gewöhnung an den Reiz der Ankunft und Gegenwart von Gästen.

Die Kehrseite dieses Problems sieht man im oft beobachteten Spiel selbstbewußter Katzen mit Sinn für Humor. Sie springen auf die Knie jedes Besuchers, der Katzen nicht mag oder gar allergisch ist auf sie, sobald er sich gesetzt hat. Die Katze scheint das Unbehagen des armen Menschen zu genießen, der natürlich seinen Gastgeber nicht schockieren will, indem er das Tier verjagt, und so bewegt er sich oder zückt sein Taschentuch, und die Katze gewinnt.

Aber Toppers Angst vor Besuchern braucht nicht unbedingt darauf zurückzuführen zu sein, daß er als Kätzchen nicht genügend verschiedene Leute kannte. Es kann auch eine einzige unglückselige Erfahrung mit einem besonders lärmigen oder unfreundlichen Gast gewesen sein, die ihn erschreckte und lehrte, eine Wiederholung zu vermeiden, indem er gleich fortlief. Solche traumatische Einzelerfahrungen liegen auch am Grund vieler besonderer Phobien bei Menschen und Hunden, aber bei Katzen habe ich noch niemals eine Phobie gesehen mit Ausnahme der Agoraphobie, bei der die Katze offene Räume im Haus scheut oder, noch häufiger, nicht ins Freie will. Viele Hundephobien schließen die Angst vor Wind, Regen und Lärm ein; ich habe sogar Hunde mit panischer Scheu vor Telefonkabinen oder elektrischen Glühbirnen gekannt. Nervosität irgendeiner Art läßt sich vielleicht häufiger feststellen als eine echte Phobie. Die Behandlung erstrebt die Desensitivierung; der Reiz wird dem Patienten dosiert präsentiert, ohne daß eine Angst- oder Panikreaktion entsteht. Die Intensität des Reizes wird dann stetig gesteigert, und der Patient lernt, sich daran zu gewöhnen.

Katzen sichern ihr Überleben, indem sie mögliche Konflikte vermeiden, und ihre hochentwickelten Sinne erlauben ihnen, Gefahr zu orten und wenn nötig, rasch die Flucht zu ergreifen. Daß sie nicht anhalten, um einen offenbar gefährlichen Reiz – wenn zum Beispiel ein Auto eine Fehlzündung hat – näher zu untersuchen, hat mitgeholfen, ihr Überleben als Einzelgänger zu sichern, der sich nicht auf Rudelgenossen verlassen kann, wenn seine Wachsamkeit nachläßt. Die Schwierigkeit bei der Behandlung von Nervositätsfällen liegt darin, zu bestimmen, was »normal« ist und was »nervös«, welch letzteres eine verminderte Lebensqualität zur Folge hat.

Es ist klar, daß Topper auf das Vergnügen, die Gäste seiner Besitzerin kennenzulernen, verzichtet; er betrachtet sie als unerwünscht und bedrohlich und läuft davon. Das ist eine vollkommen normale Reaktion, die das Überleben der Katze sichert; bloß, in diesem Fall gibt es gar keinen Grund für die Katze, um ihr Leben zu fürchten. Je mehr Gäste die Besitzerin hat, desto weniger sieht sie von Topper, und desto weniger empfindet er sein Heim als sicher. Schließlich verschlechtert sich die Beziehung zur Katze, die zu anderen Zeiten durchaus lohnend ist, oder das gesellschaftliche Leben der Besitzerin leidet, weil sie aus Furcht, die Katze zu erschrecken, niemanden mehr einlädt. So oder so ist ein Problem zu lösen, und in den meisten Fällen gelingt das auch.

Aber die Behandlung ist selten einfach und besteht nicht darin, daß man eine von Panik ergriffene Katze festhält und versucht, sie in die Arme selbst eines Katzenfans unter den Gästen zu zwingen. Wirft man jemand ins tiefe Ende des Schwimmbeckens hinein, so ist nicht gesagt, daß er dadurch schwimmen lernt; er kann auch ertrinken. In Fällen wie Toppers würde eine solche Handlungsweise seine Furcht vor Besuchern garantiert noch steigern, weil nun noch die Angst vor dem Festgehaltenwerden durch die Besitzerin dazukommt, ganz abgesehen von den Verletzungen, die sich die Besitzerin zuziehen kann beim Versuch, die Katze zu halten. Glücklicherweise versuchen die meisten Katzenhalter so etwas nur einmal und rufen mich an, solange die Krallenspuren noch frisch sind. Solche Katzen beruhigen sich rasch, wenn sie die Fluchtdistanz erreicht haben, putzen sich und machen sich bereit, aufs neue loszurennen, wenn Schritte sich der Türe nähern – sie warten nicht einmal das Läuten der Türglocke ab.

Toppers Behandlung umfaßt dieselben dosiert angewandten Reize wie bei Shelley, wird aber gezielter auf das Problem, Besucher zu akzeptieren, ausgerichtet. Das erste Ziel ist, Toppers Fluchtversuche zu blockieren. Er hat sie zu erfolgreich unternommen; sie haben ihn vor der vermeintlichen Gefahr geschützt, aber er hat dabei versäumt, zu lernen, wie man sich zu Gästen verhalten kann. Nun kann Topper Besucher nicht mehr vermeiden, entweder, weil man ihn an die Leine nimmt (falls er Halsband oder Geschirr gewohnt ist) oder indem man ihn kurze Zeit, wenn Gäste zu begrüßen sind, in einen Katzen-Reisekorb steckt. Dieser wird vor der Ankunft der Gäste ins Wohnzimmer gestellt. Je mehr Freunde an diesem Experiment teilnehmen, desto besser; allerdings sollten die ersten »Gäste«, die Topper empfangen muß, Leute sein, die er kennt, zum Beispiel Familienmitglieder. Sie sollen läuten, anstatt ihren Schlüssel zu benützen. Toppers erste Reaktion wird wie immer furchtsam sein, und er wird zu entwischen versuchen, aber das verhindert der Korb. Dann tritt der »Gast« ein, und Topper sieht, daß es nur Joyce oder ihr Mann ist, und beruhigt sich rasch. Bei genügend Wiederholungen wird Topper die Türglocke mit ungefährlichen Ankünften assoziieren.

Später kann man Gäste, die Topper weniger leicht akzeptiert, das Gleiche tun lassen: den Raum, in dem sich Topper befindet, zusammen mit einem akzeptierten Familienmitglied zu betreten und nichts weiter zu tun, als sich etwas entfernt von der Katze hinzusetzen. Es ist wichtig, daß Topper sich schrittweise an ihre Gegenwart gewöhnt. Sein Käfig dient jetzt dazu, ihn zu schützen, und er wird sich rasch beruhigen.

Sind die Fortschritte allzu langsam, so kann man in diesem Stadium die Überreaktion der Katze oft durch Verabreichung von etwas Beruhigungsmitteln, zum Beispiel vom Tierarzt verschriebenes Valium, dämpfen. Aber genau wie in Fällen schwerer Angstzustände durch Mangel an Gewöhnung ist es auch hier wichtig, daß die Toleranz der Katze nicht von Drogen abhängig wird; man vermindert deshalb die Dosis allmählich. Am Anfang mag zum Beispiel die Toleranz Gästen gegenüber völlig auf Drogen beruhen, und wenn die Katze nach ein paar Tagen weitere Besuche erlebt, wird ihr das Medikament langsam entzogen, so daß ihre Toleranz immer mehr erlernt und immer weniger von Drogen bewirkt wird. Die Drogen sind einfach ein Mittel, um Topper sein Problem vor Augen zu führen. Mit oder ohne Drogen sollte Topper, wenn er unter den richtigen Bedingungen möglichst viele Leute kennenlernt, ihre Ankunft in seinem Territorium als neutral empfinden. Was wichtiger ist: Sie dürfen innerhalb seiner Fluchtdistanz bleiben, der Distanz, die ihm eine Flucht noch erlauben würde, wie auch Zebras in den afrikanischen Ebenen eine Fluchtdistanz von den Löwen einhalten würden. Das ist eine fundamentale Distanz für die Überlebenschance in der Natur. Wer wegen Krankheit, Alter oder Dummheit diese Distanz falsch einschätzt, wird zuerst gefressen.

Der nächste Schritt der Behandlung rückt Topper ein wenig näher auf den Pelz. Jetzt bittet man Gäste, sich etwas näher an Toppers Korb zu setzen, damit er sich stärker an ihre Gegenwart gewöhnt. Das kann nur so schnell vorangehen, als Topper es erträgt, und die Gäste sollten ihn keineswegs berühren oder mit ihm sprechen, ehe er sie toleriert. Hierauf beschleunigen wir die Sache ein wenig. Es ist nicht sehr fair, aber Topper sollte jetzt zwölf bis vierundzwanzig Stunden nichts zu essen bekommen, so daß er hungrig ist, wenn er das nächstemal die Präsenz eines Gastes akzeptieren soll. Der Besucher beugt sich nicht über den Korb – das würde Topper erschrecken –, sondern setzt sich nahe daneben und hält ihm durch die Gitterstäbe einen kleinen Leckerbissen hin. Toppers positive, von Hunger verursachte Reaktion sollte gleich stark oder stärker sein als seine Furcht un ihm helfen, sie zu meistern. Auch hier ist es möglich, mit Hilfe bestimmter Medikamente vom Tierarzt den Appetit der Katze zu steigern. Das am meisten hierfür verwendete Medikament wird interessanterweise auch als Empfängnisverhüter bei Hunden und Katzen angewendet; es hat auch eine beruhigende Wirkung und kann deshalb in schweren Fällen von Anfang an verwendet werden. Nahrung festigt Beziehungen viel schneller als sanftes Sprechen; dennoch sollten Gast und Besitzer Topper leise zureden, wenn sie Nahrung anbieten. Hierauf sollte die Katze, solange der Besucher bleibt, häufig kleine Mahlzeiten bekommen. Soviel Gäste – und Familienmitglieder – als möglich sollten an dieser Erziehung teilnehmen. Das gibt der Katze Vertrauen und ermutigt sie, alle Gäste als futter- und später liebespendende Personen anzusehen.

Das letzte Stadium der Behandlung ist das Aufgeben des Katzenkorbs; nun bekommt Topper ein Halsband und eine Leine. Die Gäste bieten ihm wie vorher Futter an. Dann hält ihn der Besitzer fest und führt ihn zu einem bestimmten, akzeptierten Besucher. Das muß so langsam geschehen, daß Topper nicht in die frühere Panik ausbricht, ehe er gelernt hat, daß Besucher angenehm sein können. Man geht langsamer oder hält an beim geringsten Zeichen von Furcht oder

Unwillen. Wenn Topper bis zu ihnen gekommen ist, dürfen Gäste allmählich anfangen, ihn zu streicheln. Dies wird am ehesten akzeptiert, wenn Joyce ihn zuerst streichelt und der Gast langsam mitmacht. Der Zweck ist erreicht, wenn die Besitzerin ihre Hand zurückzieht und die Katze nur vom Gast gestreichelt wird. Topper in den Armen zu halten, wird noch lange oder überhaupt nicht möglich sein, denn das ist gleichbedeutend mit Festhalten, erlaubt keine Flucht und würde Toppers vollkommenes Vertrauen voraussetzen. Er würde nicht anders als die meisten Katzen handeln, wenn er diese Ehre seiner Familie vorbehielte. Bei jedem Kontakt sollten sich die Hände des Gastes, ungesehen von der Katze, seitlich nähern oder sehr langsam von vorne, damit Topper die sich vorstreckende Pfote sehen und akzeptieren kann. Die Hand ist nämlich für ihn wirklich eine Pfote und sollte sehr, sehr sanft angeboten werden, denn Pfoten sind ja die wichtigsten Waffen der Katze und rufen nach derselben Vorsicht wie schlagbereite Katzenkrallen.

Es kann sogar hilfreich sein, sich auf Toppers Höhe niederzulassen, anstatt ihn unnötig einzuschüchtern, indem man sich über ihn beugt. Es mag übertrieben scheinen, ihm auf dem Boden entgegenzukriechen, aber wenn Topper – im Korb, an der Leine oder von Hand gehalten – sich auf einem Tisch und sein Gesicht sich auf der Höhe des unseren befindet, wirkt das weniger bedrohlich. Natürlich kommt die Sicherheit aller Teilnehmer zuerst, und wenn Anzeichen dafür bestehen, daß Topper sich mit einem Krallenschlag verteidigen wird, sollte er Gäste nochmals eine Zeitlang in seinem Korb empfangen. Eine Begrüßung von Gesicht zu Gesicht gleicht den Grußritualen der Katzen; die Form unseres Gesichtes mit den geradeaus blickenden Augen ist nicht allzu verschieden von der der Katze und deshalb wohl leichter zu akzeptieren als eine dicke Flosse auf dem Kopf. Natürlich sollten alle Teilnehmer Lärm und abrupte Bewegungen vermeiden, wenn sie sich Topper nähern, damit keine Schreckreaktion erfolgt, und sie sollten auch vermeiden, in seine Augen zu starren, weil das als Herausforderung mißverstanden werden könnte: So starren Katzen einander bei Territorialstreitigkeiten an. Topper würde stets davonzurennen versuchen, um eine solche Auseinandersetzung zu vermeiden; deshalb sollte man, wenn man auf ihn zugeht, den Blick tiefer als seine Augen richten oder daran vorbeisehen. In solchen Fällen kann man normalerweise mit stetigem Fortschritt rechnen. Die gebesserte Katze wird selten rückfällig, solange sie regelmäßig mit Besuchern konfrontiert wird. Im wesentlichen sind die Methoden dieselben wie bei vielen anderen Verhaltensproblemen. Die Möglichkeit unerwünschten Verhaltens wird physisch verhindert; physiologisch bedingte Angst oder Panik werden, wenn nötig, medikamentös gedämpft, und das Tier wird dazu geführt, allmählich und wohldosiert Reizen standzuhalten, die es vorher nervös machten. Langsam lernt der Patient den Reiz erst zu akzeptieren, dann mit ihm fertigzuwerden und vielleicht sogar, ihn zu genießen. Der Schlüssel zum Erfolg ist, alle Variablen auszuschalten, so daß alles unter Kontrolle ist und mit jeder möglichen Reaktion der Katze gerechnet wird, und in kurzen, häufigen Schritten vorzugehen, denen die Katze ohne Panik folgen kann. Wenn kein Besucherprogramm läuft, soll sich die Katze frei bewegen dürfen, aber von Zeit zu Zeit in den Korb gesetzt werden, auch wenn keine Besucher da sind, damit sie ihn nicht am Ende als unangenehme Behinderung empfindet. Ideal ist es, wenn man sie darin zu den normalen Zeiten füttern kann, damit sie den Eindruck gewinnt, der Korb erfülle mehrere Zwecke, wovon einige angenehm seien.

Normalerweise klappt es. Aber Kinder, laute, mißgelaunte oder betrunkene Gäste und behinderte Besucher können bei Topper immer noch Angst auslösen, weil sie unberechenbar sind und sich nicht rational verhalten. Da es schwierig sein kann, ein kontrolliertes Konfrontationsprogramm durchzuführen, sollte man ihn vielleicht vor solch ungewöhnlichem Eindringen schützen, indem man ihn vor ihrer Ankunft aus dem Korb entläßt oder in ein anderes Zimmer stellt. So wird jede Möglichkeit eines Rückfalls in seine alte Ängstlichkeit verhindert, es sei denn, Betrunkensein sei eher die Norm als Nüchternsein. Ich wurde einmal wegen einer Katze konsultiert, die aus einer Spelunke in Schottland gerettet worden war. Die Katze namens Pernod war sehr mißtrauisch, wenn man ruhig war und geradeausging, aber schwankende, laute Säufer machten ihr keinerlei Angst. Sicher war sie es von Kätzchenbeinen an gewöhnt.

Agoraphobie

Lieber Mr. Neville

Mein Kater Mugs leidet unter Agoraphobie. Im Haus ist er

sehr zufrieden, und früher war er auch im Freien glücklich, aber seit vier bis fünf Monaten will er nicht mehr hinaus. Ich habe versucht, ihm nachzuhelfen, aber sobald wir in die Nähe der Hintertür kommen, gerät er in Panik, und wenn ich ihn hinausstoße, rennt er sofort wieder herein. Schließe ich die Tür, so schreit er davor, bis ich ihn wieder hereinlasse. Jetzt hat er halt ein Kistchen in der Küche, geht nie ins Freie und hat, glaube ich, kein sehr erfülltes Leben. Glauben Sie, daß er leidet? Sollte ich darauf bestehen, daß er hinausgeht?

Mit freundlichen Grüßen

Jonathan Ringer

Agoraphobie ist die Furcht vor weiten Räumen und Plätzen, im Haus oder draußen. Zum Glück ist sie bei Katzen sehr selten und die einzige echte Phobie, die ich bei ihnen je gesehen habe. Die Krankheit kann daherrühren, daß das Kätzchen das Draußen nicht früh genug, in seinen Forschungsphasen nach der Entwöhnung, kennenlernen konnte. Für den Verhaltensforscher ist es schade, daß man Kätzchen nicht ins Freie lassen darf, bis sie ihre Impfungen gegen scheußliche und oft tödliche Krankheiten hinter sich haben, mit zwölf bis vierzehn Wochen. Rassekatzen-Züchtern ist es von ihrem Verband untersagt, Kätzchen zu verkaufen, bis alle Impfungen vorgenommen wurden. Ideal wäre es, wenn Kätzchen sofort nach der Entwöhnung ins Freie gebracht werden könnten, aber ich möchte das natürlich nicht tun, wenn ihre Gesundheit oder ihr Leben dadurch gefährdet würden. Statt dessen sorgen verantwortungsbewußte Züchter dafür, daß ihre Kätzchen im Haus stets neue Erfahrugen machen und in Sicherheit daran gewöhnt werden, angefaßt zu werden, so daß sie alle mit der größtmöglichen Fähigkeit, mit verschiedenen Situationen fertigzuwerden, aufwachsen, einschließlich der Freude am Erforschen, die ihnen zustattenkommen wird, wenn sie ins Freie dürfen. Wer also ein Rassekätzchen anschaffen will, dem empfehle ich, einen Züchter zu suchen, der weiß, was für Verhaltensbedürfnisse Kätzchen haben, und nicht nur damit Geld macht, daß er in einem langweiligen Gehege am Ende des Gartens Katzenkörper züchtet.

Solche Opfer gefühlloser Züchter werden oft untauglich für das Leben draußen und leiden sogar an Agoraphobie. Es mag überraschen, daß trotz Mangel an Anregung so viele Kätzchen gut angepaßt werden und keine Agoraphobie haben, aber die Angstzustände, die einige wenige wegen Mangel an Gewöhnung haben, hätten sich so leicht vermeiden lassen.

Die meisten agoraphobischen Katzen, die ich behandle, weigern sich, hinauszugehen oder einen Raum zu durchqueren, als Folge einer einzigen traumatischen Begebenheit, gewöhnlich eines Kampfes mit einem Rivalen. Trauma und überwältigende Konfrontationen verursachen die meisten Phobien. Das heftigste Trauma bei der Entstehung von Agoraphobie entsteht, wenn der Kampf mit einem Rivalen im eigenen Haus stattfindet, wo die Katze sich bis anhin sicher fühlte. Andere Kämpfe finden im Freien statt, und man kann vermuten, daß dies bei Mugs der Fall war.

Jedesmal, wenn er hinausgeht, kann er seinem Rivalen begegnen, und er riskiert das immer unlieber. Die Welt draußen kann ihm so unheimlich werden, daß er selbst milde Veränderungen fürchtet, wie das Rascheln der Blätter oder das Geräusch eines Autos, selbst wenn die andere Katze nicht da ist. Es ist typisch, wenn die Katze bei jeder Begegnung mit der Welt draußen heftig reagiert, selbst an anscheinend ruhigen Tagen, an denen auch keine andere Katze zu sehen ist. Aber Mugs' Agoraphobie kann auch andere Gründe haben, zum Beispiel die Blockierung seines Heimwegs, als die Garage vergrößert wurde, oder die zufällige Begegnung mit einem streunenden Hund im Garten, oder das knappe Entwischen vor einem schnell fahrenden Auto. Die Folgen sind in allen Fällen deutlich zu sehen und werden immer schlimmer. Die Katze gerät in Panik, wenn sie ins Freie gezwungen wird, und ist weit von ihrem früheren Leben draußen entfernt.

Die Behandlung von Katzen wie Mugs ist gleich wie bei anderen Formen der Nervosität. Die Katze wird nach einem vorsichtigen Programm der Außenwelt ausgesetzt, vielleicht wieder im Reisekorb oder besser in einem großen, sicheren Gehege, in dem sie in Sicherheit einen Teil des Tages verbringen kann. Man fängt damit aber am besten erst an, wenn die Ursache des Problems entfernt ist. Das kann bedeuten, zu warten, bis die Bauarbeiten fertig sind, oder sogar, sich mit dem Besitzer des despotischen Rivalen zu einigen, welche Katze wann ins Freie darf, um weitere Kämpfe zu vermeiden. Dies vorausgesetzt, kann man Mugs unbesorgt hinausbringen, damit er wieder lernt, daß er dort so sicher ist wie vor dem Trauma und daß Windgeräusche nicht unbedingt bedrohlich sind. Die ersten paar Male sollte Jonathan ihn begleiten und an der Leine durch den Garten führen, damit er das Gefühl hat, geschützt zu sein. Manchmal nützt es, die Mahlzeiten der Katze in viele kleine Portionen aufzuteilen und ihm erst im Gehege, später vor der Haustür zu servieren, damit sein Hunger ihn ablenkt, wenn er sich verwundbar fühlt.

Behandlungen von Katzen wie Mugs sind oft sehr aussichtsreich, falls man die Ursache des Problems in den Griff bekommen kann. Denn wir können hier an gute alte Verhaltensmuster anknüpfen, statt daß wir sie der Katze neu beibringen müssen.

Ablehnung des Ehemanns

Lieber Mr. Neville

Unser Perserkater Fluffs liebt mich, meine Kinder und sogar unser Kaninchen, aber haßt meinen Mann. Der arme Mann versucht seit Monaten, seine Zuneigung zu gewinnen, aber ohne Erfolg. Sobald er ins Zimmer tritt, rennt Fluffs davon. John hat ihm noch nie das Geringste getan und wollte ihn nur streicheln. Kann man die zwei zusammenbringen? Fluffs ist etwas mehr als jährig und kann nicht hinaus, weil wir an einer verkehrsreichen Straße wohnen. Er wurde vor einem halben Jahr kastriert, aber das hat nichts an seiner Abneigung gegen meinen Mann geändert. Es wird allmählich zu einem echten Problem, denn mein Mann ärgert sich darüber, daß ich mich vermehrt mit Fluffs befasse, um wettzumachen, was er von ihm nicht bekommen kann. Bitte helfen Sie uns, bevor wir einander verprügeln!

Mit freundlichen Grüßen

Karen Hayward

Ich dachte früher, Abneigung gegen den Ehemann beschränke sich auf Ehefrauen. Aber seit ungefähr einem Jahr habe ich eine ganze Anzahl Briefe bekommen, die ähnliches schilderten wie der der unglücklichen Mrs. Hayward. Manche Katzen bilden eine sehr enge Bindung mit der Mutterfigur, vertragen sich jedoch auch mit anderen Familienmitgliedern, ohne sie zu vergöttern. Daß eine Katze eine ganz bestimmte Person ablehnt, jedoch mit jedem anderen Familienmitglied freundschaftlich verkehrt, laute Kinder und Beutetiere wie Kaninchen inbegriffen, ist ungewöhnlich und kann das oft unschuldige Opfer sehr belasten. Wie in diesem Fall hat sich der Ehemann aufs äußerste bemüht, die Abneigung der Katze gegen ihn zu überwinden, und versucht, besonders ruhig und liebevoll zu sein. Traurigerweise gelang es ihm nicht, und jetzt fangen die anderen Beziehungen in der Familie zu leiden an, weil ein Wettbewerb um die Zuneigung der Katze entstanden ist und hierauf zwischen den akzeptierten und dem abgelehnten Familienmitglied. Es mag seltsam scheinen, wegen einer Katze in Streit zu geraten, aber es schmerzt immer, vom Mitglied einer Gruppe abgelehnt zu werden. Wenn dies zufällig eine Katze ist, die man liebt, als zur Familie gehörig behandelt und für die man eine Menge Zeit und Geld aufwendet, ist es schwierig, die Verletzung nicht persönlich zu nehmen oder sich über den Erfolg anderer, die sich vielleicht viel weniger um die verflixte Katze bemühen, nicht zu ärgern.

Warum Katzen den Herrn des Hauses mehr fürchten als andere Familienmitglieder, ist schwer zu sagen. In manchen Fällen ist klar, daß der Mann aufbrausend ist, Türen zuschlägt und herumschreit, wenn er aufgebracht ist. Das kann die Katze verwirren; sie fühlt sich in seiner Gegenwart nicht mehr sicher, selbst wenn er entspannt und angenehm ist.

Aber in anderen Fällen ist es eher die Ehefrau, die launisch ist, und der Mann übt den ruhigen, beständigen und liebevollen Einfluß im Haushalt aus. Dann müssen wir den frühen Erfahrungen der Katze nachgehen und herausfinden, wer sie hauptsächlich fütterte, lieb zu ihr war und mit ihr spielte, um zu verstehen, warum sich die Bindung einseitig ausbildete. Für manche Ehemänner gibt es keinen offensichtlichen Grund, warum ihre Katze sie nicht mag. Vielleicht ist er einfach nicht so oft zu Hause wie die Familie, und wenn er von der Arbeit heimkommt, gerät die Familie in eine Bewegung, die die Katze unangenehm findet, so daß sie ihm aus dem Weg geht.

Ich habe gehört, ein bestimmter Mann verwirre die Hauskatzen wegen seiner Unberechenbarkeit. Er habe große Stimmungsschwankungen, sei bald ruhig und freundlich, bald haue er wegen irgendetwas Unwichtigem auf den Tisch und brülle, und wenn er seinen Gefühlen habe Ausdruck geben können, werde er wieder so ruhig wie meistens. »Kein Wunder«, sagte mir die Erzählerin, »daß Katzen Männer unberechenbar, ja unerwünscht finden und ihnen lieber aus dem Weg gehen, statt dauernd ihre Laune abzuschätzen.« Aber da meine Katzen mich beide gut mögen, ist dieses Urteil wohl doch zu allgemein.

Die Behandlung einer Katze, die den Ehemann ablehnt, ist eine Familiensache; oft stärkt das gemeinsame Vorgehen die in letzter Zeit strapazierten Familienbande aufs Neue. Das gemeinsame Ziel, der Katze zu helfen, einigt die Familie, wenn ihr das Programm richtig erklärt wird, auch wenn die Ehefrau dabei eine recht schwierige Rolle hat. Sie und andere Familienmitglieder sollen ein paar Wochen lang kaum Zeit für die Katze haben und ihren Annäherungsversuchen widerstehen. Mahlzeiten werden wiederum in kleine Portionen aufgeteilt und ausschließlich vom Ehemann gereicht, der auch Leckerbissen gibt und die Tür öffnet, wenn Fluffs hereinwill. Spiele beginnt die Ehefrau, aber dann übernimmt der Ehemann, und er bekommt auch den Stuhl am Feuer oder neben dem Heizkörper (falls er den nicht schon vorher für sich beanspruchte), um für die Katze anziehender zu sein. Ihm wird nahegelegt, seine Gefühle besser zu beherrschen und sich der Katze gegenüber konsequenter ruhig und freundlich zu verhalten.

Die Beziehung festigt sich schneller, wenn der Mann es aufgibt, die ablehnende Katze zu verfolgen, und wartet, bis die Katze ihn braucht, unter Zuhilfenahme von ein paar Lockmitteln. Und große Männer sollten sich auf den Boden niederlassen und eine Katzenbegrüßung nachahmen, anstatt hoch über das Tier hinauszuragen, was es verunsichern kann. Alle raschen Bewegungen und laute Ausrufe sind verboten. Der Fortschritt ist manchmal recht langsam, manchmal aber auch verblüffend rasch, ohne ersichtlichen Grund. In besonders mühsamen Fällen habe ich schon vorgeschlagen, daß der Ehemann auf After-Shave und »männliche« Seifen verzichten möge, weil solche Toilettenartikel mit echten oder synthetischen Tierdüften wie etwa Moschusöl versetzt sind, die die Katze unnatürlicherweise reizen, ohne daß wir das merken.

Der schönste Brief, den ich nach der Behandlung einer den

Ehemann ablehnenden Katze erhielt, erklärte kurz, daß sich die Katze viel besser verhalte, manchmal auf dem Schoß des Mannes sitze und sich streicheln lasse und hin und wieder sogar schnurre, aber das Beste daran war, daß sich der Mann vollkommen geändert hatte und alles Macho-Verhalten, seine Launenhaftigkeit und seine Herrschsucht aufgegeben hatte aus Angst, den Fortschritt zu gefährden und die Katze zu erschrecken. Und für all das bekamen sie nur eine kleine Rechnung für die Behandlung der Katze!

Ob nervös oder phobisch, unsicher oder verschüchtert, die Katze ist für den Katzenpsychologen ein guter Patient, weil sie intelligent ist, sich anpassen und lernen kann und einen hochentwickelten individuellen Überlebensinstinkt besitzt. Auch die Katzenbesitzer sind gewöhnlich mitfühlend und mehr als willens, auf die Vorschläge zur Behandlung einzugehen. Gewöhnlich haben ihre Bemühungen Erfolg, die Lebensqualität der Katze wird besser und die Freude an ihrer Haltung größer.

6

Probleme der Bindung

Lieber Peter Neville

Ich habe den wundervollsten Kater der Welt. Er heißt »Baby«, ist vier Monate alt und wir lieben einander innig. Wenn ich zu Hause bin, will er nur bei mir sein und folgt mir überall hin. Er sitzt auf dem Rand der Badewanne, wenn ich bade, und wartet vor der Tür, wenn ich auf die Toilette gehe; er würde auch dorthin mitkommen, wenn ich es zuließe. Er ist die liebevollste Katze, die ich je kannte, und liebt es, umschmust zu werden. Er denkt wohl, ich sei seine Mutter, denn er saugt an meinen Kleidern, als wären es Zitzen. Das würde mich nicht stören, aber manchmal sind ihm Kleider nicht genug und er kriecht zu meinem Hals hinauf und saugt daran. Obwohl er mir rote Flecken beibringt, habe ich nicht das Herz, ihn auf den Boden zu stellen, denn ich fände es schrecklich, wenn ich ihm das Gefühl gäbe, seine Liebesbezeugungen seien unerwünscht. Kann ich etwas anderes tun?

Mit freundlichen Grüßen

Mrs. Beverley Moore

Baby ist genau der richtige Name für diesen liebevollen jungen Kater, der die traumatische Erfahrung der Trennung von seiner richtigen Mutter umging, indem er die kindliche Abhängigkeit vollkommen auf seine neue, menschliche Mutter übertrug. Es geht um die mütterliche Beziehung, die wir – wie im ersten Kapitel beschrieben – mit Katzen haben. Baby hat sich zwar, was die Ernährung angeht, von seiner Mutter unabhängig gemacht und frißt feste Nahrung, nicht Milch. Aber der normale Vorgang der physischen Wegweisung und Trennung von der beschützenden und nährenden Mutter blieb unvollständig, weil da ein mehr als williger Ersatz war. Das

Ergebnis ist, daß kindliches Verhalten und Abhängigkeit von einer Mutterfigur fortdauern, wenn sie längst hätten von erwachsenem Verhalten abgelöst werden sollen. Baby versichert sich des Schutzes seiner Mutter, indem er ihr überallhin folgt, damit er sie im Fall einer Gefahr sofort erreichen kann. Die normale Forschungstätigkeit und das Erlernen unabhängiger Entschlußfähigkeit sind stark verlangsamt, oft bis zur Untüchtigkeit oder zur Entwicklung nervöser Zustände, wenn die Katze sich nicht auf den Schutz durch die Besitzerin verlassen kann. Die Katze kann sogar Trennungsängste bekommen, ein Problem, das sonst nur bei Rudelhunden vorkommt, für die Isolation unnatürlich ist. Bei einem Geschöpf, das weitgehend ein unabhängiger Alleinjäger ist, sollten Trennungsängste gar nicht vorkommen. Daß Katzen wie Baby die Fassung verlieren und, wenn alleingelassen, sich in einer dunklen Ecke verbergen, muß auf jeden Fall vermieden werden.

Wie klar der Fall und seine Behandlung auch liegen mögen, Mrs. Moore sollte mit Verständnis begegnet werden. Sie tut nur, was alle Katzenhalter tun; sie genießt die mütterliche Rolle als Nahrungs-, Liebe- und Schutzspenderin. Sie ist lediglich etwas zu gewissenhaft einer jungen Katze gegenüber, die froh wäre, immer ein Kätzchen bleiben zu dürfen. Wenn ein Kätzchen nicht erwachsen werden möchte, behält es natürlich viel seiner spontanen Verspieltheit bei, die wir so entzückend finden, und verlangt unsere Aufmerksamkeit, was schmeichelhaft ist und unsere Zuneigung vertieft.

Die Ablösung wäre schon lange fällig, einmal wegen Mrs. Moores Hals und vor allem um der Entwicklung des Tieres willen, aber es wird eine heikle Aufgabe sein, Mrs. Moore das Programm zu erklären, ohne daß sie den Eindruck hat, sie verstoße ihr Tier. In dieser Situation ist eine einfühlsame Beratung viel wichtiger als alles Wissen über Katzenverhalten. Mrs. Moore sollte sich Baby viel mehr entziehen, und Beweise der Zuneigung sollten mehr von ihr ausgehen als von Baby. Er muß daran gehindert werden, ihr zu folgen, und dazu ermutigt, mehr Zeit im Freien zu verbringen, um neue Interessen zu entwickeln, und mehr Gelegenheit bekommen, im Haus herumzuforschen. Mrs. Moores Familie sollte das Füttern und die Pflege Babys übernehmen, damit er seine Zuneigung gleichmäßiger verteilen kann und weniger auf »Mama« zentriert ist. Was das Schwierigste ist: Mrs. Moore muß viel weniger Zuneigung zeigen, und jeweils nur kurz, womit die Grußrituale und der gesellige Kontakt zwischen befreundeten erwachsenen Katzen nachgeahmt werden. Lange Liebkosungen im Stil des Wochenbetts sollen immer stärker abgekürzt werden und dürfen nie das Stadium erreichen, in dem Baby anfängt, am Hals von Mrs. Moore zu saugen.

Baby wird rasch unabhängiger, forschungsfreudiger und lebenstüchtiger werden, wenn er nicht mehr am Schürzenbändel hängt. Mrs. Moore muß man vielleicht während des Programms helfen, damit sie keine Schuldgefühle bekommt, aber meine Rolle ist es, ihr die Einsicht zu vermitteln, daß die Ablösung notwendig ist und Baby erlaubt, ein Junge zu werden, ohne daß seine Zuneigung ganz verschwindet.

Die Sorge mag übertrieben scheinen, aber dasselbe kann uns, ohne daß wir es merken, selbst bei einer gut angepaßten Katze passieren, wenn sie krank wird oder verletzt ist.

Intensive Pflege

Die moderne tierärztliche Kunst erlaubt uns oft, Fälle verletzter oder kranker Katzen zu pflegen, die früher als hoffnungslos galten, heute aber eine gute Genesungschance haben. Die neuesten Medikamente können Infektionen bekämpfen; die neuesten chirurgischen Techniken ermöglichen, Brüche zu schienen und Haut zu verpflanzen, und wir, die Katzenhalter, werden zu aufmerksamen Pflegern, wenn die Katze heimdarf. Tage-, wochen- und manchmal monatelang pflegen wir unsere Heimtiere zu jeder Stunde, führen ihr mit Spritzen Flüssignahrung zu und massieren ihre Glieder, damit sie funktionstüchtig sind, wenn der Pflegling wieder herummarschieren darf. Manchmal erholen sich Katzen entgegen jeder medizinischen Prognose, aber sie können trotzdem nachher seelische Wracks sein. Während den Wochen des Gepflegtwerdens haben sie vollständig von ihrem Besitzer abgehangen, ob es um Nahrung, Bequemlichkeit, Geselligkeit oder sogar um Reinlichkeit ging – der Besitzer mußte aufräumen, wenn die Katze ein natürliches Bedürfnis hatte. Das psychologische Resultat ist eine körperlich genesene, aber übermäßig abhängige Katze, die sich auf ihren Besitzer wie zu kranken oder zu Kätzchentagen verläßt. Das kommt glücklicherweise nicht allzu oft vor; die meisten Katzen werden mit der Gesundung wieder selbständig, aber für manche Besitzer sind die Nachwirkungen von

Verletzungen und Krankheit so schwierig zu bewältigen und so anspruchsvoll wie die Pflege selbst.

Auch hier ist eine Ablösung nötig und muß in derselben Weise bewerkstelligt werden wie die der allzu anhänglichen jungen Katze, aber das ist hart für den Besitzer, der sich daran gewöhnt hat, während der Pflege jedes Bedürfnis der Katze zu erfüllen. Geschickte Beratung ist nötig, bis der Besitzer begreift, daß sie die Schreie und Klagen ihrer Tiere, ihr Betteln um Fütterung von Hand nicht beachten sollten. Aber die Besitzer sind mir für meine erfolgreichen, wenn auch unerwünschten Ratschläge nicht immer dankbar. Kennt jemand einen Berater, der Katzenprobleme-Spezialisten wegen Abweisungs- und Angstproblemen behandeln kann?

Verlassen des Heims

Zum Glück hat die Medaille der Bindung eine Kehrseite, die Seite, bei der ich dazu raten darf, Intensität und Häufigkeit der Kontakte und Zuneigungsbeweise auf allen Fronten zu steigern, um einer gestörten Katze zu helfen, mit dem Leben fertig zu werden, oder um ihre Bindung an die Besitzer zu vertiefen. Baldrick ist eine Katze, die den Druck der hektischen Lebensweise ihrer Besitzer empfand, und der das Leben in ihrem Heim immer weniger gefiel. Baldricks Besitzer waren Schichtarbeiter, und er wußte nie, wer zu welcher Zeit des Tages oder der Nacht daheim sein würde. Die Fütterungszeiten waren unregelmäßig und das Futter irgendwelche kalten Reste auf einem Teller oder einfach Trockenfutter, das die Besitzer hinstellten, wenn sie schnell durchs Haus gingen. Ein Polizist hat vielleicht kein glückliches Leben, aber das Leben dieser Katze, die einem Polizisten und einer Flughafenangestellten gehörte, war noch unglücklicher. Wilde Partys wurden abgehalten, wenn die freien Tage der beiden Besitzer zusammenfielen, und der arme Baldrick lebte bald in einem ruhigen Heim, bald in einem mit 3000 Watt pro Kanal.

Dennoch kam es vor, daß der eine oder andere Besitzer einen Tag zu Hause blieb, meist im Bett, um sich auszuruhen, und dann durfte Baldrick sich dem warmen gemeinsamen Schlafhaufen zugesellen. Wahrscheinlich waren es nur diese seltenen Gelegenheiten, bei seinen Besitzern zu sein, die Baldrick überhaupt zu Hause hielten. Dennoch blieb er der Wohnung immer häufiger fern und entfremdete sich seinen Besitzern. Es war der Sommer 1989, ein langer, heißer Sommer, als viele Katzen noch viel länger von daheim fortblieben, schliefen, wo es gerade war, und jagten. In jenem Jahr bekam ich eine große Anzahl Anrufe von Katzenbesitzern, die sich wegen des Fernbleibens ihrer Tiere Sorgen machten. Als mit dem Herbst das Wetter kälter und nässer wurde, kamen ihre Katzen pflichtschuldigst zurück und blieben länger zu Hause, sehr zur Erleichterung ihrer Besitzer. Das führte mir vor Augen, wie dünn die Beziehung zwischen Mensch und Katze manchmal ist, und wie schnell die letztere zur Lebensweise ihrer Ahnen zurückfindet und ohne uns ganz leicht überlebt.

Baldrick jedoch ging nicht ganz fort. Er fand ein Lager am Ende des Gartens unter einem Schuppen neben dem Treibhaus. Vor Regengüssen und Wind geschützt, warm auf einem Stapel alter Zeitungen, lernte Baldrick für sich selbst zu sorgen und jagte tagelang in den anliegenden Wiesen. Aber von Zeit zu Zeit wischte er kurz ins Haus und vertilgte die besten freien Mahlzeitenreste, die seine Besitzer irgendwann hatten stehen lassen. Hin und wieder kam er für einen Tag heim, um ihn mit einem der Besitzer schlafend zu verbringen; Sie bemerkten aber, daß sich Baldrick immer unlieber anfassen ließ. Es dauerte auch immer länger, bis er sie erkannte, wenn sie heimkamen und er zufällig da war. Seine erste Reaktion war dann die Flucht, und nur selten konnten sie ihn zurückrufen. Aber was die Besitzer nun doch bewog zu handeln, war Baldricks ungepflegte, schmutzige Erscheinung. Er war ein langhaariger Mischling, dessen Fell sich im Lauf des Sommers immer mehr verfilzte und voller Flöhe war. Sein zunehmender Protest gegen Berührung oder gegen das Zusammensein mit seinen Besitzern, außer wenn sie schliefen, war nie so heftig, wie wenn sie ihn zu bürsten versuchten.

Die Lage war zu weit gediehen, als daß man Baldricks Verhalten hätte schrittweise ändern können. Ich riet zu raschen, energischen Methoden. Als erstes wurde die Katzentür so eingerichtet, daß Baldrick nur noch hinein, aber nicht hinauskonnte. Dann wurde in einer Falle für wilde Katzen sein Lieblingsfutter hingestellt. Diese Falle ist ein fabelhaft ausgeklügeltes Gerät, mit dem man verwilderte Katzen fangen kann, ohne ihnen Schmerzen zu bereiten und ohne sie zu berühren, und aus der sie ebenfalls unberührt in einen ebenso ausgeklügelten Korb mit beweglicher Seitenwand gebracht werden können. Darin wurde Baldrick zum Tierarzt getragen, durch die bewegliche Wand sanft an die Seite des Korbs gedrückt, mit Mitteln beruhigt und dann narkotisiert. Einmal bewußtlos, wurde er entlaust, entfloht, entfilzt, gründlich gereinigt und dann in seinen Korb zurückgelegt, um sich zu Hause zu erholen. Er wurde im Wohnzimmer eine Woche lang in einer Wurfkiste gehalten und durfte nur in dieses Zimmer hinaus, wenn einer der Besitzer zu Hause war. Sie richteten ihre Schichtarbeit so ein, daß er soviel Gesellschaft als möglich hatte, und wir versuchten, aus ihren Stundenplänen regelmäßige Fütterungszeiten für Baldrick auszutüfteln. Wenn einer von beiden, auf eine bis zwei Stunden genau, zur Fütterungszeit daheim sein konnte, gab er Baldrick zu essen. Wenn das nicht ging, verwendeten wir nochmals ein schlaues Stück Technik, den Fütterungsautomaten. Essen wird auf einem Teller hineingestellt und der Deckel geschlossen; er öffnet sich aber zu einer vorgegebenen Zeit und gibt das Futter frei. Ich hatte ein solches Gerät für meine Katze Bullet; leider zerstörte es mein treuer Hund binnen weniger Sekunden, um an das Essen heranzukommen.

Bei Baldrick bestand das Ziel darin, die Bindung an seine Besitzer durch gemeinsame Anstrengungen, mit einer Woche Gefangenschaft, häufigem Füttern, Streicheln und Spiel wieder herzustellen und ihm so weit als möglich klarzumachen, daß sie ihn nährten. Waren sie nicht zu Hause, so stünde sein Futter zur bestimmten Zeit trotzdem bereit. Er würde also daran interessiert sein, zu dieser Stunde heimzukommen, und die Besitzer konnten sich auch meist darauf verlassen. Jedes Zusammentreffen würde von nun an überschwänglich sein und wie erwartet: Je mehr die Besitzer beim Versuch, zu Baldrick lieb zu sein, investierten, desto stärker reagierte er darauf. Binnen weniger Wochen war Baldrick wieder ein Mitglied der Familie – aber er wird bei Nachbarn untergebracht, wenn all diese seltsamen Flughafenangestellten und Polizisten herkommen, um laute Musik zu spielen, zu trinken und nicht heimzufahren!

Verunsicherung durch hohes Alter

Baldrick war eine verwildernde Katze, die es einem merkwürdigen modernen Lebensstil ohne Routine anzupassen galt. Aber manchmal müssen wir uns selbst den wechselnden Erwartungen unserer Katze anpassen. Das gilt wohl bei allen alternden Katzen, und da sie heutzutage viel länger leben, beobachten wir ähnliche Verhaltensänderungen wie bei alten Menschen. Statt daß die ganze Maschine versagt, ermüdet bei Katzen und Menschen Bestandteil um Bestandteil. Der langsame Zerfall oder Ausfall eines Organs oder Gelenks erlaubt uns und den Katzen nicht mehr, wie als Junge zu reagieren. Das macht uns Sorgen; und Mensch und Katze werden sich bewußt, daß sie sich vor möglichen Gefahren immer weniger gut schützen können. Alle Katzen schlafen im Alter länger, verbringen mehr Zeit im sicheren Haus, und für viele ist der Zeitpunkt gekommen, ein wenig von ihrem Willen zur Unabhängigkeit aufzugeben und sich für körperlichen und seelischen Schutz auf ihre Wohltäter zu verlassen.

Lieber Mr. Neville

Tiger und ich sind mehr als fünfzehn Jahre zusammengeblieben, und sie hat mir kein einziges Problem bereitet. Vor kurzem hat sie aber begonnen, nachts herzzerbrechend zu schreien. Ich stehe auf und gebe ihr zu essen oder streichle sie nur eine Weile und lege sie zurück auf ihre Lieblingsdecke beim Heizkörper. Dann schreit sie nicht mehr. Mein Tierarzt sagt, sie sei für ihr Alter sehr gesund; es fehle ihr nichts. Warum schreit sie? Hat sie Schmerzen?

Müde, Ihre

Annabelle Whitehouse

Nein, Annabelle, Tiger hat keine Schmerzen. Sie ruft, weil sie von Ihnen beruhigt werden möchte. Katzen – mit Ausnahme vieler orientalischer Rassen – verständigen sich mit Menschen durch Körpersprache; sie und die Entwicklung eines gemeinsamen Geruchs durch körperliche Kontakte erhalten die Bande der Freundschaft. Stimmliche Verständigung geht recht einseitig von uns zur Katze, außer beim ersten Gruß oder wenn es Essenszeit ist: dann »trillern« die Katzen oft vor Freude. Weibliche Katzen rufen laut, wenn sie rollig sind, um Kater anzuziehen, aber da die meisten Heimtiere kastriert sind, leiden nur die Katzenzüchter darunter. Der eindrücklichste Katzenlaut ist der einer ohne Unterlaß rufenden, rolligen

Siamesin, wie viele von uns, die glaubten, es wäre hübsch, ihr einen Wurf Kätzchen zu gönnen, bezeugen können. Schnurren ist etwas ganz anderes, und richtige Miaus und Schreie beschränken sich hauptsächlich auf Siamesen, Burmesen und andere östliche Rassen.

Mit fortschreitendem Alter sind Katzen nicht nur weniger aktiv und brauchen uns mehr, es ist ihnen körperlich auch weniger leicht möglich, uns nach Wunsch zu erreichen: Da sie mehr Hilfe benötigen, um sich sicher zu fühlen, lernen sie zu rufen, um unsere Aufmerksamkeit zu erregen. Das mag unbequem sein, aber meist fühlt sich die Katze nachts am unsichersten, wacht immer wieder auf und bittet um Beruhigung. Wir sind bekümmert, stehen aber immer auf, um nach der alten Mieze zu sehen. Wenn die Katze sieht, daß wir da sind und sie beschützen, wird sie ruhig und schläft vielleicht wieder ein. Momentan zufrieden, hat sie aber gelernt, daß Schreien die beste Methode ist, wenn sie sich bedroht fühlt, und wird das den Rest ihres Lebens immer wieder tun. Jetzt verabreicht ihr ihr Besitzer Mahlzeiten, die weniger Protein enthalten, und weil sie hinfällig wird, erlaubt er ihr, auch an Orten zu schlafen, die früher tabu waren. Es sollte deshalb nicht allzu schwer fallen, sie auch nachts im Schlafzimmer zu dulden. Sie sollte glücklich sein und es bequem haben, und wenn sie doch ruft und den Besitzer weckt, kann er sie wenigstens vom Bett aus beruhigen!

Routinemäßiges Füttern und Kontaktnehmen kann, wie bei Baldrick, ebenfalls zu einer soliden, verläßlichen Beziehung mit der Katze führen. Eine sichere Zuflucht, warm, ruhig und für Hunde und Kinder nicht erreichbar, wird von der alten Katze ebenfalls geschätzt. Es gibt wenig bessere Orte als eine alte Wolldecke auf einem Gestell im Trockenschrank. Viele Katzen bringen diesen Kunstgriff ihren Besitzern bei.

7

Streß und Trauma

Streß ist ein unklares Wort, das ich bis jetzt in diesem Buch vermieden habe. Jeder weiß, was mit Streß gemeint ist, und wir leiden fast alle dann und wann, wenn nicht dauernd, darunter, aber dennoch wissen wir wenig darüber. Auch Katzen können unter Streß leiden, und von vielen der von mir behandelten Probleme könnte man sagen, sie seien durch die eine oder andere Art von Streß verursacht worden. Die Grenzflächen zwischen Umgebung, Verhalten und Physiologie treten zutage, wenn wir oder unsere Katzen unter Streß leiden, und die Wissenschaftler sind erst dabei, die komplexen Zusammenhänge langsam zu entwirren.

Überraschungsreaktionen und Lernen während der Entwicklung helfen der Katze, mit Herausforderungen fertigzuwerden und am Leben zu bleiben. Für die Katze ist das Abwägen der Gefahr oft besser als blinder Mut; sie läuft vor Gefahren schnell davon, wenn die Bedrohung nicht durch Rückenkrümmen und Fauchen abgewendet werden kann. Selbstsichere Individuen verjagen manchmal lebende Drohungen – man sieht häufig, daß eine Katze gelernt hat, einen zudringlichen Hund abzuwehren, indem sie nicht davonrennt, sondern ihre scharfen Krallen in die kalte, nasse Nase haut. Nervösere Tiere verstecken sich in sicheren Winkeln oder unter Bettüberwürfen. Was immer die Methode, die Änderungen im Verhalten entschärfen den Konflikt.

Physiologisch kann die Katze reagieren, weil die Nebennierendrüsen Adrenalin in den Blutkreislauf schicken. Adrenalin bereitet die Katze auf Kampf oder Flucht vor, weil es das Herz schneller schlagen läßt und mehr sauerstoffreiches Blut in die Muskeln schickt und gleichzeitig den Körper befähigt, mit dem Kohlendioxid fertigzuwerden, das durch die Anstrengung der Flucht oder des Kampfes anfällt.

Streß ist eine sehr häufige Ursache von Veränderungen im Verhalten der Katze. Zu Streß führen können Änderungen in der Lebenshaltung und Routine der Besitzer, erzwungenes Verbleiben in unvertrauter Umgebung – z.B. beim Tierarzt –, oder versehentliches Eingeschlossenwerden in einem Schrank. Von Menschen oder Tieren überfüllte Räume und Gehege und längeres Ertragenmüssen von

Hochfrequenztönen können zu Streß führen, und ebenso die Trauer über einen verlorenen Gefährten, sei es eine Katze, ein Mensch oder gelegentlich sogar ein Hund. Katzen empfinden auch Streß, wenn sie mit anderen Katzen zusammen sind, aber ihre Fluchtdistanz – die im Fall von Schwierigkeiten für eine sichere Flucht benötigte Entfernung – nicht respektiert wird.

Wenn unsere Reaktionen auf eine Bedrohung diese nicht mindern können, fließt das Adrenalin weiter, damit der Körper vorbereitet bleibt. Oft ist Streß das Ergebnis. Beim Menschen zeigt er sich durch Reizbarkeit, Müdigkeit, Angst und Depression an. Herzkrankheiten und Magengeschwüre können von demselben Mechanismus verursacht werden, der uns helfen sollte, das Risiko einer Verletzung zu vermeiden – wenn wir die streßverursachende Bedrohung nicht abwenden können. Viele von uns können sich dem Streß anpassen und physisch – zum Beispiel wenn wir jeden Tag auf unserem Weg zur Arbeit im Stau sitzen – oder physiologisch – wenn unser Nervensystem nicht mehr stark durch das Adrenalin in unserem Blut beeinflußt wird – resistent werden. Dieses Resistentwerden kann mit der erlernten Gewöhnung an Reize, die in Kapitel 5 besprochen ist, verglichen werden, und ist von hoher Wichtigkeit für das Überleben jeder Spezies. Wenn der Streß des Auszugs aus einem vertrauten Waldstück über eine offene Ebene hinweg für einen Hirsch so stark ist, daß er lieber am alten Ort mit ungenügender Nahrung bleibt als das Risiko eingeht, auszuwandern, dann würde die Art wohl recht schnell aussterben. Daß er den Streß, sich über offenes, für ihn gefährliches Gelände zu bewegen, überwindet, ermöglicht es ihm, die Veränderung zu akzeptieren und ohne Schädigung durch den Streß selbst zu überleben.

Es gibt Leute, die es offensichtlich genießen, dauernd in Bereitschaft zu sein, und trotz dem Streß leiden sie nicht unter physischen oder physiologischen Folgen. Der Unterschied zwischen Menschen, die sich an diesem Zustand erfreuen, und solchen, die Angst haben, schlaflos sind oder Magengeschwüre bekommen, soll an der Biochemie ihres Nervensystems und an ihrer individuellen Empfindlichkeit auf dem Niveau der Neurotransmitter liegen, kaum am Mangel an Gewöhnung in jungen Jahren oder an einer übergroßen Gefährdung bei der ersten Begegnung mit einer Bedrohung, wie das der Fall ist, wenn sich die Nervosität auf eine ganz bestimmte, begrenzte Gefahr bezieht. Diese Erklärung hilft uns, wenn sie stimmt, verstehen, warum die Menschen und natürlich auch die Katzen auf Streß so verschieden reagieren.

Es sind zwar keine gestreßten Katzen mit Magengeschwüren oder Herzkrankheiten gemeldet worden, aber viele ändern unter Streß ihr Verhalten und ihre Reaktionen ähnlich wie wir. Auch die Fähigkeit des Immunsystems, Infektionen zu bekämpfen, vermindert sich, weil bestimmte weiße Blutkörperchen enorm zurückgehen, wenn Mensch und Katze längere Zeit gestreßt sind. Angriffslust und Reizbarkeit, sowie Depression, die sich in einer Neigung zu Heimlichkeiten und in Bewegungsunlust äußert, sind häufig. Katatonie oder »Sich-tot-Stellen« findet man bei gestreßten Katzen und anderen Tieren; sie solle wahrscheinlich das Jagdfieber in einem Raubtier erlöschen lassen und den Angriff verhindern, so daß Überleben möglich wird. Die Reaktionen der Katzen auf Streß sind dieselben wie diejenigen anderer Säugetiere und fallen normalerweise in zwei Kategorien: erregte oder gehemmte Reaktionen.

Weniger häufig hört man von anderen Reaktionen der Katze, die sich vielleicht nur in den künstlichen Grenzen eines psychologischen Laboratoriums beobachten lassen: Krämpfe, hysterische Epilepsie, übermäßige Speichelabsonderung, Keuchen, Kolik und sogar Vor-Angst-Weiß-Werden. Die amerikanische Tierärztin Bonnie Beaver führt auch Anorexie, Berührungsempfindlichkeit, veränderte Annahme von Futtergeschmack, Fellverlust und sogar psychologische Kastration auf, ein erschreckendes Symptom, das ich aber selbst nicht kenne, weil die meisten englischen Katzen ohnehin chirurgisch kastriert sind. Dann gibt es noch Reaktionen auf Streß, die Katzen vorbehalten sind: Schwitzen an den Fußsohlen, Urinspritzen, Markieren durch Kratzen, Urinieren oder Kot absetzen an für sie wichtigen Stellen.

Die Milderung der Beeinflussung durch Streß, wenn die Reaktionen der Katze ihr Ziel nicht erreicht haben, gehört zu meinen häufigsten Aufgaben. Das erfordert eine Menge Detektivarbeit, um diese Einflüsse zu finden. Sie können in der Umgebung liegen, wenn die Katze im Haus keine Sicherheitszone hat und andere stets mit ihr um Nahrung und Obdach konkurrieren. Sie können gesellschaftlicher Natur sein, wenn die Katze sich nicht mit anderen Katzen, mit denen sie das Haus teilen muß, verträgt. Aber was immer die Ursache, die Behandlung von Streß bei der Katze besteht weitgehend darin, die streßverursachenden Einflüsse zu beseitigen oder zu verändern, oder ihnen die Katze nur dosiert auszusetzen, so daß sie »resistent« werden kann. In den meisten Fällen ist eine Kombination beider Methoden angezeigt, und diese Behandlung ist gewöhnlich weit erfolgreicher als der Versuch, die physiologischen Reaktionen der Katze durch Anti-Streß-Tranquilizers zu dämpfen, die die Tätigkeit der Neurotransmitter beeinträchtigen. Die Streß-Reaktionen können dann während der Verabreichung der Medikamente verschwinden, aber wenn sich unterdessen nichts geändert hat, empfindet die Katze bald wieder Streß und ihre Verhaltensprobleme sind wieder da. Die Versuchung, die Katze dauernd unter Medikation zu halten, um Streßreaktionen zu verhindern, ist groß, aber das wäre nur Symptombekämpfung ohne Bezug zu den wirklichen Ursachen. Aber richtig eingesetzt können Beruhigungsmittel bei der Behandlung von gestreßten Katzen helfen. Interessanterweise wird etwa die dreifache Dosis gebraucht als beim Menschen. Viele Katzen reagieren rasch und gut, wenn die Streßfaktoren bestimmt und mit Erfolg manipuliert werden können, ohne daß man sie auf längere Zeit unter Beruhigungsmittel setzt.

Psychogene Hautentzündung

Lieber Mr. Neville

James ist ein sehr sensibler Kater. Er ist jetzt vierjährig und wurde mit etwa sechs Monaten kastriert. Ich habe keine anderen Katzen: Ich hätte zwar gerne welche, aber ich glaube, James würde sie nicht akzeptieren und wäre eifersüchtig. Er ist ein nervöses Seelchen und bleibt oft mehrere Tage im Haus, wenn er sich mit einer andern Katze gestritten hat. Wenn Freunde zu Besuch kommen, ißt er manchmal ein paar Tage nichts und versteckt sich. Er kann sich auch ziemlich hochmütig geben, und wenn ich ein Weilchen nicht da bin oder Bitten um Zuneigung nicht beachte, ignoriert er mich. Ich liebe ihn ungeheuer und kann akzeptieren, daß er sensibel ist, aber ich mache mir Sorgen, denn wenn er mehrere Probleme aufs Mal hat, benagt er sich am Schwanzansatz und den Rücken hinauf. Nachher hat er Hautschuppen, die der Tierarzt behandeln muß. Mein Tierarzt hält sein Verhalten für psychisch bedingt, und ich schreibe Ihnen in der Hoffnung, daß Sie helfen können.

Mit freundlichen Grüßen

Helena Bradley

Psychogene oder »nervöse« Hautentzündung tritt bei Katzen als Reaktion auf Streß wohl häufiger auf, als wir glauben. »Das Schwierige bei der Haut«, sagte ein befreundeter Tierarzt einmal zu mir, »ist, daß so viele Dinge dieselben Störungen verursachen können, und am Ende behandeln wir nur die Symptome und hoffen, die Ursache werde von selber verschwinden.« Heute gibt es Tierärzte, die sich besonders für Dermatologie interessieren, und man hat ein paar Ursachen mehr für Ekzeme und Hautentzündung entdeckt, darunter auch den Streß. Zum Beispiel gibt es Empfindlichkeit gegen Lebensmittel, besonders gegen Konservierungsmittel, Antioxidantien, künstliche Geschmacksstoffe und Lebensmittelfarben, wie sie in Dosenfutter oft enthalten sind, oder Mangel an gewissen Fettsäuren – sie alle können als Ursache für selbstveranlaßte Hautkrankheiten gelten, wie David Shearer von der tierärztlichen Fakultät an der Universität von Bristol darlegt. Allergien (vor allem auf Flöhe) und übereifriges Lecken nach einer Verwundung können zu Hautentzündungen und hirsekornförmigen Ekzemen führen. Ich vermute auch, daß viele Störungen wegen Streß von den Besitzern nicht ernst genug genommen werden, um den Besuch des Tierarztes zu rechtfertigen, weswegen sie nicht erfaßt werden.

Die normale erwachsene Katze verbringt mehr als ein Drittel ihrer wachen Stunden, um mit Lecken Schuppen, Parasiten, Haarverfilzungen und loses Haar zu entfernen; vielleicht vermindert sie so auch das Risiko einer parasitären Infektion. Lecken hilft der Katze, sich bei heißem Wetter abzukühlen, weil dann der Speichel verdunstet. Am wichtigsten ist, daß es die Haut in guter Verfassung erhält. Es hilft auch, Bindungen zwischen befreundeten Tieren zu verstärken, die sich gegenseitig lecken. Ja, unsere Beziehung zur Katze beruhen größtenteils auf ihrer Bereitschaft, unser Streicheln und Kraulen als etwas anzunehmen, das dem Lecken gleicht. Die Selbstanregung durch Lecken, Kratzen oder sanftes Beißen hilft schließlich, Spannungen abzubauen; wenn wir nervös sind, kratzen oder kämmen auch wir uns häufig.

Eine Katze fängt sich oft urplötzlich ohne ersichtlichen Grund zu lecken an. Vielleicht reagiert sie auf ein kleines Unbehagen wie etwa eine Verwirrung im Fell, oder, was man häufig sieht, auf offensichtliche Streßfaktoren oder, um sich abzulenken: Es ist offensichtlich angenehmer, als sich mit dem Problem zu beschäftigen. Katzen wie James, die Veränderungen und Streß schlecht vertragen, oder solche, die dauernd eine nicht zu beseitigende Bedrohung empfinden, lecken sich öfter und heftiger beim Versuch, eine Gefahr zu vermeiden. Diese nervöse Selbstpflege kann die Ursache von psychogener Hautentzündung oder Haarausfall sein.

Ich neige dazu, Fälle von Hautentzündung erst anzusehen, wenn alle medizinisch erfaßbaren Ursachen ausgeschaltet sind und es sich nur um seelisch bedingte Störungen handeln kann. Diese Katzen haben oft einen ähnlichen Charakter wie James, und wie bei Nervositätsfällen besteht die Behandlung einerseits darin, die Streßfaktoren zu verändern und anderseits der Katze die Gelegenheit zu geben, sich schrittweise gegen das jeweilige Problem abzuhärten. Für viele genügt ein kurzer Aufenthalt im Tierspital, damit sie ihr übermäßiges Lecken einstellen und die Behandlung der Störung in einer geschützten, streßfreien Umgebung zu lassen. Was die Behandlung psychogener Hautentzündung so langwierig macht, ist eben die Behandlung von Hautentzündung, die schlimm sein kann und, wenn schmerzhafte Krustenbildung und sekundäre Infektion auftreten, entsetzlich lange nicht abheilt. Dabei reagiert die Katze auf Jucken mit Kratzen und Lecken; manchmal muß man sie daran hindern, indem man ihr einen »Elisabethanischen Kragen« verpaßt. Die Behandlung der ursprünglichen seelischen Ursache der Hautentzündung kann durch die Verwendung von Sedativen oder Tarnquilizers, in abnehmender Dosis verabreicht, wie bei allgemeiner Nervosität erleichtert werden.

Der Kratzreflex hält sich manchmal lange nachdem die psychogene Ursache verschwunden ist oder die Katze nicht mehr plagt; dadurch hält sich auch die Hautstörung. So kann sich eine Hautentzündung ergeben, die jedesmal akut wird, wenn eine Reihe streßverursachender Geschehnisse auftaucht. Wir können vorübergehende Erscheinungen von gestreßten Reaktionen kurze Zeit mit Medikamenten mildern, aber solche Fälle behandelt der Tierarzt perfekt; sie sind nicht so hartnäckig, daß ich mich damit befassen müßte.

Selbstverstümmelung

Selbstverstümmelung ist zum Glück bei Katzen sehr selten; ich habe bisher zwei Fälle gesehen, und beide Male handelte es sich um eine Verlängerung psychogenen, übereifrigen Leckens als Reaktion auf äußerst schweren Streß. Beide Katzen hatten auf ein Hautekzem hin die kranken Stellen beleckt und aufgekratzt, durch die verkrustete Haut hindurch bis aufs Fleisch. Bei Hunden geschieht das eher, ist aber auch recht selten. Selbstverursachte Wunden in den Flanken ist bei gewissen Dobermännern, besonders in Amerika, Folge einer Vererbung. Viele Dobermänner anderswo, auch mein lieber »Colonel«, saugt in unbequemer Stellung an seiner Flanke, wenn er ruht oder besorgt ist. Flankensaugen erzeugt oft Ekzeme, weil die Haut so oft feucht ist, aber wenige Tiere gehen so weit, bis aufs Fleisch vorzudringen. Bei Katzen und Hunden ist klar, daß der dabei entstehende Schmerz überdeckt wird durch die streßmindernde Tätigkeit; andere schmerzende Reize werden vom Tier jedoch wahrgenommen. Es müssen also während der Selbstverstümmelung mächtige blockierende Mechanismen im Hirn oder dem zentralen Nervensystem wirksam sein, die schmerzvermeidende Reaktionen verhindern. Dies wiederum zeigt, wie stark die Motivation des Tieres, sei es durch Einsamkeit, Feinde oder andere Faktoren, sein muß, wenn es beginnt, sich selbst zu verletzen. Es scheint, die Selbstverletzung sei neurologisch dem Risiko einer Verletzung durch Dritte vorzuziehen. Die Beharrlichkeit dieses Verhaltens hat wahrscheinlich mit der Ausschüttung natürlicher Opiate zu tun, die vom Hirn gesteuert wird, wenn Katze oder Hund verletzt sind: Damit wird das Schmerzempfinden so gedämpft, daß das Tier weiterhin versuchen kann, für sich zu sorgen. Hier, in der Mikrokonzentration der neurologischen Chemie, liegt wohl die beste Behandlungsaussicht. Gegenwärtig können wir nur versuchen, Streß zu dämpfen und die üblichen Sedative verwenden.

In meiner Klinik in Bristol freue ich mich darauf, Fälle von psychogener Hautentzündung und Selbstverstümmelung mit David Shearer, einem Spezialisten in Hautproblemen, anzuschauen. Wir hoffen, daß wir zu zweit, durch kombinierte tierärztliche und tierpsychologische Behandlungsmethoden, der Sache näher kommen. David bekommt die Haut und ich den Streß – hoffentlich nicht zur Selbstverletzung führend!

Psychogenes Erbrechen und Herauswürgen

Lieber Mr. Neville

Ich habe drei prächtige Mischlingskatzen, zwei weibliche und einen Kater, alle kastriert. Alle drei sind sehr verschieden und haben ihre Zu- und Abneigungen, aber miteinander und mit mir sind sie liebevoll. Das Problem betrifft Jasper, den Kater; er erbricht sich häufig im Haus. Das scheint zu passieren, wenn die Katzen einen kleinen Zank hatten oder wenn Besuch da ist. Mein Tierarzt hat es mit verschiedener Nahrung zu verschiedenen Tageszeiten versucht, aber es nützte nichts. Könnte es psychologisch sein? Ist Jasper ein Zwangserbrecher oder zeigt er nur, wie wenig er manche meiner Freunde leiden mag, wenn er sich bei ihrer Ankunft übergibt?

Mit freundlichen Grüßen

Frederick Reynolds

Vielen von uns wird körperlich übel, wenn wir Angst haben oder sonst unter Streß stehen. Zum Glück erbrechen sich dabei nur wenige, außer unter äußerst schlimmen Umständen, und dasselbe gilt für Katzen. Die meisten Katzen erbrechen sich hin und wieder oder würgen Haarballen mit Speiseresten hervor, aber wenige sind wie Jasper. Solche Katzen sind im allgemeinen nicht sehr lebenstüchtig, und obwohl sie auf keine andere Art anzeigen, wie nervös sie sind, leben sie ihr Leben unter Dauerstreß, weil sie sich nie an Dinge gewöhnen können, die andere Katzen als normale Begebenheiten anschauen. Es braucht darum wenig, um sie über die Schwelle einer gestreßten Reaktion zu bringen. Sie können dann auf dem Höhepunkt in einem Mal den Inhalt ihres Magens erbrechen, oder erbrechen und würgen, solange der Streß besteht und die Katze ihn nicht vermeiden kann.

Die Behandlung besteht darin, Jaspers Selbstvertrauen systematisch aufzubauen wie in Kapitel 5 bei der Behandlung nervöser Katzen beschrieben, und zu versuchen, ihn schrittweise an die streßverursachenden Einflüsse zu gewöhnen. Am besten macht man letzteres, wenn die Katze einen leeren Magen hat; eine Anpassung der Fütterungszeiten und die Verabreichung leichter, den Magen rasch passierender Mahlzeiten gehören auch zur Behandlung. In Jaspers Fall geht es vielleicht nur darum, daß er sich in seinem Territorium mit anderen Katzen nicht wohlfühlt; man kann ihm vielleicht eine schwache Dosis von Sedativen geben, wenn der Besitzer nicht erwägt, ihn bei jemand anders unterzubringen. Wenn es so aussieht, daß er diese Medikamente länger einnehmen müßte, neige ich immer mehr dazu, gewohnheitsbildende Sedative wie Valium durch »Alternativen« wie homöopathische oder Blütentherapie zu ersetzen, beraten von Tierärzten, die sich für diese Methoden speziell interessieren. Die Ergebnisse waren bei solchen Fällen sehr eindrucksvoll, obwohl der Wissenschaftler in mir immer noch verstehen möchte, wieso. Wichtig bei Katzen wie Jasper ist ein rascher Anfangserfolg, bevor Frederick keine Freunde mehr hat, weil sie Jaspers Begrüßung abstößt, besonders wenn sie zum Essen kommen. Der Ton, Anblick und Geruch von erbrechenden Katzen kann einem den Appetit verderben und sollte Schlankheitskuren begleiten!

Schleuder-Erbrecher

Lieber Mr. Neville

Ich liebe Katzen und bin Stolz, drei davon zu besitzen, jede von einer andern Rasse. Ming, mein Siamese (kastrierter Kater) erbricht jede Nacht. Aber nicht auf die übliche Art; was er von sich gibt, ist flüssig und reichlich. Es kommt mit hoher Geschwindigkeit heraus und landet gewöhnlich an der Wand neben seinem Bett. Er scheint keine Schmerzen zu haben, und mein Tierarzt kann nichts finden, was nicht in Ordnung wäre, aber es passiert fast jede Nacht, und entweder muß ich aufstehen und mich um ihn kümmern, oder die Sache bis zum Morgen die Wand herunterlaufen lassen. Ehrlich, es ist scheußlich, am Morgen als erstes Erbrochenes von der Katze anzuschauen. Ist das ein psychologisches Problem? Mein Tierarzt hat alles mögliche probiert, von Antibiotika bis zur Erweiterung des Pförtner-Schließmuskels, damit die Nahrung nicht im

Magen steckenbleiben kann, und er hat vorgeschlagen, ich solle Ihnen schreiben; vielleicht hätten Sie davon auch schon gehört und wüßten Hilfe.

Mit freundlichen, aber vom Putzen erschöpften Grüßen

Josephine Parker

Hier ist die Diagnose nicht schwer, das ist kein psychogenes Erbrechen, sondern ein Schleuder-Erbrechen, noch dazu eines Könners. Es war schwierig, dieses Problem einer Kategorie zuzuteilen; es hätte auch unter »Merkwürdiges Verhalten« eingereiht werden können, aber da ich keinen anderen Grund dafür finden konnte als Streß, besprechen wir es jetzt.
Schleuder-Erbrechen kann eine Reihe medizinischer Gründe haben, aber in der beschriebenen Weise kennt man es nur von siamesischen Katzen. Es tritt nomalerweise im Alter von etwa sechs Monaten auf, dann müht sich der Tierarzt ein Jahr lang ab, die Katze mit Medikamenten und chirurgischen Eingriffen zu heilen, und gibt dann auf. Jetzt erscheint die Katze bei mir, zweijährig und in bester Form!

Schleuder-Erbrecher faszinieren mich. Wie kann eine offenbar gesunde, lebenstüchtige und gepflegte Katze sich so ausdauernd dramatisch verhalten? Manchmal sind sie sogar ein wenig zu schwer, obwohl sie täglich wenigstens einen Teil ihrer Nahrung wieder von sich geben. Das Erbrechen geschieht gewöhnlich nachts, drei bis viermal in der Woche, anschließend an eine Zeit der Ruhe oder des Schlafs. Wenige daran Leidende sind Einzelkatzen im Haushalt; gewöhnlich sind zwei oder drei Katzen da. In einem Fall, den ich kürzlich sah, konnte man die Uhr nach dem Erbrechen der Katze richten. Vier Uhr morgens. Man hörte die Katze erst würgen mit den erstaunlichen Lauten, die Katzen dabei hervorbringen können, und dann folgte ein gewaltiger Ausstoß halbverdauter und oft sehr flüssiger Nahrung bei hoher Geschwindigkeit. Gewöhnlich landet das als Klecks auf der Wand. Kein angenehmes Geräusch; geeignet, dem Lied »Vier Uhr morgens« eine ganz neue Bedeutung zu geben.

Zu solchen Fällen ziehe ich gerne Hilary Hill bei, eine angesehene Tierärztin, die an der Universität Bristol das Katzenberatungsbüro führte, als ich dort zu arbeiten anfing. Wie ich findet sie Schleuder-Erbrecher äußerst interessant, und wir halten uns gegenseitig über die Behandlung alter und neuer Fälle auf dem laufenden. Viele Schleuder-Erbrecher werden von ihrem Tierarzt oder Hilary Hill erfolgreich behandelt. Sie hat herausgefunden, daß manchmal eine überreichliche Produktion bestimmter Bakterien im Verdauungstrakt im Spiel ist, was sich mit den richtigen Antibiotika beheben läßt. Aber bei einigen, wie bei Ming, tritt keine Besserung ein. Ich schicke solche Fälle als erstes zu Hilary, damit sie sie im Licht ihrer Erfahrung durchkontrolliert. Einige davon landen schließlich beim Katzenpsychiater. Meine Erfolgsrate ist 50 Prozent, wenn ich die verminderte Häufigkeit des Erbrechens als Erfolg betrachte, aber ich muß gestehen, daß ich nur zwei Fälle behandelt habe und wir dem Verständnis dieser schmutzigen und beunruhigenden Erscheinung kaum nähergekommen sind. Aber beide Fälle waren eindrücklich, und ich sähe gerne noch mehr davon.

Ich habe die Störung als Reaktion auf Streß, verursacht durch die Gegenwart weiterer Hauskatzen, behandelt. Zwar gab es keinerlei andere Anzeichen von Konflikt; sie schliefen zusammen, leckten einander, aßen aus derselben Schüssel und so weiter. Aber man kann auch durch die Anwesenheit von Freunden gestreßt sein und sich zum Wettbewerb aufgefordert fühlen, selbst wenn man sie gern hat. Das Erbrechen erinnert an dasjenige von Hunde- oder gewissen Seemöwen-Eltern, die den Mageninhalt hervorwürgen, um ihre Jungen zu füttern. Obschon ein solches Verhalten bei Katzen nie beobachtet wurde, scheint es mir verwandt mit dem Schleuder-Erbrechen. Junge Welpen bringen ihre Eltern zum Erbrechen, indem sie sich an ihrem Mund zu schaffen machen, bis sie eine Mahlzeit bekommen, und vielleicht ist nichtbeobachtetes Plagen selbst durch befreundete Katzen der Grund für das Erbrechen in Fällen wie Mings. Wir verminderten so weit als möglich jeden Streß, indem wir Ming und andere kranke Katzen bei den Mahlzeiten isolierten, und boten ihnen einen sicheren, warmen Schlafraum, getrennt von dem der andern, an. Mahlzeiten wurden in kleinen, leichtverdaulichen Mengen verabreicht, und das nur bis zum frühen Abend, um sicher zu sein, daß der Magen nachts leer war. In einem Fall verschrieb ich der Katze auch Sedative während zwei Wochen, damit sie leichter über die Trennung von den andern hinwegkam, denn sie hatte zu anderen Zeiten nervös auf Isolation reagiert. In einem meiner Fälle hat dies das Problem so weit gelöst, daß die Katze nun am Spätnachmittag und Abend gefüttert werden kann. Andere Fälle Hilarys und der eine, an dem ich noch arbeite, konnten noch nicht gebessert werden. Wir versuchen jetzt, die Katze nachts anzuregen; wir bringen sie jede Nacht in einem andern von fünf Räumen unter; die Fenster bleiben offen, das Licht brennt und Wecker rasseln, damit das Tier nicht zu lange entspannt bleibt. Wir haben noch keine Resultate und forschen weiter. Ich glaube, das Verhalten ist manchmal eine sehr spezifische Reaktion auf Streß, aber auch das Ergebnis einer Reihe von körperlichen und seelischen Faktoren, die durch Streß verschlimmert werden.

Trauma

Streß ist manchmal schwierig zu identifizieren, weil die individuellen Reaktionen so stark voneinander abweichen und man in vielen Fällen keine großen oder dauernden Verhaltensänderungen beobachten kann. Ganz anders Trauma: Die Verhaltensänderungen sind deutlich. Ein körperlicher Schock, verursacht durch eine Wunde, ist traumatisch; das menschliche Opfer schreit auf, hält den verletzten Körperteil und zeigt andere ängstliche oder defensive Reaktionen, um sicherzustellen, daß der Schaden so klein als möglich bleibt und sich nicht wiederholt. Ein seelisches Trauma auf Grund von Schmerzen oder sogar eines abgewiesenen Angriffs kann ebenso dramatisch sein, besonders bei Katzen, und kann sogar zu körperlichem Zusammenbruch und Tod führen, vor allem, wenn es sich um empfindsame, hochnervöse Rassen wie die siamesische handelt.

Interessante Fälle von Bombenneurosen werden von Katzen berichtet, die die Luftangriffe des letzten Krieges überlebten. Nach den Bombenangriffen wurden die Katzen, wie auch manche Menschen, in sich gekehrt, reagierten kaum mehr auf ihre Besitzer und erschraken bei plötzlichen Bewegungen oder ungewöhnlichen, lauten Geräuschen. Wie bei anderen Traumata kann man auch hier erwarten, daß sich in solchen Fällen Lärmphobien entwickelten, wenn auch die Kommunikationsfähigkeiten der Katze durch sanfte Behandlung und Zuspruch verbessert wurden und die normale Lebhaftigkeit zurückkam.

Eine merkwürdigere und bis jetzt einzigartige Reaktion wurde bei Katzen beobachtet, die in einem englischen Küstenort eine Überschwemmung erlebten. Sie versuchten nachher immer wieder, am

Boden und in der Luft etwas zu fangen, das gar nicht da war, ähnlich wie manche Hunde nichtexistente Fliegen verjagen wollen. Man kennt dies vor allem bei King Charles Spaniels, doch geht dem kein Trauma voran. Leider gibt es keinen Bericht über die Behandlung der verrückten Küstenkatzen; ich muß also auf den ersten derartigen Fall warten.

»Hallo, ist dort Mr. Neville?« fragte mich eines Morgens eine Stimme über eine knisternde Telefonleitung. »Ich rufe aus dem Nahen Osten an wegen meiner siamesischen Katzen.«

Ich müßte lügen, gäbe ich nicht zu, daß ich mir sofort vorstellte, ich würde zum Palast eines märchenhaft reichen, östlichen Herrschers geflogen, um dort wenigstens einen Monat lang eine einsame Haremskatze mit Diamanthalsband zu betreuen. Es sollte nicht sein. Aber das Problem, über das berichtet wurde, war von höchstem Interesse.

»Mo ist meine Mutterkatze; sie ist fünf Jahre alt, sterilisiert und lebt mit Ali, ihrem kastrierten Sohn, der vierjährig ist, zusammen. Sie waren zusammen seit Alis Geburt, und wir haben sie vor zwei Jahren aus England hierher mitgenommen. Sie waren stets eng verbunden, sie schlafen zusammen, waschen einander und essen aus einer Schüssel. Letzte Woche ist mein Mann versehentlich auf Alis Schwanz getreten. Ali schrie auf und rannte sofort weg, um sich hinter einem Wohnzimmerstuhl zu verstecken. Aber seine Mutter hinderte ihn daran und griff ihn heftig an. Mein Mann wurde bös zerkratzt und gebissen bei seinem Versuch, die Tiere zu trennen. Wir hielten sie einander etwa eine Stunde lang fern, damit sie sich beruhigten, und ließen sie dann wieder zusammen. Peng! gleich ging's wieder los, und Mo griff ihren Sohn genau so wild an wie vorher. So ließen wir sie über Nacht getrennt und versuchten es wieder, aber dieselbe Szene wiederholte sich und hat sich letzte Woche jedes einzige Mal, da wir sie zusammenließen, wiederholt. Wenn sie ihn bloß sieht, legt sie los. Ali ist jetzt offensichtlich sehr verängstigt, obschon sich beide, wenn sie mit uns allein sind, durchaus normal verhalten.«

Wir machten es uns für ein langes, teures Telefongespräch bequem, um herauszufinden, wie dieser sehr beunruhigende Fall von Beziehungsbruch wegen eines Traumas behandelt werden könnte. Am Ende waren wir erfolgreich, aber das ging weder schnell noch leicht und nicht ohne Rückfälle auf dem Weg zur Heilung.

Trauma ist stets überraschend. Die Abwehrreaktionen des Körpers auf einen Angriff werden blitzschnell umgangen. Kein Adrenalinschub hilft dem Opfer zur Flucht, weil die Verletzung des Körpers stattfindet, ehe das Opfer begreift, was geschehen ist. Statt dessen kann Adrenalin die Nachwirkungen eines Schocks produzieren: Abfallen der Körpertemperatur, erhöhte Herztätigkeit, um das Blut schneller in die Haargefäße zu pumpen, deshalb erhöhter Blutdruck, zu Berge stehendes Haar, Muskeln, die sich unwillkürlich zusammenziehen, so daß das Opfer nervös zittert. Dramatisch, ja, aber selten Grund für langandauernde Verhaltensprobleme bei Katzen. Sie sterben entweder, wie bei einem Straßenunfall, am physischen Trauma, oder bald nachher an einem physiologischen Schock.

Wenn ich langandauernde Folgen eines einzigen, kurzen traumatischen Geschehens gesehen habe, handelte es sich gewöhnlich um Beziehungen von Katzen, die ein Haus teilen; sie können vollkommen zerbrechen an etwas so Nichtigem, wie von einem nichtsahnenden Besitzer versehentlich auf den Schwanz getreten zu werden. Momentan behandle ich einen ähnlichen Fall, der ebenfalls zwei früher eng verbundene Siamesen betrifft; ihre Beziehungen zueinander zerbrachen, weil eine Rivale aus der Nachbarschaft ihr Haus durch die Katzentür betrat. Es gab einen einzigen, kurzen, schweren Kampf mit einer der im Haus wohnenden Katzen. Die andere Siamesin beteiligte sich ebenfalls, der Besucher war schnell besiegt und verjagt, aber seit diesem Vorfall griff der erste Siamese seinen Freund an, sobald er ihn sah.

Man kann vielleicht in beiden Fällen die momentanen Reaktionen verstehen. Ali schreit vor Schock und Schmerz auf, und das hat Mo vielleicht erschreckt. Sie sah ihn als den Grund ihrer eigenen Furcht, weswegen sie ihn sofort angriff, um ihn und gleichzeitig ihre eigene Furcht zu verjagen. Überraschend ist aber die dauernde Wirkung auf ihre Beziehung. Der bloße Anblick Alis erzeugte bei Mo die gleich heftige Reaktion noch Wochen nach dem Vorfall, und ihre Aggression legte sich weder mit der Zeit noch mit häufigen Zusammenführungsversuchen.

Die Behandlung führte sie in sehr, sehr kleinen Schritten zur Beherrschung ihrer Reaktionen, wenn sie sich sahen. Die Katzen wurden einzeln in Körbe gesetzt und sehr kurze Zeit im gleichen Raum belassen. Man setzte sie an die engegengesetzten Enden eines großen Eßzimmers. Die Besitzer waren anwesend, um soviel Beruhigung zu spenden, wie sie konnten. Dann ließ man sie aufeinander reagieren. Mo war daran gehindert, Ali anzugreifen, und Ali konnte nicht davonrennen. In seinem Korb geschützt, blieb er ruhig, während seine Mutter ihn anschrie; wenigstens nährte er ihre Wut nicht durch Davonlaufen. Wenn Mos Wutanfall vorbei war, trennte man die zwei, und die Übung wurde während einer Woche zwei- bis dreimal täglich wiederholt. Man ließ sie über die nächsten Wochen immer länger und häufiger im Eßzimmer. An einigen Tagen reagierte Mo überhaupt nicht, und man konnte die Körbe etwas näher zusammenrücken. An anderen Tagen waren ihre Reaktionen äußerst heftig, so daß man sie mit einer Wasserpistole beruhigen mußte, obschon das Risiko bestand, daß ihre Angst noch vergrößert würde. Aber ganz langsam lernten Mutter und Sohn einander wieder zu akzeptieren. Zwischen den Übungen wurden sie in getrennten Räumen freigelassen; nach etwa drei Wochen konnten sie durch ein Drahtnetz, das zwischen ihre Zimmer gespannt wurde, miteinander Kontakt aufnehmen. Sie beschnüffelten einander neugierig, und die Sache sah gut aus, bis ... der Ehemann vergaß, das Gitter hinter sich wieder einzuhängen. Einen Schrei und eine gewaltige Rauferei später waren wir wieder am Anfang. Der Ehemann wurde gebührend ermahnt und für die weitere Behandlung nicht mehr zugezogen. Wir begannen aufs Neue, und diesmal war der Fortschritt über die Wochen stetig. Als der große Tag kam, an dem man die Katzen zueinander ließ, geschah dies nicht in ihrem Haus, sondern bei einem Freund in unvertrauter Umgebung, die sie etwas dämpfen sollte. Es schien zu klappen, und als das Experiment zu Hause wiederholt wurde, akzeptierten sie einander auch.

Die Beziehung zwischen den beiden Katzen ist allerdings auch jetzt, Monate später, nie so eng wie früher. Sie schlafen nicht beisammen und werden mit Absicht getrennt gefüttert, damit kein warnendes Knurren wegen eines Lieblingsbrockens zu einem Streit eskalieren kann. Sie werden nie beisammengelassen, wenn kein Mensch dabei ist, denn es besteht kein Zweifel, daß Mo Ali schwer und dauerhaft verletzen würde, wenn sich ein Kampf ergäbe, der nicht unterbrochen würde. Sie könnte ihn sogar töten; deshalb gehen wir kein Risiko ein. Aber ganz langsam werden die Katzen vertrauter und tolerieren nicht nur die Gegenwart des andern, sondern waschen einander sogar während einiger Sekunden, ehe Ali, der dem Frieden nicht traut, sich langsam zurückzieht.

Man kann die Wirkung eines Traumas nicht dadurch aufheben, daß man es einfach den Katzen überläßt, sich zu arrangieren. Und es könnte keine Lösung erreicht werden ohne viel Geduld und Leistung der Besitzer. Die psychologische Wirkung dieses kurzen Zwischenfalls reichte weit und wird wahrscheinlich nie mehr ganz verschwinden. Manche Besitzer hätten sich nicht allzu lange Zeit Mühe gegeben und hätten entweder eine der beiden Katzen weggegeben oder dafür gesorgt, daß sie sich nie mehr begegnen konnten. In manchen Fällen ist dies das Vernünftigste. Aber es war interessant zu sehen, wie weit ein so dramatisches Problem behandlungsfähig war, und wie lange dies selbst bei so willigen, zur Mitarbeit bereiten Besitzern gedauert hat.

8

Aggression

Die Reaktionen der Katzen auf Trauma sind oft deutlich aggressiv; sie greifen eine Katze dann an, nur weil sie sie erblickt haben. Andererseits zeigten die traumatisierten Küstenkatzen ungezielte Jagd-Aggression als Reaktion auf das Überschwemmungstrauma; sie schlugen nach der Luft und verfolgten unsichtbare Beutetiere. Diese Fälle sind seltene und ziemlich spezifische Reaktionen auf offensichtliche Ursachen, aber sie zeigen, wie breitgefächert das Verhalten ist, das wir unter dem Begriff »Aggression« zusammenfassen. Wenn wir noch dazu »normale« aggressive Reaktionen nehmen, wird der Fächer noch breiter. Vielleicht sind wir jedoch voreilig, gewisse Verhaltensarten als aggressiv abzustempeln, weil ein eventuell gefährlicher Angriff erfolgen könnte.

Wir verhalten uns defensiv, um die gegen uns gerichtete Aggression zu vermeiden, und das hindert uns manchmal, zwischen den verschiedenen Arten aggressiven Verhaltens zu unterscheiden.

Wenn es um Katzen geht, wäre ich sehr töricht, wenn ich alle Fälle von Aggression gleich behandelte, obschon das tatsächliche Verhalten jeder Katze ziemlich gleich ist, nämlich der Gebrauch von Klauen und Zähnen. Jedes Tier muß einzeln behandelt werden, man muß genau feststellen, was die aggressive Reaktion auslöst, wie lange und wohin gerichtet, wenn die Behandlung überhaupt Erfolg haben soll. Besitzer antworten im allgemeinen auf alle Arten der Aggression bei ihren Tieren, indem sie ihrerseits aggressiv werden und dem Hund oder der Katze zeigen wollen, daß sie mehr Kraft haben, es sei denn, das Tier sei bereits außer Kontrolle. Oder die Besitzer verletzen die Tiere. In fast allen solchen Fällen hat eine aggressive oder aufgeregte Reaktion nur befeuernde Wirkung auf die Aggression des Hundes oder der Katze und bringt keine nachhaltige Besserung.

Öfters, vor allem wenn Hunde aggressiv werden, erleiden die Besitzer Angriffe oder Bisse, die sie hätten vermeiden können. Und wenn sie auch selbst schuld sind daran, die traurige Konsequenz ist, daß der Hund bei der nächsten Herausforderung schneller aggressiv wird oder andere Arten der Aggression gegen seinen Besitzer richtet. So entsteht eine endlos steigende Spirale der Aggression; die Beziehung ist zerstört, die Besitzer gebissen und die Hunde bestraft oder euthanasiert. Leider scheinen die schlimmsten Fälle Besitzer zu betreffen, die von sogenannten Hundeabrichtern falsch instruiert werden, deren einzige Antwort auf Ungehorsam oder defensives Knurren der von den allzu strengen Abrichte-Methoden erschreckten Hunde der Stock ist. Aber die meisten Hundeerzieher wissen, daß es viele verschiedene Arten der Aggression gibt. Sie wissen, daß erschreckte Hunde, die knurren, um eine Drohung abzuwenden, nicht bestraft werden sollten, weil sie das nur noch mehr erschrecken würde. Sie versuchen, die Tiere zu beruhigen.

Genug von Hunden und meiner Sorge über das Niveau der Hundeerziehung. Ich wollte nur zeigen, wie wichtig es ist, zwischen den verschiedenen Arten der Aggression zu unterscheiden und niemals mit Aggression zu antworten. Das ist sogar wichtiger bei den Katzen, denn obwohl die Wahrscheinlichkeit, daß sie Aggressionsprobleme haben, geringer ist als bei Hunden, weil sie bekanntlich Kämpfe gern vermeiden, so sind sie doch besser bewaffnet: an jeder Ecke Krallen und vorne Zähne. Besser als die meisten Hunde können sie uns verletzen, wenn sie zornig sind.

Aber was für ein Verhalten nennt man Aggression? Aggression ist eine feindselige oder verletzende Handlung einem Rivalen oder einem Beutetier oder einer Bedrohung gegenüber. Der Ausdruck »Aggression« wird sogar oft angewandt, um die erste Handlung der Feindseligkeit zwischen zwei Partnern zu beschreiben, obwohl das Opfer gleich reagiert und als defensiv bezeichnet wird, bis es die Oberhand bekommt. Aggression gehört zum Verhaltensrepertoire jeden Tieres und wird in einer ganzen Reihe von Arten und Reaktionen ausgedrückt.

Körpersprache

Aggression zum Zweck der Jagd ist lebenswichtig für das Überleben aller Raubtiere, ebenso wie andere aggressive Reaktionen, die zur Verteidigung dienen. Aber Aggression zwischen zwei Katzen, die einander kennen, oder zwischen Besitzer und Katze ist etwas ganz anderes. Zwei Katzen, die wegen eines Territoriums streiten, haben noch andere Arten der Aggression als eigentliche Kämpfe. Sie zeigen eine Anzahl furchterregender Reaktionen, um die Aggression des

Feindes zu mildern. Das Schauspiel, das zwei Rivalen bieten, ist oft spannend zu beobachten (wenn es nicht zu einem eigentlichen Kampf kommt); die Spannung ist dramatisch und die Katzen haben viele verschiedene Ausdrucksmöglichkeiten. Körperbewegungen und -haltungen, Gesichtsausdruck und Stimme zeigen die Absichten oder die Stimmung einer Katze gegenüber der anderen an. Die andere antwortet, wenn sie nicht nachgibt, mit ebenso starken oder noch stärkeren Reaktionen oder deutet an, daß sie sich zurückziehen will. Solche Reaktionen könnte man eher polemisch statt aggressiv nennen, denn ihr Zweck ist es tatsächlich, Gewalt zu verhindern. Der Augenkontakt, die Einnahme einer unbeweglichen, anscheinend schlagbereiten Haltung, das Sträuben des Fells, die Krümmung des Rückens und die Präsentation der Seitenansicht, die das Tier größer und imposanter erscheinen läßt, dazu die enervierenden Schwanzschläge und das Knurren bei geduckter Haltung wollen alle dem Gegner sagen, er solle sich zurückziehen und einen Kampf vermeiden.

Ein solches breitbeiniges, dem andern ins Auge starrendes Gegenüberstehen dauert bei Hunden nur etwa eine halbe Minute, bei Katzen aber eine halbe Stunde und länger. Oft lassen sich die Rivalen anscheinend bequem nieder, um einander lange in die Augen zu starren, und sie wechseln die Abfolge und Kombination ihrer Gesten und Schreie, bis eine davonschleicht – fast, könnte man meinen, eher aus Langeweile als aus Vernunftsgründen. Warum es so lange dauert, bis ein solcher Austausch von Gesten und Lauten einen aggressiven Angriff seitens einer der Katzen verhindert, während hochrangige und territoriumsbewußte Hunde so wenig Zeit brauchen, hängt wohl damit zusammen, daß Katzen nicht gesellig sind und die Körpersprache nicht so weit entwickelt haben wie Hunde, die sie als Jagdrudel haben müssen.

Katzen sind Einzelgänger und haben kein System der Beherrschung und Unterordnung entwickelt, außer gelegentlich, um ein Territorium oder eine Nahrungsquelle zu verteidigen. Statt dessen sichern sie sich das Überleben, indem sie Gefahren möglichst vermeiden. Gewisse Katzenverhaltens-Forscher anerkennen keine Unterordnung bei der Katze, weil sie sich, wenn sie sich unterlegen fühlt, zurückzieht, anstatt sich auf den Rücken zu legen wie ein sich ergebender Hund. Ich dagegen glaube, daß die Gesten des Aufgebens mit der Stimme, den Bewegungen der Augen und der Körpersprache vermittelt werden, aber wir können die subtile Verbindung oder Abfolge der Katzenverständigung in solcher Häufung noch nicht enträtseln. Für meine Auffassung spricht, daß eine langsam weggehende Katze vom »Sieger« gewöhnlich nicht weiter verfolgt wird; hingegen werden Katzen, die versuchen, schnell fortzulaufen – eine deutliche Unterlegenheitsgeste, die weitherum im Tierreich praktiziert wird – unweigerlich den »Sieger« dazu veranlassen, dem flüchtigen Tier nachzulaufen und es nochmals anzugreifen, um die Botschaft deutlich zu machen. Oder erklärt sich das nur daraus, daß Bewegung bei Katzen leicht Aggression bewirkt, und daß die aufgeregte, territoriumsbewußte Katze zur Jagd-Aggression umschaltet, sobald der Gegner sich bewegt? Ich zweifle daran, aber noch weiß es niemand sicher.

Aggression kommt selten in Form wirklicher Kämpfe vor, denn sogar ein selbstbewußtes, dominantes Individuum riskiert dabei Verletzungen durch die Krallen und Zähne der sich währenden Katze; es ist sicherer, Streitigkeiten mit polemischen Gesten auszutragen. Kämpfe spielen sich hauptsächlich unter Katern ab, besonders unter nichtkastrierten. Diese Form der Aggression ist genetisch programmiert, weil das Hirn des Fötus früh durch Testosteron maskulinisiert wird. Die spätere Produktion von Testosteron im erwachsenen Kater verursacht die Entwicklung sekundärer Geschlechtsverhaltens-Merkmale. Eines davon ist der Kampf mit anderen Katern, um ein Territorium zu errichten, das Nahrung und Mutterkatzen enthält. Die Kastration entfernt weitgehend diese sekundäre hormonale Motivation, indem sie die Quelle des Testosterons beseitigt und die Ausdehnung des Territoriums, und damit auch Grenzkonflikte, reduziert. Die meisten von uns lassen ihre Kater kastrieren und besitzen deshalb keine ernsthaften Kämpfer (oder übelriechende Spritzer im Haus, was ebenfalls hauptsächlich auf Testosteron zurückgeht). Noch nie wurde mir ein unkastrierter Kater wegen Aggressionsproblemen zugewiesen; die, die ich sah, waren stets Rassekater, die zur Zucht verwendet wurden, in einem eigenen Käfig lebten und keine Gelegenheit hatten, anderen Katern zu begegnen oder mit ihnen zu kämpfen. Katzenhalter, die einen unkastrierten Kater mit freiem Ausgang ertragen können, werden akzeptieren müssen, daß er nicht so oft heimkommt und häufig blutige Wunden, Bisse und Narben von seinen Kämpfen hat. Oft entwickeln tiefere Bisse und Kratzer Abszesse, und die Besitzer müssen bereit sein, ihren kleinen Schläger zu verarzten, damit er gleich wieder anfangen kann. In städtischen Gegenden mit sehr dichter Katzenpopulation ist das immer schwieriger für den Kater, besonders wenn er älter und weniger kampftüchtig wird. Die Kastration dämpft zuverlässig die Motivation, anderen Katern gegenüber aggressiv zu werden. Zum Glück sind über 80 Prozent der Kater im Vereinigten Königreich kastriert, und nur wenige leiden an ihren Hormonen in übervölkerten Regionen der vorstädtischen Katzenlandschaft.

Arten der Aggression

Die Aggressionsprobleme bei Katzen lassen sich in zwei Gruppen aufteilen – »normale«, oder unter bestimmten Umständen zu erwartende, und »abnormale«, oder übertriebene Reaktionen. Was abnormales Verhalten ist, liegt im Ermessen jedes Katzenbesitzers, aber bei aggressiven Katzen fällt die Entscheidung schneller, weil die Gefahr von Verletzungen besteht und deshalb die Toleranz rascher erschöpft ist. Das mag der Grund sein, weswegen mir häufiger Katzen mit Aggressionsproblemen gebracht werden, als die meisten Katzenbesitzer glauben würden. In den meisten Fällen handelt es sich nicht um normale, erwartete Aggression, denn die meisten Besitzer kennen die kämpferische und jagdliche Tüchtigkeit ihrer Tiere. Trotzdem zeigt sich manchmal etwas von dem aggressiven Verhalten, das den meisten Katzen im Lauf der Zähmung verlorengegangen ist und das man gewöhnlich nur bei unkastrierten Katern findet.

Wie bei vielen Problemen mit der Aggression ist es nicht immer Gewalttätigkeit, die die Katzenbesitzer beunruhigt. Oft ist es nur der Gegensatz zur normalen, friedlichen, freundlichen Haltung der Katze, der einen Schock auslöst. Daß es nicht möglich ist, mit den gewöhnlichen freundlichen Gesten etwas dagegen zu tun, entfremdet die Katze den Besitzern.

Raubtierhafte Aggression

Lieber Mr. Neville

Mein Kater Arthur ist ein absoluter Mörder. Jeden Tag

bringt er wenigstens eine Maus, eine Wühlmaus oder einen Vogel nach Hause; es ist ihm auch schon gelungen, ausgewachsene Kaninchen und Fasanen zu erbeuten. Ich weiß, Katzen sind Raubtiere, aber kann ich etwas tun, um dieses Jagdfieber zu dämpfen, ohne daß ich ihn dauernd einsperren muß?

Mit freundlichen Grüßen

Maureen Beany

Aggression zum Zweck der Jagd ist wohl die Form des Verhaltens, die wir am ehesten akzeptieren können. Niemandem gefällt es; wir fühlen uns dabei oft schuldig, aber meist wissen wir, daß wir herzlich wenig dagegen tun können. Manche Katzen sind bessere Jäger als andere, und einige interessieren sich nicht dafür oder sie haben wenig Erfolg. Manche fangen ihre Beute, spielen damit, verlieren, wenn sie tot ist, das Interesse – ihre Besitzer glauben dann, sie jagten nicht. Aber die meisten bringen wenigstens hin und wieder eine Trophäe heim, wo sie sich sicher fühlen, und manche essen sogar das meiste, was sie jagen. Harte Köpfe von Nagetieren und eine Gallenblase sind dann alles, was wir auf dem Boden finden. Und dann wiederum gibt es Katzen, die die Beute, kaum sind sie im Haus, fallen lassen und besseres Essen im Katzennapf suchen. Wenn sie ihre Beute jagen, bearbeiten und töten, zeigen die Katzen nichts von dem langen Anstarren, der aufgeblasenen Körperhaltung oder dem Geschrei der polemischen Vorstufe zu Katzenkämpfen. Sie jagen ruhig und tüchtig; heimliches Anschleichen und Schnelligkeit sind vonnöten.

Seit den Siedlungen der Alten Ägypter wurden Katzen als tüchtige Nagetiervertilger anerkannt, und seither werden sie auf Bauernhöfen und Farmen in der ganzen Welt geduldet oder sogar aufgenommen. 1868 verlangte das Geldüberweisungsbüro vom Postbüro zwei Shilling pro Woche; das entsprach der »Katzenregelung«. Es wurde aber nur ein Shilling pro Woche bewilligt, denn man fand, für den Rest sollten sich die Katzen an Mäuse halten. Die Katzenregelung verbreitete sich über die Postbüros des ganzen Landes; noch in den sechziger Jahren gab es in manchen Postbüros Katzen zur Kontrolle der Nagetiere. Viele andere Firmen und Organisationen haben Katzen gehalten, um die Nagetiere in Schach zu halten, und manche der

Tiere wurden für ihre Tüchtigkeit berühmt. In sechs Jahren soll eine weibliche Tigerkatze 12480 Ratten gefangen haben im alten White City Stadium in London, und der Status der Schiffskatze ist unantastbar, obschon die Katzenhaltung in der Königlichen Marine 1975 verboten wurde aus Furcht, die Tollwut einzuschleppen. Am berühmtesten sind wohl die Katzen der Regierung. Eine schwarze Katze, sie heißt stets Peter, streicht seit 1883 durch die Korridore in Whitehall. Winston Churchills berühmte Katze Jock leistete ihm, während er die Pläne für den Sieg über Hitler ausarbeitete, Gesellschaft im unterirdischen Kriegsministerium und hielt die Mäuse und Ratten in Schach. Die Tradition, daß an der Downing Street 10 eine Katze wohnte, blieb bis 1988 erhalten.

Es ist klar, daß Katzen in höchsten Kreisen offiziell geschätzt wurden, weil sie gute Jäger waren, auch wenn nicht alle Katzenhalter gerne mit den blutigeren Tätigkeiten ihrer Tiere konfrontiert werden. Im allgemeinen nehmen wir die Haltung ein, es handle sich da um einen Grundinstinkt der Katze, und waschen unsere Hände in Unschuld, wenn die Katze nicht gerade, wie Arthur, eine Unmenge kleiner Leichname heimbringt. Andere bringen sie lebendig heim, verlieren dann das Interesse und lassen die Opfer los, die hierauf im Haus herumtrippeln oder flattern. Oder sie haben eine, wie uns scheint, sadistische Freude daran, ein halbtotes Opfer auf dem Rasen zu quälen. Dann schreiten wir ein, packen oder verjagen die Katze und fühlen uns wie St. Georg, wenn das kleine gefiederte oder bepelzte Opfer entwischt, um nochmals einen Tag zu leben.

Ein amerikanischer Biologe, der die Auswirkung von Katzen auf die Umgebung eines kleinen Dorfes in Bedfordshire untersuchte, meldete erschreckende Ergebnisse. Im Lauf eines Jahres brachten 70 freilaufende Heimkatzen im Dorf Felmersham nicht weniger als 1090 Beutetiere heim. Besitzer, die pflichtschuldigst Professor Robert Mays Bitte, jedes Opfer zur Identifizierung in einen Sack zu stecken, nachkamen, erfuhren am Ende der Studie, daß ihre lieben Katzen 535 Säugetiere, 297 Vögel und 258 andere, nicht identifizierte kleine Pelztiere erlegt hatten. Das würde pro Katze 15,6 Opfer ergeben – aber dabei handelt es sich nur um Jagdbeute, die heimgebracht wurde. Die wirkliche Zahl ist bestimmt höher. Eine amerikanische Studie schätzt, daß nur die Hälfte der Opfer nach Hause gebracht wird, aber wenn wir die Zahlen für die gesamte Katzenbevölkerung unseres Landes hochrechnen, kommen wir zum Schluß, daß unsere

6800000 Katzen jährlich 95288400 Säugetiere und Vögel umbringen, wobei wir die zehn Prozent Katzen, die im Haus leben und nicht jagen können, abgezogen haben. Ähnliche Angaben machen britische Wissenschaftler, die unter Professor John Lawton an der Universität London arbeiteten. Sie studierten die Jagdgewohnheiten von siebenundsiebzig Katzen in einem Dorf in Bedfordshire und fanden, daß mehr als 1100 Beutetiere heimgebracht wurden, wovon sechzehn Prozent Sperlinge waren. Sie waren der Ansicht, Katzen seien verantwortlich für ein Drittel bis zur Hälfte der Spatzentode und erlegten 20 Millionen Vögel im Jahr. Das ist interessant, wenn wir uns darauf besinnen, wie entrüstet wir darüber sind, daß rund ums Mittelmeer Vögel in Fallen gefangen und geschossen werden.

Die Wirkung, die unser Jäger auf die Ökologie hat, ist so überraschend stark, weil er in unseren Ökosystemen in Stadt und Land eine Nische füllt, die sonst unbesetzt wäre. An kleinen Raubtieren haben wir natürlicherweise nur Wiesel, Iltisse und Marder, alle viel seltener als vor fünfzig Jahren; Füchse und einige Eulenarten sind wieder im Kommen, seitdem sie gelernt haben, sich der Urbanisation des Landes anzupassen. Unsere einheimische Wildkatze geht seit vielen Jahren dramatisch zurück und müßte wohl viel Glück haben, in ihren letzten Gebieten in Schottland 15,6 Opfer im Tag zu fangen.

Gestärkt durch all das schöne Essen, das wir ihr geben, übt die Heimkatze, die ihre jägerische Tüchtigkeit voll behalten hat, ihre Tätigkeit in der perfekten Jagdreserve Großbritannien aus, und im Maße, als wir noch mehr Katzen halten, beeinträchtigen wir die Lebenschancen unserer Populationen von kleinen Säugetieren und Vögeln. Ein letzter Gedanke. 1988 wurden über 2,7 Millionen Ratten und Mäuse in Laboratoriumsversuchen getötet. Wir entrüsten uns mit Recht und rufen nach alternativen Tests in den Laboratorien und nach Kosmetika, die ohne Grausamkeiten hergestellt werden. Aber unsere Katzen, draußen, töten 35 mal soviel und müssen sich dabei nicht einmal ernähren.

Deshalb, Maureen, denke ich, daß wir bei der Bekämpfung der mörderischen Gewohnheiten Arthurs gegen unerbittliche 13 Millionen Jahre Evolution seit dem ersten Erscheinen der Katze auf der Erde antreten müßten. Fünftausend Jahre als Haustier, und etwa hundert Jahre Zucht auf Schönheit und Freundlichkeit hin, haben ihre Instinkte nicht verändert. Alles, was wir tun können, ohne ihr des Lebens im Freien zu berauben, ist, ihr das Jagen ein wenig zu erschweren. Ihm ein Halsband mit Glocke umzulegen, damit ihre Beutetiere etwas Zeit zum Entwischen gewinnen. Sie während der Morgen- und Abenddämmerung, wenn die Nagetiere am aktivsten sind, drinnenzubehalten. Es wurden auch schon Katzen während der Aufzucht der Vögel für ein paar Wochen in Pension gegeben, um die Nestlinge zu schützen. Eine weitere Idee ist es, die Jagdinstinkte der Katze zu beruhigen, indem man ihr vor dem Ausgehen eine große Mahlzeit ihres Lieblingsfutters verabreicht, was ihr Tempo etwas verlangsamt. Ich nenne das dic »Alcatraz-Taktik«: In diesem berühmten Inselzuchthaus gab man den Gefangenen große Mahlzeiten aus dickmachender Nahrung, damit sie weniger leicht ausreißen und zur Bucht von San Francisco hinüberschwimmen konnten.

Gibt man der Katze frisches, knorpeliges Fleisch, das noch am Knochen hängt, so braucht sie viel mehr Zeit, um ihr Essen einzunehmen, und möglicherweise hat sie dann weniger Lust, dasselbe mit lebendiger Beute nochmals zu tun. Aber vielleicht schläft Maureen ruhiger, wenn sie die Katzentüre schließt und Arthur den Zutritt zu seinem Fütterungsplatz verweigert. Sie kann ihn dann mit Zischen und einer kleinen Tasse Wasser von der Hintertür wegscheuchen, wenn er Beute heimbringen will, und vielleicht schließt er dann daraus, daß die Küche nicht der sicherste Platz für seine Trophäen ist. Vielleicht wäre es noch besser, ein Kätzchen einer nichtjagenden Mutter auszuwählen und es drinnen, wo es weder Nagetiere noch Vögel sieht, zu behalten, bis es etwa einjährig ist. Solche Katzen sollen sich später für Vögel nicht interessieren und beim Jagen von Nagetieren ungeschickt sein. Aber wenn sich die Katze auch in anderer Hinsicht nicht richtig entwickeln kann, wird sie wohl zu einem ziemlich langweiligen Heimtier, und wenn sie ins Freie gelassen wird und das Versäumte nachholt, wird sie wohl auch jagen lernen, wenn auch nicht so geschickt. Huschende kleine Tiere und hüpfende Vögel wecken immer noch den Jagdinstinkt. Ich habe mehrere ältere Katzen (wegen anderer Probleme) behandelt, die, wenn sie aus der Stadt aufs Land zogen, sich als sehr tüchtige Jäger erwiesen.

Lieber Mr. Neville

Meine Katze heißt »Maus«, und das paßt zu ihr, denn sie

ist eine sehr gute Jägerin. Ich weiß, es ist natürlich, aber können Sie mir erklären, warum sie mit den armen kleinen Dingern spielt und sie zu Tode quält? Kann man ihr irgendwie beibringen, schneller und humaner zu töten, wenn sie schon jagen muß?

Mit freundlichen Grüßen

Kay Brown

Wir alle kennen die übliche Jagdstrategie der Katze. Das raschelnde Geräusch einer Maus in der Wiese oder das Hüpfen eines Vogels läßt die Katze erstarren, dann kriecht sie verstohlen näher, tiefgeduckt, um nicht bemerkt zu werden. Die Augen auf das Ziel geheftet, mit einem kurzen Wackeln des Hinterteils zum Zielen und zum Üben der Muskeln, fängt die Katze mit blitzschnellem Zuschlagen etwa ein von drei Nagetieren und nicht viel weniger Vögel, die immerhin fortfliegen können. Die Beute wird mit den Krallen festgehalten und rasch gebissen; was nachher kommt, ist weitgehend von der Erfahrung der Katze abhängig. Mutterkatzen, die gute Jägerinnen sind, ziehen tüchtige Kätzchen groß. Diese erkennen Beute etwa im Alter eines Monats, wenn die Mutter im Verlauf der Entwöhnung ein paar Muster zum Beriechen und Schmecken heimgebracht hat. Sie lehrt die Kätzchen die Kunst des schnellen Bisses in den Nacken, um das Rückenmark zu durchtrennen; die Zähne des Nagetiers werden dabei von sich weggehalten, damit es nicht zurückbeißen kann. Der Nackenbiß hat den Zweck, das Opfer rasch zu töten, damit es aufgegessen werden kann. Die Mutter lehrt ihre Kätzchen, indem sie ihnen zuerst ihren sich windenden Schwanz hinhält, damit sie ihn jagen und sich darauf stürzen; später bringt sie halbtote Beute ins Nest, damit sie damit umzugehen und sie zu töten lernen. Beißt das Kätzchen falsch zu, so beißt das Opfer zurück, und so, durch Probieren, lernt es bald, wohin es beißen muß, um das Nagetier sicher unbeweglich zu machen.

Unerfahrene Mütter halten wohl nicht oft ihren Schwanz hin, und unerfahrene oder ungeschickte Jägerinnen bringen vielleicht nie genügend noch lebende Beutetiere heim, an denen das Kätzchen üben kann. Die Jungkatze kommt also höchstens weit genug, um ein instinktives Interesse an sich bewegenden Dingen zu entwickeln. Das kann sogar dazu führen, daß die Katze eine tote Maus liegen läßt, um eine lebende zu verfolgen, aber wenn sie diese gefangen hat, interessiert sie sich nur so lange dafür, als sich die Maus wehrt und zu fliehen versucht. Ist die Maus von den wiederholten Angriffen ermüdet, so versucht die Katze, sie wieder »zu beleben«, indem sie sie in die Luft wirft, oder sie läßt das Opfer ein Stückchen weit weglaufen, als ob sie ihr die Flucht ermöglichen wollte, verfolgt sie aber aufs Neue. Wenn die Maus aber tot ist, verlieren viele Katzen das Interesse, hören auf zu »spielen« und machen auch keine Anstalten, die Beute zu verzehren.

In einer Welt ohne Gratisnahrung in Näpfen wären solche ungeschickten Jäger nicht überlebensfähig, und nur die tüchtigsten würden lange genug leben, um Kätzchen hervorzubringen, denen sie ihr Können weiter vermittelten. Vielleicht ist es uns in den letzten paar Jahrzehnten tatsächlich gelungen, die raubtierhafte Seite der Katze zu verwässern, indem wir als Mutterkatzen schlechte Jägerinnen wählten. Aber das wird sehr lange dauern. Viele Katzen holen früher Versäumtes nach, und wir verweigern den meisten die Gelegenheit, ihre mangelhaften Jagdkenntnisse weiterzugeben, indem wir sie kastrieren.

Am ehesten besteht wohl die Hoffnung, eine Katze zu erzielen, die nicht ein Raubtier ist, bei den verwöhnten Rassekatzen, die in geschlossenen Häusern oder Gehegen leben, für die Zucht bestimmt und ohne Gelegenheit, ihr Jagdverhalten zu üben. Aber irgendwie bin ich sicher, daß sogar diese Kätzchen, wenn sie Gelegenheit dazu bekommen, sich dafür interessieren, Mäuse, Ratten, Wühlmäuse, Spitzmäuse, Vögel, Kaninchen und Fasanen zu jagen. So würde die Zahl der Katzen, die wie »Maus« ihre Beute quälen, nur noch größer, weil sie nie das rasche Töten durch Nackenbiß erlernen. Und die Besitzer entrüsten sich weiterhin.

Mütterliche Aggression

Lieber Mr. Neville

Als Lucy, meine Birmakatze, im Mai warf, wurde sie gegen uns alle sehr aggressiv und ließ uns nicht an die Kätzchen heran. Ich verstehe zwar, daß es wahrscheinlich für sie natürlich ist, ihre Kinder zu verteidigen, aber uns schien, sie erkenne uns gar nicht mehr; sie griff sogar an, wenn wir nur vorbeigingen, ohne einen Blick auf die Kätzchen zu werfen. Freunde, die auch Katzen züchten, sagten uns, sie hätten eine solche Veränderung bei einer früher fügsamen, freundlichen Katze noch nie gesehen, und auch nie eine so rabiate Mutter. Glauben Sie, die Geburt hat sie so verwirrt? Sollten wir mit ihr noch züchten?

Mit freundlichen Grüßen

Susan Swift

Mütterliche Aggression gehört zu den Formen der Aggression, die wir nachfühlen können und deshalb tolerieren, obschon die Intensität des Angriffs in einem anderen Zusammenhang nicht geduldet würde. Die Mehrheit der Mutterkatzen verteidigen ihre Kätzchen nicht so heftig wie Lucy, aber wenn sie es tun, stehen wir vor der stärksten Aggression, der wir je begegnen werden. Die meisten Katzen gewähren uns gerne Zugang zu diesem sehr besonderen Ort, dem Nest; andere aber fühlen sich durch unsere Annäherung herausgefordert und haben doch an Ort und Stelle zu bleiben und ihre Fluchtreaktionen zu beherrschen, um ihre genetische Investition für die Zukunft zu verteidigen. Die gestaute Erregung kann sich dann plötzlich in einem wilden, plötzlichen Angriff entladen uns oder gegen andere, sonst als Freunde akzeptierten Katzen gegenüber.

Dr. Benjamin Hart aus Kalifornien, einer der Gründer der Verhaltenstherapie für Tiere, meint, diese Aggression beruhe auf dem Sturz des Progesteronspiegels im Blut bei der Geburt. Während der Schwangerschaft wurde dieses Hormon in großen Mengen produziert, um dem Körper der Mutter bei den damit verbundenen Veränderungen zu helfen. Progesteron übt auch auf die Hirnzellen, die die Gefühle steuern, einen beruhigenden Einfluß aus. Wenn dieser Hemmeffekt ausfällt, kann die Mutter auf die geringste Provokation heftig reagieren. Der Verlust des Progesterons soll bei menschlichen Müttern eine Rolle spielen, die an postnataler Depression leiden. Möglicherweise besteht da ein Zusammenhang, und vielleicht ließen sich bei Katzen mütterliche Aggressionen durch kurzdauernde Verabreichung künstlichen Progesterons durch den Tierarzt behandeln. Im übrigen soll man versuchen, Katzen wie Lucy einen möglichst sicheren Platz für das Nest zu verschaffen, und die Kätzchen nicht anfassen bis mehrere Tage nach der Geburt, und auch dann nur, wenn die Mutter nicht da ist, bis sie unsere gelegentlichen Annäherungen mit mehr Entspannung aufnimmt. Interessant ist, daß Katzen wie Lucy nicht bei jedem Wurf gleich reagieren und das nächstemal ihre Leute ohne weiteres zu den Kätzchen lassen können. Andere Mutterkatzen wiederum schützen ihre Kinder keineswegs, sondern vernachlässigen oder verlassen sie ganz, und dann müssen wir die Aufgabe des Großziehens übernehmen. Wieder fördern wir dabei untüchtige Katzen, denn in der Wildnis würden sich so schlechte Mütter nicht erfolgreich vermehren.

Lieber Mr. Neville

Als eine meiner acht Katzen, Charlie, Junge hatte, fraß sie sie alle nach vier Tagen auf. Warum hat sie etwas so Schreckliches getan? Sollten wir sie jetzt kastrieren, damit das nicht wieder passiert?

Mit freundlichen Grüßen

Pat Bream

Kannibalismus hat man bei vielen Tierarten feststellen können, einschließlich Mäusen, Kaninchen, Hunden und, wenn auch seltener Katzen. Obschon uns das abstößt, gibt es durchaus vernünftige Erklärungen. Zum Beispiel kann das Hormonsystem versagen, das das Töten von Beute während der Geburt und kurz nachher verhindert. Oder, vor allem in Gruppen verwilderter Katzen, der Überlebensinstinkt einer unterernährten Mutter siegt über mütterliche Instinkte. Es scheint auch, daß Würfe aus der zweiten Schwangerschaft im selben Jahre eher aufgefressen werden, und außerdem kränkliche Kätzchen, die – nach Ben Hart – vielleicht die Mühe des Aufziehens nicht lohnen. Große Würfe werden eher aufgefressen. Aber normalerweise findet man Kannibalismus bei Müttern, denen es nicht gelungen ist, einen sicheren Ort zu finden, wo sie ihre Kätzchen nähren und aufziehen kann. Streß durch Gedränge liegt vielen Fällen zugrunde, und Charlie gehört wohl in diese Kategorie. Das nächstemal sollte man ihr einen ruhigen, sicheren Platz zum Werfen anbieten, von allen andern Katzen entfernt und mindestens zwei Wochen, bevor die Geburt fällig ist; dann wird sie wahrscheinlich gut für ihre Kätzchen sorgen.

Daß Kätzchen von Katern gefressen werden, wird oft berichtet, aber bei Heimtieren ist das äußerst selten. In Löwenrudeln zum Beispiel töten neue Rudelanführer rücksichtslos alle Jungen, die ihr Vorgänger gezeugt hat. Das wurde vor kurzem erstmals in Afrika gefilmt und dem britischen Publikum zu einer Spitzenzeit gezeigt, und es gab lebhafte Diskussionen darüber, ob solche Gewaltakte zu dieser Stunde gezeigt werden sollten, obschon es sich um einen Dokumentarfilm handelte. Das Ziel des Kindermordes ist, sicherzustellen, daß Junge, die nicht das genetische Erbe des neuen Führers haben, nicht seine Reserven bei ihrer Verteidigung und Ernährung beanspruchen. Statt dessen wurden die Löwinnen binnen vierundzwanzig Stunden nach dem Massaker brünstig und wurden von dem neuen Mann gedeckt. Sie gebaren später seine Kinder, die nun Schutz verdienten, denn sie sorgten dafür, daß sein Erfolg, nicht der seines Rivalen, in Form von Genen weitergegeben wurde. Man hat solches Verhalten auch von verwilderten Katzen berichtet, die in Gruppen leben. Hingegen passiert es selten in unseren Heimen, denn in vielen Fällen war der Kater auf einem Streifzug und ist schon lange weg, oder wenn er auch bei uns wohnt, ist von ihm für die Kätzchen nichts zu befürchten. Trotzdem ist eines der zuverlässigsten Mittel, Kannibalismus zu vermeiden, ein sicherer Platz für Mutter und Kätzchen, sicher auch vor allen andern Katzen im Haus, vor allem Katern. Das ist ungemein wichtig während der ersten paar Tage nach der Geburt; mit befreundeten Katzen darf später die Trennung aufgehoben werden. Neu-Einführungen sind zu beobachten, und wenn die Mutter sie nicht annimmt, sollte bis nach der Entwöhnung ein Dauerschutz der Kätzchen eingerichtet werden.

Lieber Mr. Neville

Als unsere Katze Belle Junge hatte, beschlossen wir sofort, daß wir ein besonders hübsches Weibchen als Gesellschaft für sie behalten wollten, wenn für die übrigen Plätze gefunden worden seien. Obschon Belle eine beispielhafte

Mutter war, will sie nichts von Tina wissen, die jetzt sechs Monate alt ist. Sie speit sie sogar an und versucht, sie fortzujagen, wenn sie ins gleiche Zimmer kommt. Warum verhält sich Belle so ihrer eigenen Tochter gegenüber? Können wir etwas tun, damit die beiden sich besser mögen, oder sollten wir Tina weggeben?

Mit freundlichen Grüßen

Caroline und Colin Barratt

Arme Caroline, armer Colin. Offenbar ist Belle eines der höchst territoriumsbewußten Weibchen, das keinen Wettbewerb um Nahrung, Obdach und, wohl am wichtigsten, Nestplätze verträgt. Manche Weibchen akzeptieren jede Menge von Katzen, verwandte und fremde, und helfen sogar beim Nähren und Aufziehen anderer Kätzchen. Und andere wollen ihren eigenen Nachwuchs nicht um sich haben, wenn es keine Kätzchen mehr sind. Katzen haben nicht die menschliche Vorstellung, Kinder seien bis ins Erwachsenenalter hinein zu schützen. Kätzchen brauchen ihre Mutter vor der Entwöhnung, um sich zu nähren, und ein paar Monate nach der Entwöhnung als Schutz und für die Entwicklung. Belle ist eine ebenso gute Mutter wie jede andere. Aber wenn die Jungen reifer werden und von der Mutter unabhängiger, wird diese sie aus ihrem Territorium zu vertreiben suchen, damit sie sich selber welche erobern, und damit dafür sorgen, daß sie alles behält, dessen sie für neue Würfe bedarf. Vielleicht setzt dies ein Planen für die Zukunft voraus, aber die Ergebnisse sind oft erstaunlich und von sehr hoher Aggression begleitet. Hin und wieder setzt sich ein Junges zur Wehr und erobert sich das Recht, weiterhin in diesem Territorium zu leben; mit der Zeit kann sich eine enge Freundschaft mit der Mutter ergeben. Aber dieselbe Chance hätte eine neu dazugekommene fremde Katze. Das Junge erhält keine Vergünstigungen, weil es mit der Alten verwandt ist.

In Kolonien verwilderter Katzen errichten verstoßene Töchter ihr eigenes Territorium neben dem der Mutter, und die Begegnungen an der Grenze können leidlich freundschaftlich sein. Nach meinen eigenen Beobachtungen verwilderter Katzen könnte es sein, daß Katerchen länger als Weibchen von territoriumsbewußten Müttern geduldet werden, doch kenne ich keine Bestätigung hierfür. Wenn weibliche Junge fähig werden, ihrer Mutter sexuell Konkurrenz zu machen, können die Späne fliegen, denn da geht es um die Möglichkeit, Kätzchen zu haben. Männer sind in dieser Hinsicht keine Konkurrenz, so daß sie vielleicht länger bleiben dürfen. Aber zum Schluß werden sie auch verjagt – ein natürlicher Mechanismus zur Verhinderung von Inzucht.

Aber die Aussichten, daß Belle und Tina in Harmonie miteinander leben, sind nicht gut. Es ginge höchstens, wenn beide Katzen kastriert würden. Aber selbst dann kann man bestenfalls mit Toleranz rechnen; die Katzen werden nie miteinander spielen, schlafen oder einander lecken. Sie werden, wenn sie beisammen sind, nie entspannt sein, so daß das Haus stets in Spannung ist. Es ist für jedermann besser, wenn man dem natürlichen Prozess nachgibt und für Tina ein nettes neues Heim findet. Es ist ein Jammer, besonders, wenn so viele Katzen gut miteinander auskommen und enge Bindungen an verwandte Tiere eingehen.

Bewachen der Nahrung

Lieber Mr. Neville

Wenn immer ich meinen Tigerkater Campbell füttere, duckt er sich tief über seinen Napf und knurrt wild. Er ißt in kurzen, schnellen Schlucken und hält jedesmal, wenn er ein Stückchen Fleisch hat, inne und schaut sich um. Wenn ich in seine Nähe komme, knurrt er wieder, und wenn ich ihn zu streicheln versuche, läßt er sein Futter fallen, faucht mich an und hat schon nach mir geschlagen.
Natürlich lasse ich ihn jetzt seine Mahlzeiten allein einnehmen, aber gibt es das bei Katzen häufig? Ich hatte einmal einen Hund, der Knochen so bewachte, aber es gelang mir, ihm das abzugewöhnen. Wäre das bei Campbell möglich?

Mit freundlichen Grüßen

Simon Blake

Das Bewachen der Nahrung ist eher hündisches als kätzisches Verhalten. Knochen sind das schmackhafteste Essenspaket, und da sie nicht leicht zu verzehren sind, soll eine wachsame Reaktion sicherstellen, daß der Hund den Knochen lang genug hat, um zum besten Teil vorzustoßen. Hunde bewachen auch eher gutes frisches oder Dosenfutter als das weniger schmackhafte Trockenfutter und das mit Weizenflocken gemischte Dosenfutter. Auch manche Katzen bewachen ihr Futter, besonders, wenn sie an der Futterschüssel in direkter Konkurrenz mit anderen Katzen stehen. Die Ohren legen sich zurück, es wird geknurrt und feindselige Körperstellungen werden angenommen, aber im allgemeinen gibt das rangniedrigere Tier kampflos nach. Sich über die Schüssel zu ducken und den Besitzer anzuknurren, der sich eben erst die Mühe genommen hat, eine Dose für ihn zu öffnen, scheint undankbar, ist aber eine natürliche Reaktion, um zu Hilfsmitteln Sorge zu tragen. Werden kleinere Mengen häufiger gefüttert, kann dies die Intensität der Reaktion vermindern, da das Futter schneller aufgegessen ist. Das gilt auch für die ständige Bereitstellung von Trockenfutter, das er sich jederzeit nehmen kann und, da es weniger schmackhaft ist, das Hüten nicht lohnt. Aber wie bei Hunden muß jeder Konflikt an der Futterschüssel vermieden werden. Man füttert deshalb Campbell und andere am besten allein und läßt sie ungestört.

Schmerzbedingte Aggression

Lieber Mr. Neville

Ich habe versucht, jeden Tag, seitdem ich ihn im Alter von 13 Wochen gekauft habe, meinen Perserkater Snowflake zu bürsten. Jetzt ist er ein Jahr alt und haßt es immer noch, gebürstet zu werden. Er windet sich und schimpft, und dann kratzt und beißt er mich. Ich habe es mit Sanftheit, mit kleinen Leckerbissen versucht, aber nichts beruhigt ihn. Nach einer Weile ist er so zornig, daß er mich richtig fest in Hand und Arm beißt. Mache ich weiter, beißt er noch fester zu; lasse ich los, so läuft er fort und läßt mich nicht in seine Nähe. Gibt es einen einfacheren Weg? Ich muß ihn ganz einfach bürsten, sonst verfilzt sich sein Fell.

Mit zerkratzten Grüßen

Helen Ford

Schwierigkeiten bei der Pflege oder beim Versuch, eine verletzte Katze zu behandeln, sind die häufigsten Gründe für schmerzbedingte Aggression. Es ist verständlich, daß verletzte Katzen weitere Bedrohungen fürchten und uns auf Distanz halten. Schmerz ruft Aggression hervor, wie wir wissen, wenn wir versehentlich auf den Schwanz einer Katze treten oder ihr, was wir nicht tun sollten, einen Klaps geben. In einem von zwei Fällen schlägt sie sofort mit den Krallen nach uns, und unsere Versuche, ihr Verhalten zu korrigieren, schlagen fehl, denn die erwachsene Katze versteht Strafe nicht. Wenn der Schock zu groß ist, kann die Katze ein Trauma bekommen und uns lange Zeit fürchten, auch wenn wir versuchen, sie zu versöhnen. Traumatische Schmerzerlebnisse können zu leicht ausgelösten, gezielten Reaktionen führen, wie wir aus dem vorhergehenden Kapitel wissen. Längere Konfrontation mit weniger erschreckenden Schmerzreizen kann zu immer milderen Reaktionen führen, weil die Katze sich an den Schmerz gewöhnt und vielleicht auch einsieht, daß aggressive Reaktion nichts nützt. Frühe spielerische Raufereien unter Kätzchen helfen ihnen, ihre Reaktion auf Schmerz unter Kontrolle zu halten und ihnen klar zu machen, daß, wenn sie ein Wurfgeschwister beißen, dieses zurückbeißen wird. Allein aufgezogene Kätzchen erfahren den Einfluß anderer Kätzchen nicht und werden oft zu boshaften Heimtieren, die uns, wenn wir sie anfassen, angreifen können.

Aber Bürsten ist eine andere Sache, besonders wenn wir bei dieser bei langhaarigen Katzen unerläßlichen Tätigkeit versuchten, sanft vorzugehen. Manche Katzen genießen es, angefaßt und beachtet zu werden, aber andere wie Snowflake wollen das nie annehmen und verteidigen sich, wie allein oder von Hand aufgezogene Kätzchen, stets aggressiv. Das liegt bestimmt an der Erziehung der Katze. Snowflakes Züchter haben ihn wahrscheinlich nicht vom ersten Tag an, da sie ihn berühren konnten, daran gewöhnt, gebürstet zu werden; damals waren aber diese Lernmechanismen noch benutzbar. Das widerspenstige kleine Kätzchen läßt sich, wenn es nach einem schlägt, mit einem lauten »Nein« oder einem sanften Gegenschlag korrigieren, genau wie wenn es im Spiel einem Wurfgeschwister wehtut und dieses mit Aggression reagiert. Toleranz bildet sich, und diese kann man mit Sanftheit und später Leckerbissen belohnen. Wird dieser Vorgang verzögert, so ist die Gelegenheit verpaßt, und die Katze wird lebenslang Bürste und Kamm als schwere Bedrohung empfinden, der man stets mit Aggression begegnen muß. Deshalb müssen viele Besitzer der Katze für die Fellpflege Sedative eingeben oder, was schlimmer ist, so lange wie möglich warten, bis das Fell schmutzig und verfilzt ist, und die Katze dann unter Narkose vom Tierarzt scheren lassen.

Obwohl die Zeit, da man Snowflake hätte beibringen können, wie vergnüglich die Fellpflege sein kann, längst vorüber ist, kann das Bürsten doch auch ohne Sedative für den Besitzer sicherer gemacht werden. Als erstes soll die Katze auf einen vollkommen stabilen Tisch in einer für den Besitzer bequemen Höhe gesetzt werden. Auf dem Tisch hat man ein dickes Stück Teppich befestigt. Man zieht die Katze sanft nach hinten, denn sie wird instinktiv ihre Krallen in den Teppich schlagen, um zu widerstehen. Zwei Personen wären am Anfang wohl besser. Beim erstenmal bürstet man sehr leicht über den Rücken und vermeidet empfindliche Stellen wie den Bauch bis viel später. Auch verfilzte Stellen sollte man die ersten Male vermeiden. Langsam darf das Bürsten energischer werden, stets von sanftem Sprechen begleitet. Ein stetes Zunehmen der Häufigkeit und Intensität der Pflege wird die aggressiven Reaktionen der Katze eher dämpfen als gelegentliche heroische Versuche. Wenn diese Taktik versagt, hat eine Haube über dem Kopf beruhigende Wirkung und macht die Pflege wenigstens möglich, selbst wenn die Katze nicht gelernt hat, sie zu akzeptieren. Es gibt neuerdings fertige Katzenhauben auf dem Markt – schmalere für orientalische Katzen, breitere für einheimische; sie erstrecken sich nicht über den Mund, verdecken aber das übrige Gesicht. Die typische Reaktion für eine mit Haube versehene Katze ist, sich tief zu ducken und kaum zu bewegen. Man kann sie dann vorsichtig bürsten und auch andere Pflegemaßnahmen vornehmen, wie zum Beispiel Ohrentropfen einträufeln, was Katzen, die sehen können, oft mit Aggression beantworten. Es ist derselbe Kunstgriff, der bei Falken angewendet wird und mit dem man Pferde beruhigt, die die Startboxen an einem Rennen nicht betreten wollen. Aber ideal ist es, wenn alle Kätzchen häufig angefaßt und – vor allem im Fall langhaariger Rassen – früh und gründlich gebürstet und gekämmt werden, lange bevor sie das Alter von sechs Wochen erreicht haben.

Streicheln und Aggression

Die seltsame Natur der Schwelle zwischen Toleranz oder sogar Freude am Angefaßtwerden und Aggression wird deutlich im »Streichel- und Beißsyndrom«. Auch liebevolle Katzen zeigen diese Aggression ganz leicht.

Die Katze scheint die Liebkosungen zu genießen, legt sich bequem in den Arm des Besitzers und schnurrt laut. Kopf und Rücken kann man ewig streicheln, aber sobald man den Bauch berührt oder die Hinterbeine kitzelt, packen fast alle Katzen Arm oder Hand, kratzen und beißen und schlagen gelegentlich auch mit den Hinterbeinen nach einem. Andere reagieren ähnlich auf weit weniger intime Berührung, manchmal einfach, wenn man versucht, sie hochzunehmen. Die meisten Katzen dulden es wenigstens, wenn man sie auf den Arm nimmt, und genießen Liebkosungen; aber eben noch lagen sie einem entspannt und glücklich im Arm, und urplötzlich werden sie gewalttätig und sehen dabei ebenso verwirrt aus wie wir. Während wir schimpfen oder das böse kleine Biest verfluchen, ist sie schon von unserem Schoß oder unseren Armen hinabgesprungen und steht ein wenig entfernt von uns, die Ohren zurückgelegt und unsicher, was sie als nächstes tun sollte. Oft setzt sie sich dann und leckt sich mit Hingabe; damit können sich Katzen beruhigen oder Geruch von unseren Händen wegwaschen oder ihn gleichmäßiger über den Körper verteilen.

Bei Katzen, die an unsere pflegerischen Handlungen gewöhnt sind, kann diese Schwelle sehr hoch liegen und tritt nur selten in Aktion. Andere, die als Kätzchen nicht oder wenig angefaßt wurden, reagieren so nach wenigen Minuten, und ohne daß wir die empfindlichen Stellen berührt hätten. Es scheint, die Reaktionsschwelle wird erreicht, wenn der Katze unsere mütterliche Zuwendung nicht mehr angenehm ist und sie sich plötzlich, durch unsere große Nähe, gefangen und, weil sie sich ganz entspannt haben, verwundbar fühlen. Sie hat sich gestattet, in der von uns geförderten Mutter-Kätzchen-Beziehung Kätzchen zu sein, und in einer Sekunde wird sie wieder erwachsen und beschließt, als erwachsener Alleinjäger, abzuwehren, was zu einer milden Drohung wurde, und Abstand von uns zu halten. Kein Wunder sieht sie etwas verwirrt aus, wenn sie hinunterspringt.

Theoretisch kann jede Heimkatze so reagieren. Die Behandlung besteht einfach darin, die Reaktionsschwelle zu erhöhen, indem man nie so weit geht. Katzen mit niedrigen Reaktionsschwellen sollte man sehr häufig sehr kurz streicheln, anfangs nicht einmal aufheben. Wenn sie das akzeptieren, sollten sie wic cinc Sphinx auf unserem Schoß liegen und nur auf dem Kopf und längs des Rückens gestreichelt werden. Aus dieser Stellung läßt sich leichter fliehen, und die Katze muß nicht erst unsere Hand wegschlagen, ehe sie hinunterspringen kann. Langsam kann die Länge eines solchen Kontaktes gesteigert werden, so daß sich die Katze im körperlichen Kontakt mit uns wohler fühlt, aber erst viel später sollte der Versuch gemacht werden, sie zu umfangen. Die empfindlichen Stellen dürfen nie berührt und die Katze nie zurückgehalten werden, wenn sie gehen will; beides würde die Reaktionsschwelle wieder herabsetzen.

Erlernte Aggression

Lieber Mr. Neville

Meine kleine Katze Rose, ein Weibchen, ist gewöhnlich sehr ruhig und liebevoll, aber wenn sie den Hund meiner Nachbarin oder überhaupt einen Hund sieht, greift sie ihn sofort an. Ich glaubte, Katzen würden Hunde fürchten, aber bei mir ist das umgekehrt. Warum verhält sich Rose so, besonders gegenüber dem Nachbarshund, der zu jedermann nett sein möchte?

Mit freundlichen Grüßen

Sarah Plumb

Hunde und Katzen! Es wird recht häufig, aber völlig grundlos behauptet, daß jemand die beiden Arten habe kreuzen können. Das zeigt, wie sehr uns die Beziehung zwischen unseren beiden Lieblings-

Heimtieren beschäftigt. Es heißt, daß Hunde Katzen hassen, aber viele von uns, die beides halten, wissen, daß sie sehr gute Freunde sein können. Wenn es ein Problem gibt, so geht es gewöhnlich vom Hund aus; viele Hunde jagen Katzen oder alles, was aussieht, als würde es rennen.

Einem verfolgenden Hund gegenüber versuchen die meisten Katzen, Konflikte zu vermeiden, indem sie so rasch sie können Deckung suchen, am liebsten auf oder hinter einem Zaun oder auf einem Baum, wo sie in Sicherheit grollen und höchst unzufrieden aussehen können. Einige lernen, daß das Weglaufen die Erregung des Hundes nur noch steigert, und rühren sich nicht vom Fleck, Ohren zurückgelegt, Buckel hoch, Verderben verheißend. Es gibt nichts Komischeres, als wenn der verfolgende Hund plötzlich versteht, daß hier keine gewöhnliche feige Katze ist, und daß die Jagd aufhören muß. Er muß das rechtzeitig tun, nämlich ehe er die Katze ernstlich bedroht, sonst verkehren sich die Rollen ins Gegenteil. Der Hund trottet mit zerfetztem Stolz und in der Hoffnung, niemand habe seine Niederlage gesehen, zu seinem Herrn zurück, und die Katze fährt fort zu tun, was sie vor dem Erscheinen des Hundes tat.

Außer es handelt sich um eine Katze wie Rose. Vielleicht hat irgendwann einmal ein Hund nach ihr geschnappt oder sie mit einer drohend vorgeschobenen Schnauze erschreckt, oder sie war in eine Ecke gedrängt und gezwungen worden, dem Angreifer mit gereckten Krallen zu begegnen. Der Erfolg ihrer aggressiven Verteidigung befriedigte sie und wurde in ihr Repertoire von Verhaltensarten aufgenommen als erlernte Aggression. Aber nun wartete sie nicht mehr, bis ein scheinbar friedlicher Hund sie bedrohte, sondern tat den ersten Schritt, um ihn vor einem allfälligen Angriff zum Rückzug zu zwingen; eine Vorsichtsmaßnahme, um bestimmt nicht unvorbereitet erwischt zu werden. Jetzt sind die Verhältnisse umgekehrt, und der Hund muß die Technik lernen, Konflikte zu vermeiden. Wenn nötig, ist eine Behandlung möglich: Man kann Rose und ähnliche Katzen daran gewöhnen, bestimmten Hunden regelmäßig zu begegnen, indem man sie in ein Gehege setzt und dem Hund erlaubt, in die Nähe zu kommen und zu schnuppern, ohne daß er verjagt wird. Die Behandlung gleicht der in Kapitel 5 für Katzen, die Besucher nicht leiden können, beschriebenen. Sie kann zwar erfolgreich sein mit diesem einen Hund, aber nicht mit anderen, die in die Nähe von Katzen wie Rose kommen.

Das Bedrohen von Hunden ist nur ein Beispiel erlernter Aggression bei Katzen. Ein anderes ist die immer schneller erfolgende Reaktion darauf, am Schwanz gezogen zu werden. Das kann mit kleinen Kindern gefährlich werden. Nach ein paar Angriffen von einem noch am Boden krabbelnden Kind lernt die Katze zwar meist, hochgelegene Schlafplätze aufzusuchen, aber möglicherweise verfolgt das Kind die Katze trotzdem als etwas Sich-Bewegendes und Interessantes, sobald sie das Zimmer betritt. Für das Kind ist es natürlich, ein solches Interesse zu zeigen, aber für die Katze ist es schreckerregend. Das Kind möchte Kontakt aufnehmen, hat aber noch keine Kontrolle über die Kraft seiner Händchen. Die Katze lernt gewöhnlich schnell, daß ein aggressiver Pfotenschlag oder ein Biß solch unerwünschte Annäherungen verhindert, denn das Kind schreit und kommt nicht mehr weiter.

Wie mit Hunden lernt die Katze schnell, als erste zu handeln und dem Kind von vornherein die Möglichkeit zu nehmen, sie unsanft zu behandeln. In den Augen der Katze ist das besser, als zu versuchen, den Konflikt zu vermeiden, indem sie fortläuft. In manchen Fällen ist diese Art erlernter Aggression nicht ohne Tücke, sie kann sich aber verlieren, wenn das Kind größer wird und seine Bewegungen besser beherrscht. Oft kommt die Katze so weit, normale Liebkosungen des Kindes später normal anzunehmen, aber manche bleiben beim Anblick von kleinen Kindern aggressiv, und zwar nicht nur von Kindern ihrer Familie.

Natürlich sollte keine Katze und kein Hund ohne Aufsicht, die im Interesse beider liegt, allein mit einem Kind zusammensein. Zwar kann man mit solchen Katzen zu Hause mit etwas Sorgfalt fertigwerden, aber in den meisten Fällen ist es sicherer, der Katze ein neues, kinderfreies Heim zu suchen. Körperliche Bestrafung der Katze durch die Eltern erhöht lediglich die Aggression und weitet die Aggression aus, ohne die geringste erzieherische Wirkung. Das Eingreifen eines dominanten Gruppenmitglieds funktioniert bei Katzen nicht wie bei aggressiven Hunden, die ein gut angebrachtes Kommando zur Unterwerfung bringen kann. Aggression von uns macht der Katze Angst, und sie schlägt zu, um sich zu schützen.

Lieber Mr. Neville

Als unsere Katze zu uns kam, war sie nur ein kleines

Häufchen aus dem Tierheim, aber sie fand sich schnell in unserem Haus zurecht und eroberte sich auch ein Territorium in den benachbarten Gärten. Sie band sich sehr fest an mich und nahm anfänglich Besucher und meinen Freund problemlos an. Beim Spiel war sie immer ziemlich grob, und mir schien, sie beiße und kratze meinen Freund mehr als andere. Seither habe ich einen neuen Freund, der bei mir wohnt. Er schwärmt für Katzen, aber Chloe haßt ihn, obschon er sich große Mühe gibt, nett zu ihr zu sein. Sie greift ihn körperlich an, sobald er das Haus betritt, und wenn ich sie festhalte, starrt sie ihn an und knurrt. Jetzt mag sie nicht einmal mehr Besucher und greift Leute an, die sie früher gern mochte. Zu mir ist sie immer noch sehr liebevoll, geht mir überallhin nach und versucht, nachts neben meinem Kopf zu schlafen. Mein Problem ist, wie ich Chloe mit meinem Freund versöhnen kann und das schnell, denn in ein paar Monaten wollen wir heiraten.

Mit freundlichen Grüßen

Christine Allan

Wir haben gezielte Abneigung bei Katzen, die nervös und zurückhaltend sind, schon früher besprochen. Aggressive Reaktionen gegen jemand Bestimmten kommen aber weniger häufig vor, obschon jede Katze einzelne Familienmitglieder besser mag als andere. Chloes Aggressionsschwelle mag besonders niedrig sein, weil sie als Kätzchen zu rauhem Spiel ermutigt wurde und in ihren Augen bei der Vertreibung des ersten Freundes erfolgreich war; dann fand sie heraus, daß sie auch Besucher mit erlernter Aggression abschrecken konnte. Ziel der Behandlung ist es, Chloe an den Freund ganz allmählich zu gewöhnen, vielleicht zuerst im Schutz eines Geheges oder Geschirrs, damit sie sein Recht des Zutritts und der Anwesenheit akzeptieren lernt. Auch Christine muß etwas dazu tun, indem sie sich von Chloe ablöst und die Rolle des Spenders von Liebe und Nahrung dem Freund überläßt. Anfangs sollte der Freund lediglich versuchen, der Katze häufig kleine Mahlzeiten zu geben, und sie nicht berühren. Niedrige und abnehmende Dosen von Tranquilizern, die sonst eher bei Hunden gegen Reisekrankheit und Angst vor

Feuerwerk eingesetzt werden, können in solchen Fällen sehr hilfreich sein, vorausgesetzt, die Katze sieht den Freund häufig. Wenn also eine Heirat bevorsteht, besteht mit dieser Behandlung Hoffnung, und es muß kein neuer Partner gesucht werden, der Chloe besser behagt!

Von sich aus entstandene Aggression

Lieber Mr. Neville

Unser Burmakater, Gong, ist meist angenehm und freundlich. Da wir in einer Wohnung im achten Stock leben, kann er nicht ins Freie, aber er hat ein gutes Leben bei uns und wird viel beachtet und liebkost. Wir geben ihm nur das beste Futter und viele Spielsachen, aber ungefähr einmal in der Woche greift er mich oder meinen Mann an, wenn wir das Zimmer betreten, in dem er gerade liegt oder sitzt. Die Angriffe sind recht heftig und richten sich gegen unsere Beine oder Arme. Gong scheint richtig manisch; die Angriffe dauern nur ein paar Sekunden, aber er beruhigt sich nachher nur langsam. Manchmal haben wir Angst vor ihm, aber zwischendurch ist er die liebevollste Katze, die man sich denken kann. Gibt es eine Möglichkeit, ihn ungefährlich zu machen?

Mit freundlichen Grüßen

Clare und Steven Hall

Fast alle Fälle offenbar grundloser Aggression, die ich behandelt habe, betrafen Burmakatzen, die dauernd in der Wohnung bleiben mußten. Die übrigen sind zur Hauptsache Mischlingskatzen, aber auch sie waren Wohnungskatzen. Es wäre zwar unklug, die Möglichkeit, daß in solchen Fällen Angst die Aggression auslöst, ganz auszuschalten – vielleicht weil der Besitzer in den Schlafort der Katze eingedrungen ist und sie erschreckt hat. Aber die meisten Fälle können so nicht erklärt werden. Die Wissenschaftler nennen diese Art von Aggression »idiopathisch«, was ungefähr heißen soll, »aus unbekannten Gründen«. Das heißt, wir wissen kaum, warum sie entsteht, geben ihr aber einen bombastischen Namen, damit man es nicht merkt.

Es gibt medizinische Gründe, warum eine Katze so reagiert, zum Beispiel Hypothyreoidismus, und in diesem Fall kann eine Therapie mit Schilddrüsenhormon helfen. Das gehört offensichtlich in den Kompetenzbereich des Tierarztes. Andere Gründe sind Formen der Epilepsie, die man erfolgreich mit krampflösenden Mitteln bekämpft, und – wohl häufiger, als uns bewußt ist, Überempfindlichkeit auf bestimmte Nahrung und Konservierungsmittel, die Probleme verursachen oder doch verschlimmern kann. Wir warten, bis die Wissenschaft unsere Beobachtungen untersucht hat, und versuchen inzwischen, diesem möglichen Grund für aggressives Verhalten von Katzen und Hunden mit ausgewogener und vorzugsweise frischer Ernährung zu begegnen; bei Hunden mag allerdings erstklassiges Trockenfutter noch besser helfen. Aber Dosenfutter ist ab sofort zu vermeiden.

Unheilbare grundlose Aggression erklärt sich bei Katzen manchmal in der Autopsie durch gewisse Arten von Hirnschädigungen wie Tumore oder durch Narbengewebe, das von einer Infektion herrührt. Das darf man vor allem annehmen, wenn die Schädigungen entlang der Mittellinie des Gehirns und an bestimmten Stellen des Hypothalamus auftreten, wo man durch elektrische Reize eine aggressive Reaktion erzeugen kann. Aber das hilft der lebendigen Katze wenig, solange es praktisch keine Möglichkeit gibt, Gehirnoperationen an Katzen vorzunehmen.

Aber die Behandlung von Katzen wie Gong kann sehr erfolgreich sein, selbst wenn die Ursache der Aggression nicht genau bestimmt werden kann. Manche Tier-Ethologen oder -Verhaltensforscher sind der Ansicht, Aggression sei eine Art genetisch gegebener Lebenskraft, die sich von Zeit zu Zeit ausleben müsse, damit das Tier die übrige Zeit vernünftig bliebe. Andere Theorien besagen, nur die Fähigkeit zur Aggression sei genetisch programmiert; gewisse Reize seien nötig, um sie zu aktivieren, und meistens richte sie sich dann gegen den entsprechenden Reiz. Beide Theorien lassen den logischen Schluß zu, daß ein hochintelligentes, unabhängiges Geschöpf wie die Katze Stimulation braucht, und zwar seelische und körperliche, um Energie und Gefühle ausleben zu können. Dies gilt für keine Rasse so sehr wie für die der Burmesen, die für ihre Intelligenz und ihre Ansprüche berühmt sind. Wird eine Burmakatze konsequent im Haus gehalten, in einer langweiligen Umgebung, so erstaunt es, habe sie es noch so bequem und sei sie noch so gut gefüttert, nicht, daß es wenig braucht, um sie zu erregen. Hat sie den ganzen Tag in Bequemlichkeit verbracht, so wird sie sich auf ihre Besitzer förmlich stürzen, wenn sie heimkommen, denn ihre Ankunft ist das wichtigste Ereignis des Tages. Ihre ganze Energie gilt dann, und jedesmal, wenn sie sich ihr zuwenden, den Besitzern. Aber Gong wird auch auf andere Reize übermäßig reagieren, die die meisten Katzen nicht bemerkenswert fänden.

Clares und Tonys Eintritt ins Zimmer ist eine so massive Abweichung von der Norm, daß Gong viel zu stark reagiert, die Situation gar nicht mehr abwägt, seine Besitzer nicht erkennt, bis er sie ernstlich verletzt hat. Ist etwas Energie freigesetzt, sieht die Katze plötzlich, daß sie ein Risiko eingegangen ist, weil ihre Zähne im Bein des Besitzers vergraben sind, und rennt schnell davon. Sie sieht vielleicht nachher verwirrt aus und mildert ihre Spannung durch energisches Lecken.

Die Behandlung ist ganz einfach. Die Katze braucht viel mehr Anregung in der Zeit, da die Besitzer fort sind. Ideal ist es, wenn die Katze ins Freie gehen darf. Wenn ich den Besitzern einmal klargemacht habe, daß es vielleicht grausam ist, eine Katze in der Wohnung zu behalten, sind diejenigen, die die Möglichkeit dazu haben, einverstanden und werden nie mehr angegriffen. Die Katze bekommt soviel Anregung, wie sie benötigt, indem sie jagt, die Umgebung erforscht, andere Katzen kennenlernt und nach Hause kommt für Futter und Liebkosungen.

Das läßt sich nicht für alle Wohnungskatzen machen, obschon ich Katzenhalter kenne, die hübsche Katzenleitern errichtet haben, über die das Tier vom zweiten Stock in den Garten gelangen konnte. Andere Katzenhalter wollen ihre Katzen nicht den Gefahren des Verkehrs aussetzen, und in verkehrsreichen Gegenden ist das sehr vernünftig. Für diese Katzen müssen wir eine Menge anderer Anregungen schaffen. Am einfachsten ist die Anschaffung einer zweiten Katze. Wenn man sie mit Sorgfalt einführt, kann die Gesellschaft und die bloße Anwesenheit der zweiten Katze die Gefühle der ersten erleichtern und das Leben für alle ungefährlicher machen. Interessanterweise kann man eine ähnliche Technik für Papageien anwenden, die sich die Federn ausreißen. Das ist eine Streßreaktion auf

Langeweile und kann zu »ofenfertigem« Aussehen führen. Setzt man einen weiteren Papagei in den Käfig des ersten, genügt das oft, um die Langeweile zu vertreiben und mit dem Gefiedermord Schluß zu machen. In den meisten Fällen können die zwei Vögel einander nicht leiden, aber nur schon das Anschreien und Beobachten des Rivalen beschäftigt den Federnpflücker genügend. Bei aggressiven Katzen hoffen wir auf eine wenigstens tolerante Beziehung zwischen den beiden Katzen; gelegentliches Spiel und hin und wieder ein Streit bereichern die Szene.

Besitzern, die keine zweite Katze haben wollen oder können, empfehle ich, die Katze an ein Geschirr zu gewöhnen und mit ihr wie mit einem Hund wenigstens zweimal täglich auszugehen. Und die Katze sollte jeden Tag neue Sachen vorgelegt bekommen, die nicht teuer zu sein brauchen: Kartonschachteln, Zweige, Spielsachen machen sie neugierig. Ich empfehle den Besitzern auch, täglich eine Stunde intensiv mit der Katze zu spielen und sie vor ihr hergezogene Spielsachen erjagen zu lassen. In vielen Fällen von einsamen, gefangenen und gelangweilten Katzen kann man auch niedrige Dosen von Valium oder Progestin geben. Noch besser ist die Anwendung alternativer Methoden wie die Bach-Blütentherapie. Aber im Grunde bin ich der Überzeugung, daß gewisse Katzen sich im Freien bewegen sollten, um den Gefühlsstau, der zu Aggression führt, zu vermeiden. Wir können ersetzen, reizen, manipulieren, aber in Wirklichkeit sollte die Katze in ein neues, weniger eingeschränktes Heim gegeben werden und die Besitzer es nochmals mit zwei Katzen einer weniger anspruchsvollen Rasse versuchen.

Umgeleitete Aggression

Lieber Mr. Neville

Tyson ist mein großer Tigerkater, ein Schlägertyp. Er ist zwar kastriert, aber kämpft die ganze Zeit. Gewöhnlich gewinnt er und verjagt jede andere Katze aus dem Garten. Aber manchmal sitzt er auch am Aussichtsfenster und bewacht sein Territorium lediglich. Wandert eine andere Katze durch den Garten oder auch nur entlang dem Gartenzaun (warum sie das immer noch tun, weiß ich nicht), so wird Tyson äußerst erregt. Er knurrt wie ein

Hund oder miaut, sein Maul zittert, sein Fell steht auf und sein Schwanz schlägt hin und her. Ich kann verstehen, daß er es haßt, andere Katzen auf seinem Stück Land zu sehen. Aber wenn ich versuche, ihn zu beruhigen, greift er mich sofort an. Das letzte Mal hat er mich so schlimm ins Bein gebissen, daß ich eine Woche im Spital bleiben mußte. Aber ich liebe ihn gewaltig, denn gewöhnlich ist er sehr liebevoll zu mir, wenn er mich erkennt! Was kann ich tun, damit er mir gegenüber nicht aggressiv ist?

Konvaleszierend, Ihre

Marina Sargeant

Wenn es keine Burmakatze ist, ist es sicher eine Tigerkatze. Es gibt zwar keine Statistik über den Zusammenhang zwischen Fellfarbe und Verhalten, aber mir scheint, die meisten Tiger seien zwar sanft und liebevoll, zählen in ihren Reihen aber auch Despoten wie Tyson. Wenn in einer Kolonie verwilderter Katzen ein dominierender Tyrann zu finden ist, so ist es in meiner Erfahrung ein Tiger. Schildpattkatzen (attraktiv rot und schwarz gemustert, stets Weibchen) sind in vielen Katzenheimen bekannt als schwierig und oft fauchend, und viele Leute sagen, schwarze oder schwarzweiße Katzen seien freundlicher als andere Katzen.

Tysons Verhalten ist ein klassisches Beispiel umgeleiteter Aggression, und in diesem Fall ein sehr gefährliches Beispiel. Der Erregungsstau, der sich aufbaut beim Anblick eines Rivalen, der an Tyson vorüberzustolzieren wagt, hat keine Lösung, denn er kann seinen Wunsch, die andere Katze zu verjagen, nicht erfüllen. Tyson ist fixiert und studiert jede Bewegung mit solcher Intensität, daß er nicht zur Hintertür geht, um hinausgelassen zu werden (wie er es tut, wenn er sich versäubern will). Statt dessen sitzt er da und ist wütend. Seine Besitzerin bemerkt seine Frustration und versucht, ihn zu beruhigen, aber unversehens löst sie seine Aggression aus, weil er sie hinter sich nicht gesehen hat und erschrocken ist: Vielleicht haben ihre bloßen Bewegungen genügt, um ihn über die Kontrollschwelle seiner Aggression zu stoßen. Die Schwere des Angriffs ist ungewöhnlich, ein Aufenthalt im Spital war notwendig, weil Bisse von Katzen und tiefe Kratzer häufig infiziert werden. Zähne und Krallen sind mit allen möglichen unerfreulichen Bakterien bedeckt, besonders aber mit *Pasteurella,* die, wenn sie tief in unser Gewebe dringen, Blutvergiftung hervorrufen können. Eine längere Behandlung mit Antibiotika und Ruhe sind nötig, um allenfalls eine sehr schlimme Reaktion zu verhüten. Dieses Übertragen von Bakterien ist auch der Grund, warum Verletzungen von Katzen durch andere Katzen so oft zu eitrigen Abszessen führen. Aber, falls das ein Trost ist: Im Vereinigten Königreich gibt es den Biß eines anderen Säugetieres, der noch schlimmere Nachwirkungen haben kann: nicht der eines Hundes, noch der einer Ratte, sondern der des Menschen. Tyson nun sollte freieren Zugang nach draußen bekommen durch eine Katzen-Klapptür, so daß sich seine Aggression hauptsächlich gegen seine Rivalen richtet. Es kann auch nützlich sein, die Vorhänge vor dem Aussichtsfenster und anderen Lauerposten zu ziehen, und ein warmes, angenehmes Bett möglichst weit von den Fenstern entfernt kann ihn dort weglocken. Am wichtigsten ist aber, daß Marina ihn, wenn er erregt ist, nicht mit Anfassen zu beruhigen versucht. Sie sollte ihn statt dessen aus einer gewissen Entfernung ablenken, indem sie einen Knäuel Papier oder Folie an ihm vorbeirollen läßt, damit er ihm nachjagt, oder die Keksdose schüttelt oder die Hintertür öffnet und ihn ruft, damit sich sein Wunsch, hinauszulaufen und sein Territorium zu verteidigen, verstärkt. Sie sollte ihm nicht zu nahe kommen, und wenn die Ablenkungsmanöver mißlingen, täte sie besser daran, durch die nächstzugängliche Tür aus dem Zimmer zu schleichen. Niedrige Dosen von Beruhigungsmitteln, vom Tierarzt verschrieben, können seine Reaktionen dämpfen, aber auf die Dauer hilft alternative Medizin wahrscheinlich besser. Man kann auch probieren, ob Tysons Reaktionsschwelle durch sein Futter beeinflußbar ist, indem man ihm eine bis zwei Wochen lang das erstklassige Dosenfutter entzieht und frisches Hühnerfleisch oder Fisch verabreicht. Aber den Effekt von hochproteinhaltiger Nahrung hat man bis jetzt nur bei Hunden beobachtet; vielleicht macht das Katzen wenig aus.

Territoriale Aggression

Lieber Mr. Neville

Mein Partner Martin hat zwei Siamesenkatzen, die dau-

ernd in seiner Wohnung mit ihm leben. Eine davon, Suki, ist friedlich und entzückend; dem Kater, Minkey, habe ich nie getraut. Er schaute mich stets intensiv an, als wartete er auf eine Chance, anzugreifen, und ich fühlte mich, wenn ich mit ihm allein war, immer unbehaglich. Seine Chance bekam er am letzten Wochenende. Ich stand nachts auf und ging nackt ins Badezimmer. Er saß in dem schmalen und schlecht beleuchteten Gang, und ich hielt einen Moment inne: Sollte ich an ihm vorbeigehen? Ich beschloß, es zu tun, schließlich bewachten nur Hunde bestimmte Orte. Ich täuschte mich. Ich hatte erst zwei Schritte getan, als Minkey mich ansprang, meinen Busen erreichte und mich schwer biß und kratzte. Ich schrie vor Schreck, und er lief davon. Etwas später kam mein Partner, wollte mir aber nicht glauben, daß ich lediglich auf die Katze zugegangen war. Ich mußte in die Notfallstation des Spitals gehen und nehme seither Antibiotika. Meine linke Brust ist blutunterlaufen und die beiden Bißwunden von der Form eines Katzenmauls sind deutlich sichtbar. Natürlich weigere ich mich, wieder in diese Wohnung zu gehen, bis Minkey sich ändert oder weggegeben oder, am liebsten, eingeschläfert wird. Ein Datum für die Hochzeit können wir jetzt auch nicht mehr festlegen.

Mit freundlichen Grüßen

Carol Summer

Solche gezielte Aggression gegen Menschen ist tatsächlich sehr selten; es ist sogar der einzige solche Fall, den ich zu behandeln hatte. Andere, in ähnlicher Weise aggressive Katzen bekommen wahrscheinlich keine Gelegenheit, eine solche Attacke zu wiederholen, und die meisten Männer in Martins Lage sähen sich dem Ultimatum »Ich oder die Katze« gegenüber und würden sich sofort fürs erstere entscheiden. Aber Martin glaubte, Minkey würde Carol mit der Zeit akzeptieren, und damit hatte er vielleicht recht. Nur, nach diesem Angriff wurde Carol natürlich ailurophobisch (Ailurophobie ist Angst vor Katzen. Im Altgriechischen bedeutet *ailuros* Frettchen, und da sowohl Frettchen wie Katzen zur Nagetierbekämpfung eingesetzt wurden, ging die Bedeutung auf Katze über). Und so ging es nicht mehr nur darum, Carol und Minkey aneinander zu gewöhnen, sondern auch darum, ihre Angst vor allen Katzen zu besiegen.

Normalerweise hätte ich dazu geraten, für Minkey ein neues Heim zu suchen und Carol mit Hilfe von Suki zu heilen. Aber Martin schien nicht bereit, die Bande mit einem Freund aus der Junggesellenzeit zu lösen, und Carol beschloß, das Verhältnis mit ihm zu lösen. Dann geschah etwas Unvorhergesehenes. Martin zog aus seiner Londoner Wohnung aus und ließ sich auf dem Land, in Hertfordshire, nieder. Man würde wohl jetzt Minkey ins Freie lassen können. In seinem neuen Heim entspannte sich Minkey, hängte sich weniger an Martin und behandelte ihn, wie es normal ist, als Futterspender und hie und da als Schoß zum Draufsitzen anstatt als Mittelpunkt seines Daseins.

In der alten Wohnung hatte sich Minkey benommen wie ein sehr dominanter Hund, der zu gewissen Zeiten erwartet, daß sein Pack sich so bewegt, wie er es will. Ich habe viele solche Hunde behandelt, die Treppenzugänge, Korridore, Türen und nachts den Zutritt zur Toilette bewachten. Wenn es nicht möglich ist, ihnen auszuweichen und eine respektvolle Entfernung einzuhalten, bleibt unschuldigen Leuten nichts übrig, als den persönlichen Raum des Tieres zu betreten.

Hunde knurren gewöhnlich, um den Rückzug zu erzwingen, aber Minkey sprang unvermittelt an Carol empor, als sie klarmachte, daß sie weiter auf ihn zugehen werde. Die Folgen waren äußerst schmerzvoll; sie waren das direkte Resultat der Konfrontation über das Durchgangsrecht in einem engen Raum. Ungewöhnlich, sogar einzigartig, aber das Risiko nicht wert, wenn der Wunsch der Katze, zu dominieren und ihren Rang zu behaupten, nicht beseitigt werden konnte.

Das ließ sich machen, indem das Heim für Minkey eine Stätte zum Schlafen und Essen wurde, wie es nach dem Wegzug aufs Land geschah. Leider war Carols Angst dadurch nicht geheilt, aber das Paar beschloß, Minkey dürfe nicht ins Schlafzimmer, werde nachts bei seinem Bett in der Küche eingeschlossen, dürfe nie in einem Zimmer allein mit Carol sein und Kontakt mit ihr nur in einem sicheren Zimmergehege aufnehmen. Und so fanden sie wieder zusammen.

Konflikt in der Gemeinschaft

Lieber Mr. Neville

Vor kurzem kauften wir ein junges Kätzchen und brachten sie heim, damit sie unseren zweijährigen, kastrierten, sehr liebevollen Kater kennenlerne. Wir machten großes Aufheben um ihn bei den ersten paar Zusammenkünften, aber selbst nach vielen Wochen will Bertie Suzy nicht akzeptieren. Wir müssen ihn festhalten, damit er sie nicht angreift, und er hat dabei sogar uns gekratzt. Ein- oder zweimal hat er sie erwischt, in den Hals gebissen, mit seinen Pfoten festgehalten und mit den Hinterbeinen verletzt. Einmal, als er sie am Nacken hielt, begann er, sie zu besteigen, was doch eine entgegengesetzte Reaktion wäre. Ist Bertie verwirrt? Kann man hoffen, daß er Suzy noch akzeptiert?

Mit freundlichen Grüßen

Jenny und Julian Wright

Ein neues Kätzchen oder eine neue Katze mit bereits im Haus wohnenden Katzen zu sozialisieren, ist eines der häufigsten Probleme, die an mich herangetragen werden. Es ist auch eines der Probleme, bei denen es am schwierigsten ist, vorauszusehen, ob eine Behandlung komplett erfolgreich sein wird, denn jede Katze ist anders, wenn es darum geht, ihr Heim mit einer andern zu teilen. Immer wird angenommen, daß alle Katzen miteinander auskommen können und sollten. Schließlich gibt es Leute mit neun, zehn und elf Katzen, und sie vertragen sich alle gut und nehmen Neuankömmlinge gerne auf. Aber wie Tyson gibt es immer einige, die ganz einfach keine andere Katze tolerieren, nicht außerhalb des Hauses und schon gar nicht innerhalb. Worauf beruht denn der Erfolg der Art der Katze? Sie sind einsame Jäger und können nicht mit anderen eine gemeinsame Strategie entwickeln, aber sie können, wenn genug von allem vorhanden ist, teilen und gesellschaftliche Konflikte vermeiden. Wenn wir also alles Lebensnotwendige reichlich bereitstellen, von Liebe und Schutz bis zur Nahrung, warum läßt dann eine Katze niemand anders herein?

Wir müssen mehrere Einflüsse in Betracht ziehen. Die Katze, die von Kätzchenbeinen an mit vielen anderen gehalten wurde, war nicht sehr konkurrenzbewußt und daran gewöhnt, Lebensraum und Nahrung zu teilen; sie wird eine Neue eher akzeptieren und nach einer Einführungszeit tolerieren. Volle Akzeptanz und Freundschaft braucht etwas mehr Zeit, bis die Neue den gemeinsamen Geruch der dortigen Katzen, Hunde und Besitzer angenommen hat. Die ansässige Katze braucht auch Zeit, um zu beobachten, wie die Besitzer und die anderen Tiere die Neue behandeln; wird sie von diesen akzeptiert, kann sie selbst dies auch besser. In mancher Hinsicht werden Kätzchen eher angenommen als erwachsene Katzen, denn sie sind sexuell keine und gesellschaftlich keine starke Konkurrenz. Der Biß eines Kätzchens in den Schwanz ist, als ob wir von einem dreijährigen Kind gegen das Schienbein getreten würden; unangenehm und einen Vorwurf verdienend, aber nicht halb so sehr als böse empfunden wie dasselbe Verhalten eines Erwachsenen. Neu eingeführte junge Katzen werden auch weniger als Konkurrenz empfunden, wenn der Tierarzt sie so bald, als es möglich ist, kastriert. Ich erinnere mich lebhaft an den Fall einer großartigen Familie, die ich in meiner Klinik am Rutland Tierspital sah. Sie besaßen einen schönen jungen, roten Kater, der, nachdem er erst vom ansässigen kastrierten, schwarzweißen, dreijährigen Kater akzeptiert worden war, von ihm plötzlich heftig angegriffen wurde. Mein Rat war direkt: Kastriert ohne Verzug die rote Katze. Binnen weniger Wochen waren die Beziehungen zwischen den beiden Katzen wieder in Ordnung. Die rote Katze hatte ganz einfach sexuelle Reife erlangt, und die Pheromene (Sexgerüche), die deshalb von ihm ausgingen, hatten bewirkt, daß Blackie ihn als Eindringling empfand.

Nicht alle Kätzchen werden ohne Zögern angenommen; deshalb ist es wichtig, sie in ihr neues Heim und der ansässigen Katze gegenüber sorgfältig einzuführen. Wieder einmal ist ein Zimmergehege hier von unschätzbarem Wert. Man läßt das Kätzchen darin wohnen mit einem warmen Bett, einem Kistchen, Futter und Wasser; so ist es geschützt vor ersten Versuchen der ansässigen Katze, es zu verjagen. Die im Haus wohnenden Katzen und Hunde können sich an die Gegenwart des Neulings und an seinen Geruch in ihrem Haus gewöhnen. Ideal ist es, Kätzchen und ihr Gehege während der nächsten Woche von Zimmer zu Zimmer zu bringen, um sein Recht der Anwesenheit im ganzen Haus zu unterstreichen. Man kann auch feuchte Streu aus dem Kistchen des Kätzchen in dasjenige der ansässigen Katzen geben, um die Gerüche zu vermischen, und man kann die Neue und die Bisherigen nahe beisammen, nur durch das Gitter getrennt, füttern, damit sie sich an das Teilen des persönlichen Raums gewöhnen. Die ersten Konfrontationen außerhalb des Geheges müssen genau überwacht werden; man hält eine oder beide von Hand oder mit einem Geschirr zurück. Gewöhnlich ist das Kätzchen noch an die Präsenz anderer Wesen wie seiner Mutter und Wurfgeschwister gewöhnt und wird keine Angst zeigen, wenn die ansässigen Katzen zu ihm kommen und es beschnuppern; es läuft deshalb nicht fort, was die Ansässigen negativ beeinflussen könnte. Als ich diese Technik anwandte, um mein eigenes siamesisches Kätzchen, Scribble, dem ansässigen erwachsenen Kater Bullet und drei großen Hunden vorzuführen, wurde rasch deutlich, daß der Käfig sie schützte, nicht Scribble. Vom ersten Tag ihrer Freiheit an besetzte sie das Bett eines 60 kg schweren Bullmastiff-Weibchens und starrt diese nur an, wenn sie dort liegt, Scribble aber sich dort ausruhen möchte; die Hündin räumt das Feld. Die gleiche Technik läßt sich auch mit erwachsenen Katzen anwenden, nur kann das dann länger dauern. Manche gehen so weit, benutzte Katzenstreu von der einen Katze ins Fell der andern zu reiben; scheint's hilft das manchmal. Aber ziehen Sie Gummihandschuhe an!

Berties Reaktion auf das neue Kätzchen ist übermäßig aggressiv, und da sie augenblicklich erfolgte, besteht wenig Chance, ihm beizubringen, daß die Ankunft des Kätzchens keine Bedrohung für ihn ist. Die Angriffe sollten es offensichtlich verjagen. Daß Blackie die rote Katze bestieg, war auch keine Liebesgeste. Sexuelle Haltungen können täuschen, und in diesem Fall sind sie ein klarer Versuch, den Gegner zu dominieren, wie auch geselligere Tiere wie Kühe, Kaninchen und Hunde einander besteigen, um die Rangordnung festzulegen. Die Hirnzellen, die sexuelle Erregung steuern, sind nahe bei denen, die bei aggressivem Verhalten im Spiel sind. Das Kätzchen wird durch das ganze Gehabe natürlich erschreckt und möchte fliehen. Milde Sedativa, homöopathisch oder allopathisch, für die ansässige Katze haben schon geholfen, das Annehmen neuer Tiere zu erleichtern, wenn vorher starke und dauerhafte Aggressionen gezeigt wurden. Man kann sie auch erwachsenen Neuankömmlingen geben, die das forschende Beschnuppern der ansässigen Tiere nicht ertragen können.

Aber es wird immer Katzen geben, die die Gegenwart anderer überhaupt nicht tolerieren und bei ihrem bloßen Anblick aggressiv werden. Mit dem Alter wird das immer schlimmer, bessert sich aber, wenn die Zahl der Katzen zurückgeht. Es zeigt sich ein mildernder Effekt auf die soziale Aggression, wenn die intolerante Katze von vertrauten Katzen umgeben ist. Auf jeden Neuankömmling aggressiv zu reagieren bedeutet, die Aufmerksamkeit auf sich zu lenken und zu riskieren, daß man selbst angegriffen wird. Deshalb werden in den übervölkerten Katzenkäfigen eines Katzenheims Neuankömmlinge nur mit Beschnuppern und kurzem Fauchen begrüßt, dann aber folgt eine Umstellung, während der jede Katze versucht, in Fluchtdistanz von den andern zu bleiben.

Bei Heimkatzen ist es wesentlich, junge oder alte Katzen mit Vernunft einzuführen. Etwa drei Wochen überwachter Begegnungen, mit Hilfe von Medikamenten für die ausgewachsenen Tiere, wenn nötig, genügen um zu zeigen, ob Harmonie erwartet werden kann. Dann muß man sich aber klar sein, daß das ansässige Tier nicht besonders glücklich sein wird, sein Heim mit einer Neuen zu teilen, und daß die Neue stets in Furcht leben und ihren Charakter nie voll entwickeln kann. In diesem Falle sollte der zuletzt Angekommene zuerst gehen, wie reizend das Kätzchen auch sein mag. Ein nettes neues Heim sollte für es gefunden werden, ohne allzu lange zu warten, besonders, wenn es sich um Kätzchen handelt, für die eine entspannte, freundliche Umgebung in ihren jungen Zeiten lebenswichtig ist. Trotzdem – ich weiß von mehreren Fällen, wo ich alles versuchte, um zwei Katzen dazu zu bringen, einander zu akzeptieren, und schließlich zum Schluß kam, die Spätergekommene müsse in ein anderes Heim gebracht weren; der Besitzer hielt aber noch eine bis zwei Wochen durch, und jetzt lecken die Katzen einander, schlafen, essen, spielen miteinander und gehen zusammen ins Freie. Das zeigt, wie unberechenbar Katzen sein können, und wieviel wir noch über ihre gesellschaftlichen Gewohnheiten zu lernen haben.

Territorialität

Wer Katzen hat, die ins Freie gehen dürfen, ist nicht überrascht über die Art, wie sie ihr Territorium verteidigen und wie sie von den meisten Nachbarskatzen Abstand halten. Es gibt wohl Katzen, die sich mit der Nachbarskatze befreunden und sogar sehr enge Bindungen eingehen mit der Katze vom nächsten Häuserblock, aber die Mehrheit duldet keine Fremden auf ihrem Land, wenn sie dort sind. Die Kastration mildert bei Katern dieses territoriale Verhalten und ermöglicht ein verhältnismäßig friedliches Zusammenleben in unseren zusammengedrängten Vorstädten. Daß sie andere akzeptieren können, wenn die Aufrechterhaltung eines Territoriums mit dessen Angebot an Nahrung nicht mehr nötig ist, bestätigt die gesellschaftliche Elastizität der Katze. Durch die Kastration entfällt auch die durch Hormone gesteuerte Verpflichtung, einen sicheren Ort für die Aufzucht zu finden; auch andere gesellschaftliche Kontakte, zum Beispiel das Rufen rolliger Katzen nach Katern, verschwinden. Den Druck, ein Territorium haben zu müssen, gibt es eigentlich nicht mehr, und dennoch verteidigen manche Katzen ihr Stück Land mit Energie. In stark bevölkerten Gegenden scheint es gar keinen freien Fleck mehr für jedermann zu geben, und das dominante oder am stärksten territorial motivierte Tier muß dauernd unterwegs sein, um Eindringlinge zu verjagen.

Katzen wie Tyson sind typische Beispiele, aber die meisten Nachbarskatzen werden sein Territorium nur betreten, wenn er nicht da ist. Ist er im Haus oder schläft er, gehen andere Katzen hindurch; sie wissen, daß das Risiko des Verjagtwerdens jetzt nicht so groß ist, weil seine Markierungen nicht frisch sind oder weil sie wissen, daß er zu bestimmten Tages- oder Nachtzeiten nicht da ist. Tyson will wahrscheinlich sein Land am liebsten in der Morgen- und der Abenddämmerung abschreiten, wenn die meisten Beutetiere aktiv sind, und sein Recht auf sein Territorium zu diesen Zeiten bleibt unbestritten. Andere Katzen fliehen dann ohne Gegenwehr, um ihm sein Recht zu belassen und um Kämpfe zu vermeiden, aber zu anderen, weniger wichtigen Zeiten können sie sein Stück Land und seine Wege unbehindert benutzen. Tyson, oder vielleicht eine etwas weniger dominante Katze, läßt sie vielleicht vor seiner Nase hindurchspazieren. Das System verteilt jetzt die Zeit statt den Platz, ähnlich wie wir während einer Woche im Jahr eine hübsche Ferienwohnung mieten. Auch dies ist ein bemerkenswertes Zeugnis für die gesellschaftliche Anpassungsfähigkeit der Katze.

Viele Jahre interessierte das Verhalten der Katze – ob verwildert oder Heimtier – die Biologen nicht; jetzt aber ist das wissenschaftliche Interesse erwacht. David McDonald von der zoologischen Fakultät der Universität von Oxford, bekannt durch seine großartigen Untersuchungen über Füchse, studiert das Gesellschaftsleben freilaufender Bauernkatzen und verwilderter Katzen seit einigen Jahren. Einer seiner Studenten schrieb eine umfangreiche Dissertation über das gesellschaftliche Verhalten verwilderter Katzen, die viel darüber erraten läßt, wie sich Katzen verständigen und was ihre Gesellschaftsordnung beeinflußt. John Bradshaw von der Universität Southampton hat das Sozialverhalten verwilderter Katzen ebenfalls studiert, und der Universitäts-Tierschutzverein in Potters Bar, wo ich die Ehre hatte, drei Jahre lang biologische Forschung zu betreiben, hat ebenfalls viel zur Verhaltensforschung und, wo nötig, zur Beschränkung der Kolonien verwilderter Katzen beigetragen. Auch die Medien interessieren sich neuerdings für unsere Stubentiger, und in den letzten Jahren gab es eine Reihe hochinteressanter Fernsehfilme über die Hauskatze.

Das beste Sachbuch von vernünftigem Umfang ist »The Wildlife of the Domestic Cat«, ein Taschenbuch des Biologen und Radio-Mitarbeiters Roger Tabor. Ich empfehle es angelegentlichst all jenen, die mehr über ihr Heimtier und verwilderte Katzen und darüber, was sie außer Hauses tun, wissen möchten. Wir neigen dazu, territoriales Verhalten als für uns unwichtig abzutun. Was Thomas draußen macht, ist seine Sache, und wir können ihn ohnehin nicht beeinflussen oder dressieren. Es sei denn...

Despotismus

Lieber Mr. Neville

Unser zweijähriger Burmakater, Lurk, ist ein vollendeter Rowdy oder wurde es wenigstens in den letzten Monaten. Er ist kastriert, aber trotzdem der aggressivste Kater, den wir je hatten oder außerhalb eines Dokumentarfilms über Wildtiere je gesehen haben. Früher war er ein ganz normaler Kater, aber jetzt wollen die Klagen aller Nachbarn über ihn nicht abreißen, obschon einige davon nicht einmal eine Katze haben. Er verjagt nicht nur draußen alle Nachbarskatzen und kämpft mit ihnen, sondern er überfällt sie auch in ihren Häusern, wo sie sich sicher wähnen; er klettert durch offene Fenster hinein, geht durch Katzentüren und offenstehende Türen! Findet er seine Rivalen, so greift er sie wild an, so daß das Haus voll Fellfetzen und Blutspuren ist, und hält manchmal an, um den fremden Napf zu leeren. Wenn Besitzer da sind und den Kampf abzubrechen versuchen, greift Lurk sie öfters an, und er soll sich sogar auf kleine Kinder, die im Garten spielten, gestürzt haben. Unsere Nachbarn – einer sogar mit Anwalt – fordern, daß er getötet wird, und wir können ihre Gefühle verstehen. Aber mit uns ist Lurk äußerst liebevoll, und so möchten wir ihn nicht töten lassen, wenn man die gute Seite seines Charakters besser entwickeln könnte. Wir haben versucht, ihn im Haus zu halten, aber er läuft schreiend hin und her und ist sehr unglücklich. Bitte dringend Ihren Rat!

Hochachtungsvoll

Carrie und James Stroud-Parker

Eine so umfassende Herrschsucht ist zum Glück bei Katzen ungewöhnlich, aber ich darf nicht verschweigen, daß jeder Fall, den ich gesehen habe, einen kastrierten Burmakater im Alter von einem bis zwei Jahren betraf. Vielleicht deutet das auf eine despotische Veranlagung der Rasse hin, aber es mag viele andere Despoten anderer Rassen und Herkunft geben, die wegen ihrer Gewalttätigkeit getötet wurden und nicht bei mir landeten. Eine solch unaufhörliche Aggression gegen alle anderen Katzen, die Mißachtung der Sicherheit ihres Heims, umgeleitete Aggression gegen eingreifende Besitzer und gezielte Aggression gegen Kinder kann für die Mehrheit der vernünftigen Beobachter nur bedeuten, daß Lurk geisteskrank ist, vielleicht an einem Hirntumor leidet. Das ist zwar möglich, möglich ist aber auch, daß Lurk nur ein zäher, dominanter Charakter ist, der gelernt hat, welchen Erfolg seine Kraft haben kann. »Absolute Macht korrumpiert«, sagt man, und da Lurk stetig mehr territoriale Macht über die Nachbarskatzen ausübte, beschloß er, sein Recht auf Zugang zu ihren Häusern und Futternäpfen vollständig durchzusetzen.

Die Behandlung kann überraschend erfolgreich sein, aber sie braucht einen enormen Aufwand an Mitarbeit durch die Nachbarn.

Im wesentlichen muß Lurk ein paar Wochen lang in seinen Beziehungen zu andern Katzen Fehlschläge und Abweisung erleiden. Zuerst wird er zum Tierarzt gebracht, wo er mit Progestin behandelt wird, weiblichmachenden Hormonen mit beruhigender Wirkung; er kann auch eine länger anhaltende Spritze mit denselben aber stärkeren Mitteln bekommen. Dann müssen seine Zeiten draußen von seinen Besitzern streng überwacht werden und auf Stunden fallen, da alle andern Katzen sicher hinter geschlossenen Türen und Fenstern geborgen sind. Zu anderen Zeiten wird Lurk im Freien in einen Käfig gesetzt, so daß andere Katzen ihre Furcht vor ihm nicht mehr so stark empfinden und mit mehr Selbstvertrauen in seine Nähe gehen. Lurks Versuche, sie zu verjagen oder in einen Kampf zu verwickeln, sind zum Scheitern verurteilt, und allmählich gewinnen sie das Recht des Aufenthalts in seinem Territorium und lernt er, sie eher zu akzeptieren. Besitzer anderer Katzen verteidigen ihre Tiere mit dem Gartenschlauch oder Wassergüssen, wann immer er in ihren Gärten auftaucht, und sie füttern ihre Katzen an einem völlig sicheren Platz im Haus und lassen keinerlei Nahrung draußen liegen, die Lurk anziehen könnte. Schließlich schaltet man jede Möglichkeit, daß die Nahrung Lurks Verhalten beeinflussen könnte, aus, indem man ihm etwa einen Monat lang nur frisches Huhn und frischen Fisch gibt, und zwar in kleinen Mengen, damit er immer wieder heimkommt. Dann gibt es auch überwachte Spaziergänge im Garten mit Lurk an der Leine, und jeder seiner Versuche, andere Katzen zu bedrohen, wird mit einem Wasserguß auf seinen Kopf beantwortet; das nennt man »negatives Konditionieren«, mit dem Assoziationen aufgebaut werden. Diese Behandlung wird gewöhnlich mit aggressiven, gesellschaftsunfähigen Hunden durchgeführt. Sie scheint im Widerspruch zu stehen mit unserer früheren Aussage, wonach Katzen solche Unannehmlichkeiten nicht mit ihren Handlungen in Zusammenhang bringen, aber bei Burmesen, Siamesen und anderen orientalischen Rassen hat sie schon geholfen, wenn das Timing richtig war. Vielleicht gleichen diese Rassen Hunden mehr, als wir glauben! Die oben beschriebene Behandlung verlangte viel von Besitzern und Nachbarn, erwies sich aber sogar dann als erfolgreich, wenn die Zusammenarbeit nicht lückenlos war. Dieser Erfolg hat mich enorm überrascht, aber vielleicht sollten wir Despoten wie Lurk eher als Schulklassentyrannen ansehen denn als geisteskranke Katzen. Eine reichliche Dosis peinlicher Niederlagen kann sehr gut tun.

Lurks Despotismus ist keineswegs einzigartig, aber man stelle sich einmal vor, welches Chaos entstünde, wenn ein solcher Charakter mit einer Gruppe von Wohnungskatzen zusammenleben sollte.

Lieber Mr. Neville

Ich bin von Katzen förmlich besessen und habe zwölf davon. Sie sind alle friedlich mit Ausnahme von Boris, einem kastrierten getigerten Kater. Er toleriert die andern elf, ohne befreundet zu sein. Nur Gemmy, ein sterilisiertes Weibchen, haßt er. Und das ist noch zu wenig gesagt; er verbringt seine ganze Zeit im Haus damit, sie zu belauern und anzugreifen. Sie ist ohnehin ziemlich nervös, und Boris bringt sie natürlich aus der Fassung. Sie schleicht herum und versteckt sich lange Zeit hinter dem Sofa, und obwohl wir versuchen, die beiden getrennt zu halten, bleibt hin und wieder eine Tür offen, und Boris jagt Gemmy hinterher. Der darauf folgende Kampf erschreckt alle andern, die in alle Richtungen davonlaufen, einige durch die Tür, andere durch die Fenster, manche benützen uns als Leiter, um einen Kleiderschrank zu ersteigen. Es dauert furchtbar lange, bis das Leben nach einem erfolgreichen Angriff wieder normal ist. Die arme Gemmy wurde so oft verwundet und war so oft beim Tierarzt und verdient diese Behandlung durch Boris überhaupt nicht.

Hochachtungsvoll

Karen Black

Ich muß sagen, totaler Frieden zwischen zwölf Katzen ist keine realistische Erwartung. Immerhin hält einer meiner Freunde neun Burmakatzen und hat keine Probleme, außer daß Hugo, ein starker Kater, ein Weibchen ähnlich tyrannisiert.

Despotismus gibt es bei allen geselligen Tieren, obschon er keiner normalen Hierarchie oder sozialen Organisation entspricht. Die normale Hundegesellschaft kennt eine lineare Hierarchie; zuoberst ein Alphatier – oder je ein Alphatier jeden Geschlechts, hintereinander gefolgt von den andern. Es gibt keine Gleichberechtigte, und die

Ordnung verschiebt sich lediglich, wenn Junge in das Rudel aufgenommen oder Alte daraus ausgestoßen werden. Eine solche Hackordnung sieht man gelegentlich in Katzengesellschaften, aber nur in sehr gedrängten Gruppen, wenn die Nahrung knapp ist.

Gewöhnlich ist das System der Katzen auf Toleranz und wechselndem Status aufgebaut. Sogar ein sehr starker, dominierender Kater in einer Kolonie verwilderter Katzen zeigt sich manchmal nicht willens, einen Schwächeren von der Nahrung zu vertreiben, und sitzt einfach da und wartet, bis er an der Reihe ist.

Manchmal kommen Despoten sowohl in Hunde- wie auch in Katzengruppen vor; einer ist der Kriegsherr und alle anderen stehen gleich tief unter ihm (es ist gewöhnlich ein Männchen). Andere Tiere akzeptieren eine solche Herrschaft trotz häufiger Angriffe, die nur dazu dienen, Überlegenheit zu beweisen. Solchen Typen entgegenzutreten ist vielleicht unklug, und das Fußvolk bleibt bei diesen Tier-Hitlern, vielleicht in der Hoffnung auf guten Schutz bei Gefahr. Vielleicht haben Katzen- und Hunde-Despoten die gleiche magnetische Führerkraft wie Hitler, Dschingis-Khan und alle anderen erfolgreichen Menschen-Despoten.

Es gibt wohlmeinende Diktatoren, und vielleicht ist dieses Regierungssystem anziehend, weil den Jüngern erspart bleibt, Entschlüsse zu fassen. Schön, wenn man einen wohlwollenden Diktator findet, wie es Gemmys Gefährten offenbar in Boris taten. Wahrscheinlich bekommt er von ihnen dauernde Bestätigung seiner Dominanz; wahrscheinlich lassen sie ihm den Vortritt; er darf zuerst zum Futternapf, und sie räumen sonnige Plätze und bequeme Stühle auf seinen Blick hin. Nicht so schön, wenn man Gemmy ist, der Sündenbock für alle Übel und von Boris benutzt, um den andern zu zeigen, wie schrecklich die Folgen sind, wenn die Autorität des Despoten in Frage gestellt wird. Ich mag zuviel in einen Fall legen, der vielleicht nur auf der Unverträglichkeit zweier Katzen beruht, aber solche Probleme können eine sonst harmonische Katzengruppe enorm durcheinanderbringen. Abgesehen von der Panik, in die die andern geraten, wenn Boris sich auf Gemmy stürzt, ist das Haus auch sonst stets unter Spannung, und die Gefahr, daß unschuldige Dritte, seien es Katzen oder Menschen, verletzt werden, ist groß. Nicht nur muß jemand die Kämpfenden trennen, auch andere werden vielleicht bei ihren Fluchtversuchen gekratzt und gebissen.

Gemmy gegenüber wäre es gewiß freundlicher, wenn sie in ein

anderes Heim gebracht würde. Aber nach meiner Erfahrung wird Boris dann einfach ein anderes Opfer suchen. Boris wegzugeben, ist auch nicht einfach – würden Sie ihn bei Ihren Katzen sehen wollen? Übrigens ist er vielleicht ein sehr netter alter Tyrann, wenn er nicht gerade Gemmy quält. Besitzer mögen meist Typen wie Boris gut leiden und hegen den manchmal berechtigten Verdacht, daß die Beziehungen aller andern Katzen durch die eiserne Faust von oben geregelt werden und daß ein Kampf aller gegen alle ausbrechen würde, wenn er ginge.

Wie schon früher ist unser Behandlungsziel, Gemmy und Boris einander unter Bewachung auszusetzen, so daß Gemmys Angstreaktionen und Fluchtversuche vereitelt werden und nicht seine Jagdinstinkte befeuern. Er gewöhnt sich an ihre Gegenwart, wie er es mit den andern getan hat, wenn seine Versuche, sie zu jagen und mit ihr zu kämpfen, blockiert werden. In solchen Angewöhnungsprozessen empfehle ich normalerweise die Verwendung von Sedativen für beide Seiten; sie sollen im Verlauf von vier bis sechs Wochen, wenn die Konfrontationen Wirkung zeigen, allmählich abgebaut werden. Die Fortschritte sind meist erstaunlich gut, obschon es unvermeidlich ein paar Ausrutscher und Rückfälle gibt, und obwohl Katzen wie Gemmy nie sehr selbstsicher werden, werden sie wenigstens nicht angegriffen. In vielen Fällen wären sie auch anderswo nicht selbstsicherer, ja vielleicht als Alleinkatzen in ihrem neuen Heim noch ängstlicher.

Ich habe in diesem Kapitel zusätzliche Verwendung alternativer Medikamente recht häufig erwähnt, und am erfolgreichsten waren diese bei der Behandlung von Despoten. Vier Tropfen Bachblütenextrakt »Rebe«, mit Wasser verdünnt zwei- bis dreimal täglich mit Plastikpipette ins Maul der Katze gespritzt, falls die Katze sie in Milch oder Wasser nicht nehmen will, können erstaunliche Ergebnisse zeitigen. Die Despoten sind nachher zwar immer noch arrogante Prahlhänse, aber anstatt ihr übliches Opfer anzugreifen, ignorieren sie es einfach oder fauchen es im schlimmsten Fall an, dann gehen sie weiter. Ich wollte, mir könnte jemand erklären, warum diese Behandlung in solchen Fällen so gut wirkt.

In diesem Kapitel haben wir die gefährliche Seite unserer Katzen angeschaut, ob nun die Beutetiere der Katze, andere Tiere, andere Katzen oder wir selbst betroffen waren. Mit Ausnahme der Jagd-Aggression und der territorialen Aggression gegen andere Katzen sind alle anderen Typen bei Katzen rar und häufen sich bloß in meiner Kartei. Zwei wichtige Punkte sind klargeworden. Der eine ist, daß wir uns niemals mit aggressiven Katzen einlassen sollten, denn wenn sie einmal genügend ängstlich oder zornig ist, ist die gewöhnlich zurückhaltende Katze gut bewaffnet, um uns ernstlich zu verletzen. Zweitens wird die Katze, wenn sie bereits aggressiv ist, uns als ihre Freunde nicht mehr erkennen, und wenn wir zu ihren Gunsten eingreifen wollen, dies als Bedrohung auffassen. Wenn ein Eingreifen nötig ist, um aggressives Verhalten zu stoppen, muß es mit Kübeln voll Wasser geschehen oder mit erschreckenden Geräten wie etwa Vergewaltigungsalarm, nie mit Händen oder Füßen oder sonstigem Eingreifen in den Kampf. Letzteres kann vielleicht die Schlacht gewinnen, verzögert aber den Sieg im Krieg, der mit mehr Logik und auf lange Sicht geführt werden muß, indem man alle Einflüsse auf das Verhalten der Katze in Betracht zieht. Gott sei Dank sind die meisten Probleme lösbar, wenn genügend Zeit vorhanden ist.

9

Spritzen und anderes unangenehmes Markieren

Die meisten Fälle, die mir zu Gesicht kommen, betreffen Katzen, die ihr Territorium im Haus markieren. Man könnte sagen, Spritzen im Haus, Zerkratzen von Möbeln und, am schlimmsten, Kotabsetzen, seien die Probleme, mit denen ich mein Butterbrot verdiene. Kot wird absichtlich an gut sichtbarer Stelle abgesetzt, um zu betonen, daß die Katze einen Teil ihres Territoriums besetzt halte. Es ist die extremste und widerlichste Art der Markierung, aber es gehört zu all den übrigen Markierungsmöglichkeiten der Katze, deren meiste annehmbar sind oder sogar ermutigt werden. Wenn uns eine Katze um die Beine streicht oder ihren Rücken zum Streicheln hinhält, teilt sie uns ein wenig ihres persönlichen Duftes mit. Der Duft wird in Drüsen am ganzen Körper der Katze produziert, bei Erwachsenen vor allem in der Schwanzgegend (Kaudaldrüsen), von wo er, wenn sich die Katze leckt, über das Fell verteilt wird. Der Duft ist dann bereit, in Möbel gerieben zu werden, in andere Katzen oder in uns. Das hilft der Katze, einen gemeinsamen Geruch mit uns und mit ihrem Heim zu entwickeln, so daß sie im Herzen ihres Territoriums die Stärke ihrer Herrschaft abschätzen und uns als eine Art schützender Mutterfigur erkennen kann. Duftdrüsen sind unter dem Kinn konzentriert, auf beiden Seiten der Stirn (Temporaldrüsen) und auf den Lippen (Perioraldrüsen), was mit erklärt, warum Katzen uns so begeistert »Köpfchen geben« und mit dem Gesicht an uns reiben. Speichel wird dabei auch produziert und verbreitet die Botschaft.

Wenn die Katze erregt schnurrt und uns dabei die Unterseite ihres Kinns hinhält, so ist das weit mehr als eine Geste der Zuneigung unter Freunden. Die Katze will die Freundschaft festigen, indem sie uns mit ihrem eigenen Duft salbt; so grüßen sich auch befreundete Katzen. Sie halten einander die Gesichter hin und reiben sich aneinander; so bekommt jede etwas vom Duft der anderen, was ihre Bindung festigt und ihnen hilft, einander nach kurzer Trennung wiederzuerkennen. Die Tätigkeit dieser Drüsen ist reduziert, wenn die Kater kastriert werden, und das erklärt teilweise den Verlust des typischen Katergeruchs. Vielleicht ändert sich der persönliche Duft einer Katze, wenn sie ein Trauma erleidet; dann würde das Wiedererkennungssystem zusammenbrechen und ein akzeptierter Freund wäre plötzlich ein Fremder, wie in Kapitel 7 beschrieben. Wir wissen es nicht, wir verstehen überhaupt nicht viel von der Bedeutung und Methode der Verständigung der Katzen durch Düfte, auch bei anderen Tieren nicht. Es ist einfach nicht unser Medium.

Wir können jedoch sehen, wo die Katze Duftmarken mit visuellen Marken verbindet: am Kratzpfosten. Die meisten solcher Kratzgelegenheiten sind draußen in den überlappenden Territorien der Gärten und Felder. Aber manchmal will eine Katze auch im Haus kratzen können. Es geht nicht nur darum, die Krallen zu schärfen, indem die Katze sie an Sesseln, Vorhängen und grob strukturierten Tapeten wetzt; die Katze hinterläßt auch einen deutlichen Duft, der aus Drüsen am Rand ihrer Pfotenballen austritt. Diese Drüsen helfen der Katze auch, ihre Wege ins Haus und aus dem Haus zu bezeichnen, einmal damit andere Katzen wissen, daß das ihr Weg ist, und dann, um ihn selbst zu finden.

Kratzen

Lieber Mr. Neville

Sidney ist ein wundervoller Kater, aber er läßt nicht ab davon, bei jeder Gelegenheit meine schönsten Möbel zu zerkratzen. Mein Sofa ist in Fetzen und meine Sessel sehen fürchterlich aus. Ich habe versucht, es ihm zu verbieten, aber das nützt nur im Augenblick. Er kommt zurück und fängt von neuem an. Was kann ich tun?

Mit freundlichen Grüßen

Samantha Swift

Als erstes müssen wir bei solchen Problemen herausfinden, wie stark das Kratzen zum Duftmarkensetzen gehört. Katzen, die viele Orte im Haus zerkratzen, besonders in der Nähe von Türen, markieren ihr Territorium mit Duft und dem sichtbaren Zeichen einer zerkratzten Fläche. Sie müssen gleich behandelt werden wie die Katzen, die im Haus spritzen, und der wichtigste Punkt der Behandlung ist, herauszufinden, warum die Katze glaubt, markieren zu müssen, was uns genügend gesichert scheint. Die Kratzstellen zu reinigen und die Katze eine Weile hindern, sie aufzusuchen, außerdem ihr helfen, das Haus als sicher für sie zu betrachten, ist ebenfalls wichtig, und wir werden das in diesem Kapitel genauer anschauen.

Wenn sich das Kratzen jedoch auf eine oder zwei Stellen beschränkt, will sie eher ihre Krallen schärfen. Kratzen schärft eigentlich nicht die Krallen; es entfernt die ganze äußere Schicht der abgestorbenen Kralle und legt eine neue, scharfe Krallenspitze frei. Man findet oft abgestoßene alte Krallenhüllen bei der Kratzstelle. Katzen, die im Haus kratzen, tun es vielleicht, um die Aufmerksamkeit eines Rivalen draußen nicht zu erregen, aber gewöhnlich haben sie einfach nicht gelernt, als junge Katze ihr Kratzen vom Hausinnern auf Außenflächen wie Bäume und Zäune zu verlegen. Die Behandlung versucht also, das Krallenwetzen der Katzen umzulenken, anstatt sie dafür zu bestrafen, was natürlich ist, denn die Waffen zum Jagen müssen ja scharf bleiben. Plaziert man eine passende Ausweichmöglichkeit, mit einem Stoff belegt, der anderswo im Haus nicht zu finden ist, auf oder direkt vor die zerkratzte Stelle, so klappt das meistens. Ein großes Stück Rinde oder einer der käuflichen, mit Sisal oder Schnur umwundenen Kratzpfosten lassen sich leicht auf die Kratzstellen setzen, und wenn die Katze einmal begonnen hat, sich ihrer zu bedienen, kann man den Pfosten jeweils um ein paar Zentimeter verschieben, bis er günstiger steht. Rinde kann der Katze sogar helfen, nur noch draußen zu kratzen.

Das Bedürfnis zu kratzen gehört offenbar zu allen Katzen, und so sollten junge Kätzchen, die Wohnungskatzen werden sollen, stets einen geeigneten Kratzpfosten haben. Das ist viel vernünftiger als die abscheuliche amerikanische Art, das Problem durch chirurgische Entfernung der Krallen zu lösen. Zum Glück sind wenig Tierärzte in England bereit, diese unnötige Verstümmelung auszuführen, wenn kein medizinischer Grund dafür vorliegt – besonders dann nicht, wenn die Katze ins Freie darf, wo sie ihre Krallen zum Klettern, Jagen und zur Verteidigung braucht. Ich habe erwachsene krallenlose Katzen gesehen, die lang nach dem Eingriff nicht zu leiden schienen, aber ich muß sagen, daß die unglücklichste gesunde Katze, die mir je begegnet ist, ein Tier in einem amerikanischen Tierspital war, dem am Tag vorher die Krallen wegoperiert worden waren. Ich wünschte, die Tierärzte der ganzen Welt würden sich energisch gegen jede kosmetische Verstümmelung der Heimtiere wehren, einschließlich dem Kupieren von Hundeschwänzen.

Spritzen

Die meisten Leute lösen die Kratzprobleme im Haus, indem sie einen geeigneten Kratzpfosten hinstellen oder der Katze beibringen, daß ein einziger alter Stuhl erlaubt ist. Die Mehrheit der Markierungsfälle, die mir überwiesen werden, betreffen die spritzende Katze. Spritzen ist eine mit voller Absicht ausgeführte Markierung durch Männchen und Weibchen und nicht zu verwechseln mit Urinieren, zu welch letzterem die Katzen niederkauern und sich in ein vorbereitetes Loch in der Erde oder der Katzenstreu erleichtern. Spritzen wird im Stehen ausgeführt, die Katze schaut vom bespritzten Gegenstand weg. Gewöhnlich steht sie ein paar Zentimeter von etwas Vertikalem wie einem Zaunpfosten oder einem Busch entfernt, hält den Schwanz hoch erhoben mit zitternder Schwanzspitze, und spritzt bis zu 2 Milliliter Urin in kurzen Stößen nach hinten. Es sieht recht schwierig aus, und vielleicht erklären die Spasmen der Muskeln um den Penis, warum sie mit den Hinterbeinen hin- und hertritt, den Rücken etwas wölbt und im Gesicht einen angestrengten Ausdruck hat.

Duftmarkierungen machen viele Tiere; manchmal können auch wir mit unserem schlechten Geruchssinn sie wahrnehmen. Iltisse, Nerze und Frettchen, Hunde und Mäuse deponieren ihren deutlich erkennbaren Geruch um ihr Territorium, aber es gibt kaum etwas, das sich mit dem unvergeßlichen Bouquet eines Katers vergleichen kann. Solche Gerüche nennt man Pheromone; sie sind in fettiger, visköser Konsistenz in Drüsen am ganzen Körper enthalten. Pheromone können einfach in die Luft entlassen werden, besonders von geselligen Tieren; viele Säugetiere richten sie jedoch auf bestimmte Markierpunkte. Pheromonhaltige Drüsen finden sich am Bauch, an den Füßen und dem Gesicht von Mäusen, und viele Arten von Rotwild markieren Gras oder Büsche mit Sekret aus unter den Augen gelegenen Drüsen. Viele Säugetiere haben ihre stärksten Duftdrüsen in der Nähe der Genitalien. Urin und Kot sind gute Gefäße zum Verteilen von Pheromonen und werden deshalb bei der normalen Versäuberung parfümiert, oder dies wird gezielt getan wie bei spritzenden Katzen oder beinhebenden Hunden.

Insekten wie Bienen und Ameisen verständigen sich auch mit Pheromonen, aber Vögel nicht; viele haben zwar einen Geruchssinn, benutzen ihn aber nicht, um Verhalten gegenseitig zu beeinflussen. Katzen benutzen Markierungspfosten, denn das hält länger an als in die Luft verpuffte Pheromone. Das Signal kann sich Stunden oder sogar Wochen halten, je nach Wetter, und bis zu fünfzehn Metern Entfernung gerochen werden. Die Bedeutung der Verständigung über den Geruch wird oft übersehen, denn die Katze scheint uns ein Geschöpf zu sein, das sich hauptsächlich auf Gesicht und Gehör verläßt; sicher kommen diese Sinne auch in ihrer Beziehung zu uns am meisten zur Anwendung.

Die Männchen einer Art haben meistens mehr Duftdrüsen als die Weibchen und markieren häufiger. Katzen bilden hier keine Ausnahme, und unkastrierte Kater spritzen häufiger und mit intensiverem Geruch als andere Katzen. Wenige Leute können mit einem unkastrierten Kater, der im Haus spritzt, zusammenwohnen, weshalb die Männchen gewöhnlich kastriert werden, ehe sie zu spritzen anfangen, wenn der Glückspilz nicht für die Zucht vorgesehen ist. In diesem Fall aber wird er in seinem eigenen Gehege zuunterst im Garten leben müssen, und nur gelegentliche Reisen an Katzenausstellungen, wo er bewundert wird, Preise gewinnt und zum Decken hübscher junger Weibchen reserviert wird, bringen Abwechslung. Selbst wenn man riecht, hat das Leben seine Vorzüge, vorausgesetzt, man ist ein Kater.

Unkastrierte Kater beginnen in jugendlichem Alter zu spritzen, sobald die Produktion männlicher Hormone beginnt. Man glaubt, daß sie dann gesellschaftlich aktiv werden, ein Territorium erobern und Weibchen anziehen wollen. Das Spritzen wird häufiger, wenn rollige Katzen in der Nähe sind und während der Fortpflanzungszeit. Dann bewegen sich auch die Kater über weitere Strecken, und es gibt mehr Kämpfe mit anderen Katern. Interessanterweise bewirkt die Kastration, nachdem der Kater zu spritzen begonnen hat, bei fast achtzig Prozent der Männchen jeden Alters eine sofortige Einstellung des Spritzens; weitere zehn Prozent hören erst allmählich auf. Auch das Herumstreichen und die Katerkämpfe hören meist auf. Ein paar Kater spritzen trotz der Kastration weiter, und einige, die vor der Pubertät kastriert wurden, fangen später zu spritzen an. Das deutet darauf hin, daß Spritzen weitgehend ein sekundäres Sexualverhalten ist, das von der Präsenz von Androgenen abhängt, doch auch andere Faktoren sind verantwortlich.

Der Geruch und die Lage der Markierung auf Nasenhöhe für andere Katzen kündigt die Gegenwart des Spritzers bisherigen Benutzern des Gartens oder anderen Territoriums an. Er soll eine Art von Visitenkarte sein, die dem Finder alle möglichen Einzelheiten über den Spritzer verrät. Wahrscheinlich kann man daraus Geschlecht, Rang, sexuellen Status, Gesundheit und Alter ablesen, und die Frische der Markierung verrät, wie lange es her ist, seit der Spritzer hier war. Eine frische Markierung dient als Warnung; eine abgestandene heißt, man könne sich entspannen und weitergehen. Dennoch beschnuppern viele Katzen einen bespritzten Fleck und gehen bedenkenlos weiter, ohne ihr Verhalten zu ändern. Manchmal bespritzen sie den Fleck ihrerseits, manchmal nicht; ihre Reaktion auf das Spritzen eines stark territorial orientierten Individuums scheint eher zufällig. Vielleicht ist Sprühen wie ein Geschenk, seliger zu geben als zu nehmen. Vor allem Tiger spritzen äußerst häufig in unvertrauter Umgebung; vielleicht wollen sie sich damit eher mit vertrautem Geruch umgeben als anderen ihre Ankunft mitteilen. Verwilderte Kater können an einen Ort kommen, wo regelmäßig Futter bereitsteht, und einen, der ruhig ist und ohne Nahrung, und nahe dabei spritzen, um mit ihrem Duft die ansässigen Katzen zu benachrichtigen. Dies, glaubt man, mache letztere weniger empfindlich, wenn er dann später zur Fütterung erscheine. Seine Ankunft erfolgt so in mehreren Phasen; wenn er dann wirklich erscheine, erschräken die ansässigen Katzen weniger und die Wahrscheinlichkeit, daß er verjagt werde, sei geringer.

Aber es ist schwer vorstellbar, daß das Spritzen nicht den Zweck haben soll, Rivalen zu verjagen, die sich um Futter, Obdach und vor allem um Weibchen bemühen. Man hat beobachtet, wie Hyänen beim Jagen (ja, sie jagen auch, sie sind nicht nur Aasfresser) an der Grenze ihres Territoriums anhalten. Sie wollen die Grenzregelungen mit dem Nachbarrudel nicht verletzen. Statt dessen markieren sie die Grenze mit Urin, Kot und Pheromonen und ziehen sich in ihr eigenes Territorium zurück. Häufige Kontrolle der Grenze würde zeigen, ob das Rivalenrudel vor kurzem markiert hat und noch da ist oder ob es weitergewandert ist, so daß es ihnen freistünde, dort hineinzugehen. Im allgemeinen markieren Säugetiere nicht nur die Grenzen ihres Territoriums, aber mit Katzen ist das offenbar der Fall, denn Zäune verlangsamen den Gang, und dort sind Begegnungen mit anderen Katzen wahrscheinlicher. Statt dessen markieren Hyänen ihr ganzes Territorium; vielleicht wollen sie wie die Tiger von ihrem eigenen Duft umgeben sein. Je mehr eigene Markierungen, vor allem frische, von einem Spritzer gefunden werden, desto sicherer fühlt sich der Spritzer, aber andere, die vorbeigehen, empfinden dabei nicht unbedingt eine Bedrohung. Bei der hohen Bevölkerungsdichte von Katzen in vorstädtischer und städtischer Umgebung werden Markierungspfosten dauernd bespritzt und überspritzt; es hängt davon ab, wer hier hindurchkommt und zu welcher Stunde. Sicher helfen Markierungspfosten beim Zeitaufteilungssystem, das wir im vorhergehenden Kapitel beschrieben haben.

Damit Markieren wirksam ist, muß die Botschaft vom Empfänger verstanden werden. Es ist enorm interessant, die Reaktionen der Katzen auf ihre eigenen und speziell auf andere Markierungen zu beobachten, denn da ist ein Sinn im Spiel, den wir nicht besitzen. Flehmen, eine Grimasse, sieht man bei Katzen und bei anderen Tieren wie Pferden und Kühen, die das Jacobsonsche Organ besitzen. Wir und alle anderen Primaten haben dieses Organ nicht und also auch nicht den entsprechenden Sinn. Wenn sie Spritzpfosten oder Urin beschnuppert, scheint die Katze in Trance zu sein; die Ohren sind etwas zurückgelegt, die Nase gekraust und die Lippen hochgezogen, während sie den Duft einzieht. Die Zunge zuckt ein wenig, und der Atem wird angehalten, währenddem sie den Geruch durch das offene Maul einzieht. Dieser konzentriert sich im Jacobsonschen Organ, das unten an der Nasenhöhle liegt und durch zwei Kanäle mit dem harten Gaumen hinter den Vorderzähnen verbunden ist. Der Sinn liegt also zwischen Geschmack und Geruch und ermöglicht der Katze, die volle Botschaft des beschnupperten Geruchs »zu schmecken«. Sexuelle Düfte bewirken am ehesten das Flehmen, besonders bei unkastrierten Katern; außerdem Katzenminze bei Katzen, die darauf reagieren.

Katzen riechen und »riechen-schmecken« also die Botschaften, die andere hinterlassen haben, und kontrollieren auf diese Weise auch Frische und Gehalt ihrer eigenen Markierungen. Wieviel ihnen dabei übermittelt wird, ist für uns ein Geheimnis, aber für das gesellschaftliche Leben der Katze ist es eindeutig von lebenswichtiger Bedeutung. Einige amerikanische Verhaltensforscher meinen, wenn man die Kanäle zum Jacobsonschen Organ chirurgisch blockierte, könnte man damit das unerwünschte Spritzen unterbinden. Der Geruch würde dann eine viel weniger wichtige Rolle spielen. Das ist logisch, aber total inakzeptabel als Lösung für solche Probleme. Solche chirurgischen Eingriffe würde ich niemals empfehlen; ich würde vielmehr versuchen, die Ursache des Problems zu finden und die Katze allmählich damit zu konfrontieren, so daß sie lernt, auch ohne Spritzen zurechtzukommen – aber keinesfalls einen wichtigen Sinn ausschalten. Kastration, ja, zu unserem Vorteil und meist auch dem der Katze; aber Vernichtung des Geruchssinns? Bestimmt nicht.

Entgegen der Volksmeinung spritzen nicht nur unkastrierte Kater. Unkastrierte Weibchen können spritzen, wenn sie rollig werden, um diesen Zustand den Männchen der Umgebung anzuzeigen. Zu anderen Zeiten spritzen sie weniger, und sicher nicht in der Nähe ihres Nests, wenn sie Junge haben; sie wollen keine Aufmerksamkeit erregen. Aber kastrierte Katzen, männlich und weiblich, spritzen auch in ihrem Außenterritorium; es ist normales Verhalten. Viele Besitzer sind davon überrascht und glauben, ihr Weibchen verwandle sich in einen Kater, oder die Katze, weiblich oder männlich, habe Schwierigkeiten beim Urinieren und stehe deshalb, anstatt zu kauern. Der Tierarzt beruhigt sie gewöhnlich. Aber wenn die Katze aussieht, als habe sie Schmerzen, wenn sie draußen spritzt, oder wenn sie anfängt, drinnen zu spritzen, ist es klug, den Tierarzt zu bitten, die Katze zu untersuchen und eine Urinanalyse vorzunehmen. Katzen beider Geschlechter stehen beim Urinieren, wenn sie Blasenentzündung oder Nieren- oder Harnsteine haben, was zur Blockierung des Harnleiters führen kann. Als vor ein paar Jahren Trockenfutter für Katzen eingeführt wurde, kam letzteres häufig vor. Das Futter enthielt zuviel Magnesium und machte den Urin alkalisch, was zur Bildung mineralischer Kristalle führte. Zum Glück wurde die Zusammensetzung von Trockenfutter rasch geändert; ein bis zwei Hersteller erforschten das Problem gründlich, ehe neues Futter auf den Markt kam. Aber solche Leiden sind nicht nur die Folge einseitiger Ernährung. Jedes plötzliche Spritzen einer Katze, die das vorher nicht getan hat, und jede Schwierigkeit im Kistchen sollten dem Tierarzt vorgelegt werden. Je früher die Diagnose, desto eher lassen sich Nieren- oder Harnsteine behandeln. Nachher wird das Futter genau angepaßt oder überwacht, damit es keine Rückfälle gibt.

Praktisch alle Katzen, einschließlich kastrierter Kater und Weibchen, spritzen im Freien. Je höher die Dichte der Katzen, desto mehr spritzen sie, und das gilt vor allem für kastrierte Weibchen. Unkastrierte Kater kämpfen mehr und spritzen mehr, weil ihnen das Territorium sehr wichtig ist; das Bedürfnis, ihre Präsenz chemisch zu dokumentieren, hängt vielleicht mit der Aggression zusammen. Aber kastrierte Katzen spritzen auch mehr, wenn zuviele beisammen sind, ohne daß sie dabei unbedingt aggressiver würden. Deshalb sollten wir vielleicht das Spritzen nicht als dominierende Geste zur Erhaltung des Rechts auf lebenswichtige Dinge ansehen, sondern eher als gefühlsbedingte Antwort auf gewisse Zustände oder Veränderungen, im extremen Fall auf Aggression oder Territorialansprüche.

Katzen beider Geschlechter zeigen enorme Unterschiede in der Neigung zum Spritzen. Die Rassen, die wir als sensibler oder intelligenter empfinden, die orientalischen, beherrschen diese Kunst besonders gut. Katzen spritzen öfter, wenn sie Angst haben oder verwundbar sind, vielleicht, wenn ihr Besitzer sie nicht mehr so stark beachtet. Sie können spritzen, wenn die Routine mit uns nicht mehr klappt, wenn sie bestraft werden, wenn sie gezwungen sind, unsere Zuneigung mit einer neuen Katze zu teilen. Bei anderen wird das Verhalten ausgelöst durch eine Verbindung von Einflüssen, bei der das Gefühl der Katze gesteigert wird bis über eine bestimmte Schwelle; dann schafft Spritzen, das die Katze mit einem vertrauten Sicherheitsschleier umgibt, eine gewisse Erleichterung. Das schließt auch die Zeiten ein, wenn eine Katze eine Niederlage fürchtet oder wenn sie ein Hochgefühl der Selbstbehauptung empfindet nach der Begegnung mit einem Rivalen. Die Reaktionsschwelle, bei der Spritzen ausgelöst wird, scheint höher bei kastrierten Katzen als bei unkastrierten, und am höchsten bei kastrierten Weibchen. Kurz, das unfruchtbare Weibchen ist vielleicht die lebenstüchtigste, am wenigsten von Gefühlen motivierte Katze im Vergleich zu Macho-Katern, sensiblen kastrierten Katern oder unkastrierten Weibchen, deren Verhalten von unterschiedlich präsenten Hormonen abhängt. Sicher ist, daß die meisten mir überwiesenen Fälle unerwünschten Spritzens kastrierte Kater betrafen. Aus meiner Erfahrung und der von amerikanischen Verhaltensforschern geht auch hervor, daß kastrierte Weibchen zwar weniger häufig in Behandlung gebracht werden, wenn aber, weit schwieriger zu bessern sind als Männchen, kastriert oder unkastriert.

Spritzen ist also bei Katzen aller Arten ein natürliches Verhalten und hat, aus welchen Gründen auch immer, überlebt, weil es der spritzenden Katze gegenüber der nichtspritzenden Vorteile bringt. Oder ist es so, daß die leicht reagierenden, emotionellen Katzen, die eher spritzen, auch leichter Gefahren spüren und vermeiden und deswegen besser überleben? Spritzen wird bei Heimkatzen nur als Verhaltensproblem empfunden, wenn es im Haus geschieht – dasjenige im Garten geschieht auch von seiten verwilderter Katzen oder anderer Heimtiere und ist übrigens auch kaum einer Behandlung zugänglich.

Zum Glück spritzt die Mehrheit unserer Heimkatzen nicht im Haus, weil das Herz ihres Territoriums vor anderen Katzen sicher ist und unsere Tiere hier ruhig sind. Wir sind ja da, um sie zu schützen und zu bemuttern, und sie können ohne Angst vor Bedrohungen ruhen. Im territorialen Sinn wäre es auch eine Verschwendung von Zeit und Energie, einen Platz zu markieren, der schon besetzt und sicher ist. In Fällen, wo mehrere Katzen in einem Haushalt wohnen, spritzen oft sogar empfindsame oder geplagte Individuen nicht, weil sie keine Aufmerksamkeit auf sich ziehen möchten und sie so im Haus bleiben können, ohne daß andere, dominantere Katzen ihre Schwäche bemerken und sie zum Opfer machen können.

Wenn also eine Katze anfängt, im Hausinnern zu spritzen, so ist das ein Zeichen, daß sie durcheinandergebracht wurde durch irgendeine Störung oder Veränderung in unserem Heim, die ihr das Sicherheitsgefühl nahm. Findet man die Störung und beseitigt sie, so beruhigt sich die Katze wahrscheinlich. Die Schwierigkeit besteht darin, den Grund zu finden; es können sich ja auch mehrere Einflüsse miteinander verbunden haben, und jeder einzelne erscheint uns unbedeutend. Die zweite Schwierigkeit ist, daß die Gefühlsschwelle einer jeden Katze anders ist; manchmal können wir enorme Anlässe identifizieren, die jede Katze zum Spritzen brächten, und dann gibt es wieder äußerst sensible Katzen, die wegen der geringfügigsten Veränderung zu spritzen beginnen. Diese sind am schwierigsten zu behandeln, denn manche Aspekte der Behandlung selbst können sie so beunruhigen, daß sie anfänglich noch mehr spritzen. Dann kommt das Problem, daß man vielleicht die Katze beim Spritzen gar nicht erwischt. Wenn wir bei ihr sind, stellen wir einen Schutz dar, und die Katze fühlt sich sicher und hat kein Bedürfnis zu spritzen. Es kann also schwierig sein, herauszufinden, wo und unter welchen Umständen die Katze spritzt und den Zugang zu diesem Platz zu manipulieren.

Wenn es viele Katzen im Haus gibt, kann es unmöglich sein, den Schuldigen zu identifizieren, wenn man ihn nie dabei überrascht. In welchem Fall man jeder Katze eine kleine Dosis Fluorescin einspritzen kann. Fluorescin macht, daß der Urin bei ultraviolettem Licht fluoresziert; man braucht es meist, um Spulwürmer zu entdecken. Wenn ein frischer Spritzfleck fluoresziert, zeigt das, daß die an diesem Tag behandelte Katze gespritzt hat, während die andern *vielleicht* unschuldig sind, wenigstens bis sie zum Testen drankommen.

Und als ob das für einen armen alten Katzenpsychiater nicht genug wäre, es gibt Katzen, die nicht zu spritzen anfangen, wenn sie von einem verwilderten unkastrierten Kater zusammengeschlagen wurden, und am nächsten Tag jedes einzelne Möbelstück salben, weil ein Vogel im Tiefflug auf sie losging. Zarte Seelen, die Katzen! Behandeln Sie jede mit der ihr zustehenden Sorgfalt und Aufmerksamkeit!

Lieber Herr Neville

Wir haben sechs problemlose Jahre verbracht mit Bandit, unserem kastrierten Kater. In dieser Zeit sind wir dreimal umgezogen, und er verstand sich jedesmal bestens mit den ansässigen Katzen. Er ist kein großer Kämpfer, weiß sich aber zu wehren. Vor drei Wochen kamen wir hinunter und sahen, daß unsere Küche über Nacht zu einem Katzen-Schlachtfeld geworden war. Offenbar kam eine fremde Katze zur Katzentür hinein und griff Bandit an. Wir müssen enormen Kampflärm verschlafen haben; überall lagen Fellfetzen, die meisten von Bandits Farbe, so daß wir annehmen, er war der Schwächere. Er hatte ein paar Wunden, schien aber in seinem Verhalten nicht verändert, außer daß er jetzt das ganze Haus bespritzt. Kein einziges Möbelstück hat er ausgelassen, und er schreitet seine Markierungen regelmäßig ab und erneuert sie. Das geschieht nur, wenn wir fort sind, also weiß er, daß er das nicht dürfte. Sollten wir ihn strafen? Unser Haus riecht allmählich sehr unerfreulich, obschon wir Stunden mit Putzen verbringen. Bitte helfen Sie!

Hochachtungsvoll

Sue und Barry Scott

Die beliebteste Einrichtung für Katzenhalter muß die Katzen-Klapptüre sein. Man glaubt, der große Physiker Isaac Newton habe sie erfunden, der nicht nur Äpfel auf seinen Kopf fallen ließ, sondern in seiner Tür ein kleines Katzenloch anbrachte, so daß seine Katze nach Belieben kommen und gehen konnte, ohne ihn zu unterbrechen. Hätte er nur ein wenig nachgedacht, so wäre ihm klar geworden, daß Löcher und später Türen mit Angeln nicht nur der ansässigen Katze das Ein- und Ausgehen erlauben. Alle seine Freunde und Feinde können das auch! Manche Heimtiere ertragen es überraschend gut, daß andere Katzen ins Herz ihres Territoriums eindringen, ihr Futter stehlen und in ihrem Lieblingssessel liegen. Andere kennen die Katzentür nicht und wissen nicht, welche Freuden sie auf der anderen Seite erwarten würden. Und dann gibt es Katzen wie Bandit, für die das Heim, wo immer es ist, unantastbar bleibt. Hier wird er von der Familie geschützt, geliebt und gepflegt; in diese vier Wände kann er sich vor Kämpfen mit ansässigen Katzen zurückziehen. Aber das Anbringen einer einfachen Schwingtüre bedeutete auch, daß die Zugbrücke heruntergelassen wurde und jede andere Katze hereinkommen kann. Wenn das zufällig der unkastrierte verwilderte Kater der Gegend ist oder der bestgehaßte Rivale aus der Nachbarschaft, haben wir ahnungslos ein höchst unpassendes Schlachtfeld geschaffen. Nahrung, Obdach und Zuneigung, selbst von schlafenden, nicht schützenden Besitzern, sind Dinge, die eine lebhafte Verteidigung wert sind.

Obschon es Bandit schließlich gelungen ist, den Eindringling zu vertreiben, so bedeutet diese Invasion, daß Bandit jetzt sein Haus als ebenso gefährdet betrachtet wie sein Territorium im Freien. Da andere Katzen nach Belieben hereinkommen können, muß Bandit seine Gegenwart und seine Wohnrechte chemisch belegen, indem er alle Plätze bespritzt, zu denen eine andere Katze kommen könnte. Spritzen umgibt Bandit auch mit seinem eigenen vertrauten Geruch, der ihn nun mehr beruhigt als der gemeinsame Geruch des Heims, der Besitzer und vielleicht anderer Heimtiere. Seit dem Eindringen des Fremden genügt dieser Gemeinschaftsgeruch nicht mehr, um ihm Sicherheit zu geben, und er muß sich auf sich selbst verlassen. Im Gefühlsleben einer normalen Katze ist das ungefähr das Schlimmste, was ihr passieren kann. Kein Wunder spritzt er und versucht, sicherzustellen, daß alle Markierungen frisch sind. Zuerst, wenn die Besitzer die betroffenen Stellen putzen, bespritzt sie die Katze sofort von neuem. Nach dem Kampf, und wenn er bloß einmal vorgekommen ist, kann eine Katze so aufgeschreckt sein, daß sie noch monatelang im Hausinnern spritzt.

In meiner Kartei gibt es viele Fälle von Katzen, die begonnen haben, im Hausinnern zu spritzen, einfach nachdem eine Katzentür angebracht worden war. Die Besitzer dachten, sie täten sich und der Katze einen Gefallen, aber eigentlich haben sie bloß die wichtige Schranke zwischen dem Dschungel draußen und der Sicherheitszone drinnen zerstört. Manchmal begreift die Katze augenblicklich, daß nun alles zum zu verteidigenden Territorium geworden ist, und daß es keine sichere Zuflucht mehr gibt. Wenn also draußen gespritzt wird und das nützt, sollte es im Innern auch nützen. Die Katze kann natürlich nicht zwischen Apfelbäumen und antiken Stühlen unterscheiden. Schließlich sind beide senkrecht und bewahren ihren Geruch genau in der richtigen Höhe.

Man braucht nicht ein Weiser zu sein, um zu verstehen, daß Katzentüren für Katzen wie Bandit schlechte Einrichtungen sind und daß sie, wenn das Spritzen drinnen aufhören soll, zugenagelt werden sollten, so daß das Hausinnere wieder zum sicheren Heiligtum wird. Auch dann wird die Katze noch ein Weilchen spritzen und muß mit besonderer Liebe und Zuneigung von der Familie gestützt werden. Vielleicht kann der Tierarzt für kurze Zeit etwas Sedative oder Progestin verschreiben, womit manche Fälle von Nervosität bei Katzen behandelt werden.

Putzen

Es ist ebenso wichtig, die Markierungsstellen im Haus gründlich zu reinigen, so daß Bandit und seine Leidensgenossen sie nicht wieder bespritzen. Allein der durchdringende schale Geruch früheren Spritzens kann ein Grund sein, es wieder zu tun, selbst wenn die Ursache des Problems längst beseitigt ist. Unglücklicherweise haben Katzen und Menschen verschiedene Vorstellungen davon, was sauber riecht. Für uns ist ein Hauch von Chlor oder Ammoniak ein Zeichen, daß ein Ort völlig sauber ist, und wir kaufen unsere Haushalt-Reiniger und viele Detergentien auf Grund dieser Annahme. Leider sind Ammoniak und Chlorverbindungen Bestandteile des Katzenurins. Für uns riecht ein eben gescheuertes Tischbein so steril wie eine schwedische Küche. Für die Katze riecht es, als ob eine andere Katze ihre Markierung überspritzt habe. Sie wird also darüberspritzen, und so weiter ad infinitum.

Wenn wir also bespritzte Plätze putzen, sollten wir an die Nase der Katze denken, damit es nicht noch mehr Probleme gibt. Ideal ist es, den Geruch der bespritzten Stelle vollständig zu entfernen, ohne daß das Reinigungsmittel Ammoniak oder Chlor enthält, wenn das für unseren plumpen Geruchssinn auch noch so sauber duftet. Und der Geruch des Katzenurins sollte auch nicht ersetzt werden durch den künstlichen Duft von Zitronen, Kiefern, Rosen oder anderen Duftbestandteilen von Reinigungsmitteln und Lufterfrischern. Diese Düfte werden die Katze an die Spritzstelle zurücklocken und ihr sagen, daß da irgend etwas auf ihre Markierung gestoßen ist und sie interessant genug gefunden hat, um die eigene Visitenkarte zu hinterlassen. Vielleicht nicht eine andere Katze, aber etwas nie zuvor Gesehenes, das gefährlich sein könnte. Also schnell wieder überspritzen! Bespritzte Stellen so zu reinigen, daß die Nase der Katze befriedigt ist, ist offensichtlich keine leichte Aufgabe. Am besten verwendet man wohl eine zehnprozentige Lösung eines biologischen oder Enzymwaschmittels, flüssig oder in Pulverform, um die Stelle anfänglich zu putzen. Hierauf sollte der Ort kalt abgespült und trockengerieben werden, dann mit Medizinalalkohol besprüht. Der Alkohol sollte auch mit einer Nagelbürste leicht in Stoff oder Holz eingerieben werden, damit er in die Fasern oder Spältchen eindringt, die der Katzenurin erreicht haben könnte. Der Alkohol löst die Fettrückstände auf, denen das Waschmittel nicht beigekommen ist. Gerade der Geruch dieser zerfallenden Fettrückstände kann die Katze dazu verleiten, ihre eigene Markierung nochmals zu überspritzen; es ist also wichtig, sie zu beseitigen. Aber aufgepaßt! Dieses Reinigungssystem kann auch die Fransen von Teppichen, Vorhängen und anderen Geweben und die Politur oder den Lack von Möbeln angreifen, deshalb probiert man es am besten an einer unauffälligen

Stelle aus. Nach dem Putzen muß der Ort gründlich trocknen. Wo es sehr naß ist, verwendet man den Haarfön. Erst wenn der Ort vollkommen trocken ist, darf die Katze ihn wieder aufsuchen.

Dieses Reinigungssystem ist gewöhnlich wirksam sogar gegen den besonders übelriechenden, fettigen Geruch unkastrierter Kater, wenn die Reinigungsmittel überallhin haben dringen können. Leider rinnt der Urin oft dem vertikalen Gegenstand hinunter, für den er bestimmt war, oder sickert tief in Polstermöbel, und es gibt keinen anderen Weg mehr, als die Teppiche herausreißen und die Sessel wegzuwerfen. Meine Kunden erzählen mir, es sei sogar nutzlos gewesen, von Vollkatern bespritzte Sessel in die Garage zu stellen, damit der Geruch sich verliere. Er tut's nicht. Aber Urin von kastrierten Männchen und Weibchen läßt sich meist auf die angegebene Weise entfernen. Sie ist ein bißchen langwierig und kompliziert, und deshalb habe ich mit einer englischen Veterinärhygiene-Firma an der Entwicklung einer einzigen Lösung gearbeitet. »Katastrophe« sollte mit Katzenurin ebenso wirkungsvoll sein und selbst keinen Geruch hinterlassen. Es sollte demnächst auf den Markt kommen.

Abschreckmittel

Den Geruch von verspritztem Urin im Haus zu entfernen, verhindert wenigstens erneutes Spritzen, aber wenn die Katze noch immer erschreckt ist oder die Ursache des Schreckens noch besteht, wird sie immer noch ihre Markierungsplätze bespritzen wollen. Sie werden sie auch weiterhin anziehen, da sie im Haus geographisch wichtig sind. Zugänge wie Türen und Grenzorte wie Fenster werden als Schwachpunkte erkannt und müssen extra bezeichnet werden. Jeder Rivale, der ins Haus gelangt, erkennt wahrscheinlich den Geruch der ansässigen Katze an diesen Stellen, und auch an Tischbeinen und Stühlen nahe am Weg, dem eine neue Katze am ehesten folgen wird.

Das Ziel ist also, die Katze vom Bespritzen solcher Grenzorte wie Vorhänge, Fensterrahmen, Türschwellen und Tischbeinen abzuhalten. Es gibt unzählige Produkte auf dem Markt, die behaupten, sie wirkten gegen das Spritzen von Katzen im Haus oder im Garten; wie die frühere Verwendung von Pfefferstaub, Chilipulver und Senf sind sie meist unwirksam. Schließlich haben wir eine gefühlsmäßig aufgeschreckte Katze vor uns, und wenn sie eine Nase voll Pfeffer, Chili oder übelriechender Chemikalien an ihrem Spritzplatz erwischt, wird sie das nur noch mehr durcheinanderbringen, worauf sie noch mehr spritzt. Mir wurde schon erzählt, man könne Aluminiumfolien-Streifen beim Spritzplatz befestigen, dann erschrecke die Katze, wenn ihr Urin auf das Metall knattere – aber ich hatte damit nie Erfolg. Ich hatte ein wenig Erfolg, wenn ich unangenehme Gehflächen beim Spritzplatz anbrachte, wie Tablette voll Murmeln oder Tannenzapfen, denn auf einer nachgebenden Fläche kann die Katze die Spritzhaltung nicht annehmen. Aber meist tut sie es dann etwas weiter entfernt oder wählt einen anderen Ort in der Nähe. Mit anderen Worten, diese Taktiken blockieren nicht die Motivation zum Spritzen, sie lenkt sie nur um. In Amerika wurden indirekte Strafmethoden probiert; fein eingestellte Mäusefallen schnappen zu, wenn die Katze sich auf den Spritzplatz zu bewegt und die Falle durch Tritt erschüttert wird. Andere haben eine elektrifizierte Folie um den Spritzpfosten gewickelt, und wenn darauf gespritzt wurde, bekam die Katze einen schwachen Stromstoß in den Hintern. Nicht nett, und nicht einmal wirksam. Wie bei Pfefferstaub und all den auf Geruch oder Geschmack beruhenden Abschreckmitteln bringt man es bestenfalls fertig, daß die Katze anderswo spritzt, weil am Grund zum Spritzen ja nichts geändert worden ist. Wie bei Aggression beeinflußt Strafe das Verhalten einer Katze nicht, sie treibt sie nur in die Flucht.

Futter andererseits ist gewöhnlich ein ausgezeichnetes Abschreckmittel beim Spritzen, auch wenn einige Tiere einfach zu einem köderfreien Platz weitergehen. Ich muß die Katze noch kennenlernen, die ihr eigenes Futter bespritzt; es ist anzunehmen, daß sie es später nicht mehr gern essen würde. Ich sage »annehmen«, weil man von Tigern weiß, daß sie den beim erstenmal nicht gegessenen Teil ihrer Beute bespritzen. Sie decken sie mit Pflanzen und Erde zu und spritzen dann darauf, vielleicht um andere abzuschrecken. Das Verhalten hat sich wahrscheinlich bei Tigern entwickelt, weil sie fähig sind, Tiere zu erlegen, die größer sind als sie selbst und die nicht auf einmal aufgegessen werden können. Es mag noch genug von der Antilope übrig sein für eine Mahlzeit am Tag darauf, und so ist das Zudecken und Bezeichnen vielleicht ein Sicherstellen von Vorräten. Das ist nicht nötig bei den kleineren Katzen, die nur Beute für eine einzige Mahlzeit fangen.

Futter, das auf einen Teller oder in einen Plastiknapf gelegt und an den Spritzplatz gestellt wird, hält die meisten Katzen vom Spritzen ab. Trockenfutter ist zu empfehlen, weil es sich länger hält; man muß es vielleicht auf den Teller festkleben, damit die Katze es nicht ißt. Ich kenne Katzen, die erst den Teller leerten und dann den Platz bespritzten! Auch der Familienhund, der liebend gern Katzenfutter stiehlt, kann den Erfolg der Methode vereiteln, wenn das Futter nicht an den Teller und der Teller nicht an den Boden geklebt ist. Katzen-Trockenfutter bewährt sich hier, selbst wenn die Katze gewöhnlich Dosenfutter bekommt und Trockenfutter als Dauernahrung ablehnt. Man muß sich sagen, daß die Katze Futter nicht unangenehm findet wie etwa eine Nase voll Pfefferstaub oder einen elektrischen Schlag, sondern daß Nahrung im Herzen ihres Territoriums sie beruhigt. Das Zentrum ihres Territoriums ist ihr Futterplatz, und vielleicht nützt es, eine Weile das Futter verstreut aufzustellen, damit das Zentrum wieder als sicherer Futterplatz und als Heim erscheint. Man kann außerdem die bespritzten Zimmer mit Dingen belegen, die der Katze vertraut sind: Spielzeug, Kistchen, Bett etc.; damit sie nicht mehr das Gefühl hat, sie müsse spritzen.

Lieber Mr. Neville

Acht Jahre, nämlich seit unserer Heirat, haben wir in denselben Sesseln gesessen, und dann beschlossen mein Mann und ich, uns eine neue Schlafzimmereinrichtung zu leisten. Wir richteten auch unser Wohnzimmer dazu passend ein, aber vom Tag an, da wir uns befriedigt zurücklehnten und die neue Ambiance von Redford Road 28 genossen, hat die Katze die neuen Möbel täglich bespritzt. Wir mußten die Plastikverpackungen aus dem Müllcontainer zurückholen, um sie vor Mick zu schützen.

Auch unsere neuen Tapeten gefallen ihm nicht; er hat sie an mehreren Stellen bei der Tür bespritzt. Unser Geschmack mag mit dem Micks nicht übereinstimmen, aber wie können wir ihm abgewöhnen, seine Meinung durch Spritzen kundzutun?

Hochachtungsvoll

Moira und Arthur Alexander

Ein solches Spritzproblem ist ein harter Schlag für jede Familie. Wie sie es sehen, haben sie die Lebensqualität aller, auch der Katze, verbessert. Sie hat jetzt einen hellen, luftigen Raum und neue Stühle zum Draufliegen, wenn sie Glück hat. Wie die Katze es sieht, ist das Herz ihres Territoriums vollständig verändert worden. Möbel wurden umgestellt und alle ihre Wege und Fluchtrouten sind blockiert oder, wenn ein neuer Teppich gelegt wurde, einfach nicht mehr vorhanden. In Augenhöhe der Katze ist die ganze Szene unvertraut, und sie riecht auch seltsam. Da das Territorium verändert und mit neuen Dingen angefüllt ist, will sich die Katze versichern, daß dies wirklich ihr Heim ist, und damit kein Fremder hineinkommen und es besetzen kann, bespritzt sie Tapeten und Möbel ein paar Wochen lang. Manche sind so empfindlich gegenüber Veränderungen in ihrem Heim, daß schon das Umstellen eines einzigen Möbels oder ein neuer Gegenstand sie aus der Fassung bringt. Es gibt sogar Katzen, die regelmäßig jeden neuen Gegenstand bespritzen, der ins Heim gebracht wird, von schwarzen Plastik-Müllsäcken (ein beliebtes Spritzziel) zu Einkaufskörben, Teekesseln und neuem Kinderspielzeug. Manche bespritzen jedes neue Ding nur einmal, aber andere beharren monatelang darauf, täglich alle Neuanschaffungen zu identifizieren. Es kann fürchterlich lange dauern, bis sie ihre Runde gemacht haben, ganz zu schweigen von der benötigten Menge Urin. Andere beliebte Ziele sind diejenigen, wo der Urin der Katzen sich nach dem Spritzen verändert, zum Beispiel durch Wärme. Wurde die Geschirrspülmaschine kurz bespritzt, so merken wir das vielleicht nicht einmal in der Küche, die ohnehin nach Essen, nassen Socken und Babys riecht. Bis dann die Geschirrspülmaschine benutzt wird, sich erwärmt und das Haus mit dem unverwechselbaren Aroma von Katzenurin schwängert. Die Katze merkt das wahrscheinlich schneller, und da die Wärme die chemische Zusammensetzung des Geruchs wahrscheinlich ein wenig verändert hat, glaubt sie vielleicht, ihr unsichtbarer Rivale sei wieder dagewesen und habe ihre Markierung überspritzt.

Natürlich lassen sich nicht alle Katzen durch neue Gegenstände in unserem Heim derart aus der Fassung bringen, und auch nicht durch Neu-Einrichtungen. Oft sind sie daran gewöhnt, daß ein unaufhörlicher Strom von Neuem ins Haus kommt; sie beschnuppern und erforschen die neuen Sachen und sind sich bald sicher, daß ihr Heim immer noch ihr Heim ist. Einige wenige haben schneller Angst, besonders Wohnungskatzen, die nicht an eine oft wechselnde Lebenshaltung voll täglicher Herausforderungen und der Notwendigkeit, Entschlüsse zu fassen, gewohnt sind.

Für sie können neue Möbel oder Gegenstände, oder auch nur die Ankunft von Besuchern, ein wichtiges Geschehnis sein, daß sie eventuell als so störend oder bedrohlich empfinden, daß sie alle Sicherheit verlieren.

Für solch sensible Tiere kann man das Territorium auf einen unveränderten Raum oder ein Gehege einschränken, wo die Katze vielleicht ruhiger ist. Von dort aus kann man sie langsam in andere Zimmer des Hauses einführen, wobei der Besitzer bei der ersten Konfrontation als Sicherheitsbrücke dient. Zimmer, die verändert wurden oder die es dauernd werden, wie zum Beispiel, wenn wir Anbauten an die Küche oder ans Wohnzimmer durchführen, sollten der Katze erst zugänglich gemacht werden, wenn sie ihre möglichst endgültige Form erreicht haben.

Nach einem Anfall von Spritzen sollte sie die Katze als letztes kennenlernen. Man sei sich klar darüber, daß das Leben mit solchen Katzen keine Spritzprobleme bietet, solange es ruhig ist, aber bei noch so kleinen Veränderungen des Hauses oder der Routine brechen sie wieder aus. Wenn Sie also wissen, daß eine Veränderung bevorsteht, ist es vielleicht klüger, die Katze in einem Ferienheim unterzubringen, bis alles vorüber ist, oder einen Vorrat von Sedativen oder anderen passenden Medikamenten zu halten, um damit die Reaktionen der Katze ein bißchen zu dämpfen, ehe die Änderungen kommen.

Lieber Mr. Neville

Ich habe seit mehr als drei Jahren drei kastrierte Katzen, zwei Weibchen und ein Männchen, und hatte nie ein Problem damit. Vor zwei Wochen bat mich eine Freundin, ein streunendes Kätzchen für ein paar Tage aufzunehmen, bis sie ein Heim dafür gefunden habe. Klar, daß ich mich jetzt von dem Kätzchen nicht mehr trennen möchte, obschon sie die andern offenbar stört. George, die ruhigste Katze von den ursprünglichen drei, spritzt im ganzen Haus, seitdem Carla gekommen ist. Ich hatte angenommen, er werde ein weibliches Kätzchen problemlos akzep-

tieren, besonders weil er ja gewohnt ist, seinen Lebensraum mit zwei andern zu teilen. Was kann ich tun?

Mit freundlichen Grüßen

Janice Wooley

Wenn das einmalige Eindringen eines Rivalen durch die Katzentür oder sogar die bloße Möglichkeit davon genügt, um manche Katzen zum Spritzen zu bringen, ist es nicht überraschend, daß die Ankunft einer neuen Katze, die dauernd im Haus bleiben soll, andere aus dem Gleichgewicht bringt. Frühe Erfahrungen geselligen Lebens steigert gewöhnlich die Fähigkeit der Katze, andere zu dulden; aber es sieht so aus, als habe jede Katze ihre eigene Grenze. Möglicherweise geht es dabei mehr um Verlust von Raum als um Teilen von Nahrung. Aber einige Katzen wie George fangen zu spritzen an, kaum ist eine neue, wenn auch noch so unbedrohliche Katze da, und andere leben ganz zufrieden in Gruppen von fünfzig und mehr, und keine einzige Katze spritzt. Ich habe sogar eine wundervolle Bekannte namens Bernadette, die über hundertvierzig Katzen in einem angebauten Haus mit drei Schlafzimmern hält, und keine spritzt. Mehr als das: Bernadette bringt dauernd neue Katzen und vorübergehende Gäste, weil sie es sich zur Aufgabe gemacht hat, Katzen zu retten. Die hundertzweiundvierzig Katzen sind alle kastriert, ausnehmend gepflegt und stehen in sehr harmonischer Beziehung zueinander. Der Anblick ist bemerkenswert, und man kann dabei vielleicht denken, daß es eine Bevölkerungsdichte für Katzen gibt, bei der keine mehr spritzt, da es hoffnungslos wäre, einen persönlichen Raum für sich zu schaffen. Das muß nicht heißen, daß sie unglücklich sind; alle Katzen Bernadettes essen gut, spielen und zeigen keine Verhaltensprobleme. Ich kann aber keinem Besitzer von zehn Katzen, worunter ein oder zwei Spritzer, einen Rat geben, wieviele Tiere er noch dazu halten sollte, bis die Grenze erreicht ist!

Was sensible Katzen wie George angeht, der mit zwei anderen Katzen eben noch unter der Spritzgrenze lebte, so muß eine neue Katze mit äußerster Vorsicht eingeführt werden. Eine neue Katze oder ein neues Kätzchen sollte für eine Weile in einem Käfig oder Gehege wohnen, wie in Kapitel 5 beschrieben, denn in diesem Fall haben wir es mit einer Katze zu tun, die Schwierigkeiten schlecht bekämpfen kann. Sie mag sich zwar äußerlich nichts anmerken lassen, weder Angst noch Aggression zeigen, aber das Spritzen macht deutlich, daß sie ihren persönlichen Raum nicht mit genügend Selbstvertrauen bewahren kann. Langsame Einführungen, wobei die Neue in einem Käfig behalten wird und nur in je ein Zimmer aufs Mal Zutritt hat, werden George wahrscheinlich helfen, sich an die Anwesenheit der neuen Katze zu gewöhnen, eventuell mit etwas Hilfe vom Tierarzt während einiger Wochen. Mit einer niedrigen und stetig verminderten Dosis Progestin sollte sich George allmählich mit dem Neuankömmling abfinden und weniger Raum und Selbstbestimmung erwarten in seinem Heim. Die Behandlung sollte verstärkt werden durch die Reinigung bespritzter Stellen und Futtertellerchen, wie oben beschrieben.

Interessanterweise sind es hauptsächlich die kastrierten Kater, die sich über eine neue Katze aufregen und zu spritzen beginnen, besonders wenn sie bisher das Heim mit einem Weibchen teilten anstatt anderer Kater. Vielleicht werden die Weibchen als überlebenswichtig angesehen, und selbst der kastrierte Kater verteidigt oder schützt einfach seinen Harem. Kastrierte Kater reagieren aber sehr gut auf Progestin-Behandlung. Unkastrierte Weibchen können äußerst intolerant sein, vielleicht weil sie mehr persönlichen Raum brauchen für die Aufzucht von Kätzchen. Kastrierte Weibchen sind toleranter als kastrierte Männchen. Aber wenn sie doch reagieren und zu spritzen anfangen, so habe ich und haben amerikanische Verhaltenstherapeuten erlebt, daß Progestin nach der üblichen Behandlungszeit das Spritzen nicht immer stoppt. Das heißt, wir beruhigen die Gefühle der Katze, so daß sie eine Neue toleriert, ohne zu spritzen, solange die Medikamente wirken, aber kein Lern- oder Gewöhnungsprozeß hat eingesetzt, der die Katze nach der Behandlung vom Spritzen abhält. In solchen Fällen tut man der Katze einen Gefallen, wenn man ihr ein neues Heim findet.

Lieber Herr Neville

Mein Siamesenkater Mao ist ein lärmiger, aufmerksamkeiterheischender Hund! Wenn er aktiv ist, erwartet er, daß die Welt ihn amüsiere und meine Familie und ich seine Sklaven seien. Wenn er nach Futter schreit, füttern wir ihn.

Wenn er hinausgehen will, stehen wir auf und öffnen ihm die Tür. Wenn er liebkost werden will, lassen wir alles, was wir gerade tun, fallen und schmusen mit ihm. Tun wir es nicht, so bespritzt er uns, und lieber als den ganzen Tag durchnäßt zu sein, befriedigen wir jede seiner Launen. Können wir da herauskommen, ohne Mao zu verletzen? Er hat sogar angefangen, auch Besucher zu bespritzen, die nicht auf ihn eingingen.

Ihre gehorsame Dienerin (natürlich)

Margaret Thornley

Dies ist ein typisches Beispiel erlernten Spritzens. Mao, ein überdurchschnittlich intelligentes Exemplar einer überdurchschnittlich intelligenten Rasse, hat gelernt, daß er die Aufmerksamkeit seiner Besitzer und was immer er sonst will durch Spritzen bekommen kann. Eines Tages brachte das Um-die-Beine-Streichen und Schnurren nicht das erwünschte Resultat, und seine Enttäuschung ließ ihn den Schwanz heben. Die Besitzer, in Erwartung des Schlimmsten, wandten sich ihm sofort zu, und das war der erste Schritt des Lernprozesses. Es klingt, als ob er sogar gelernt habe, zuerst zu rufen und dann eine ganz kurze Pause einzulegen, ehe er die Spritzhaltung einnimmt, damit die Besitzer seinen Willen tun, und das Spritzen zurückzuhalten, wenn er bekommt, was er will. Zweifellos wird der Schwanz senkrecht nach oben gehalten und die Spitze zittert, um anzuzeigen, was die Konsequenz einer Nichtbeachtung wäre. Mao und ähnliche Katzen warten kurze Zeit, und wenn kein Erfolg sichtbar ist, erzielt das Spritzen, daß wenigstens ein Teil der Aufmerksamkeit auf ihn gerichtet ist. Selbst wenn sie die Form eines Schreis und eines Fußtritts annimmt, ist das besser, als ignoriert zu werden; auch das ist eine Form von Erfolg. Natürlich gewöhnen sich die Besitzer an, immer schneller auf die Wünsche der Katze zu reagieren, und jemand paßt immer auf sie auf, damit sie nicht übersehen wird.

Die Behandlung erfordert eine Umkehrung der Rolle. Die Besitzer müssen in den Beziehungen zu Mao wieder die Initiative ergreifen und nicht mehr nur reagieren. Das kann eine Zeitlang verstärktes Spritzen verursachen, aber es ist wichtig, daß Maos Wünsche nicht mehr jederzeit erfüllt werden. Man soll ihn füttern, streicheln, hinauslassen ganz nach dem Willen des Besitzer, nicht seinem eigenen, und man soll auf keine seiner angedrohten oder tatsächlichen Spritztätigkeiten achten. Aufgeputzt wird, wenn er irgendwo anders ist. Mao soll vorerst ignoriert werden. Wenn er sich nach ein paar Tagen noch nicht gebessert hat, können Wasserpistole oder laute Töne helfen, ihn ein neues Verhalten zu lehren. Aber es müssen indirekte Strafen sein, nicht solche der Besitzer. Sonst sieht Mao selbst dies als Erfolg seiner Versuche, Aufmerksamkeit zu erregen, an. Solches Konditionieren bewährt sich nur bei intelligenten Katzen, die Verhaltenssequenzen begreifen.

Katzen wie Mao werden eher wie Hunde behandelt, und die Technik, gelerntes oder unkontrolliertes Verhalten neu zu strukturieren, wird für beide ziemlich gleich sein. Gewöhnlich beansprucht das Umstrukturieren eine kurze Zeit; man muß sich nur dazu entschließen und es auf sich nehmen, ein paar Tage mit einer verwirrten Katze zu leben.

Der Nachteil intelligenter Katzen, die herausgefunden haben, wie man menschliches Verhalten beeinflußt, ist, daß sie neue Arten entwickeln, unsere Aufmerksamkeit zu erregen, und wir das gar nicht merken. Die Katze, die auf den Fenstersimsen einherschreitet, sieht, wie schnell wir auf die Füße springen und sie herunterholen, ehe sie die kostbare Vase voll Blumen umstürzt, und geht das nächste Mal, wenn sie Aufmerksamkeit wünscht, einfach wieder dorthin. Oder sie findet heraus, daß das Benagen einer Lieblingspflanze oder das Zerkratzen von Möbeln eine ebenso wirksame Drohung darstellt wie das Spritzen.

Wie bei hochintelligenten oder hyperaktiven Kindern kann das Leben mit einer klugen Katze darauf hinauslaufen, daß man den neuesten Trick rechtzeitig erkennt.

Lieber Mr. Neville

Wir haben uns fast daran gewöhnt, daß unsere Burmakatze Baroness spritzt, wenn sie aufgeregt ist oder wenn wir etwas Neues ins Haus bringen. Wir haben stets versucht, gut für sie zu sorgen und ihr viel Gelegenheit zu geben, neue Dinge zu erforschen. Wenn wir eine schlechte Zeit haben mit ihr, sperren wir sie ein Weilchen in die

Küche und gewähren ihr dann nur allmählich wieder Zutritt zum ganzen Haus, und das hat sich besser bewährt, als sie mit Medikamenten zu beruhigen. Aber letzte Woche fand sie etwas Neues zum Bespritzen, meinen Bratfisch mit Kartoffeln! Ich dachte, Katzen spritzen nicht über Nahrung?

Mit freundlichen Grüßen

Helen Drysdale

»Nein, Helen, sie sollten keine Nahrung bespritzen. Vielleicht war Ihr Bratfisch mit Kartoffeln so fad, daß Baroness erst etwas Essig zusetzen wollte, ehe sie davon aß. Ich würde mit dem Fischladen über die Qualität ihrer Bratfische reden, die die Katze offenbar nicht als Nahrung erkennen konnte. Vielleicht mochte sie aber die Zeitung nicht, in die die Mahlzeit eingewickelt war.«

Eine frivole Antwort, um meinen totalen Unglauben zu verdekken, daß eine Katze so etwas tut, und um zu verdecken, daß ich nicht weiß, was man da tun könnte. Den Fall von Baroness habe ich hier aufgeführt, um zu zeigen, daß es Situationen gibt, in denen wir Katzen weder erklären noch behandeln können. Wir glauben, die Mechanismen und Motivation eines Teils ihres Verhaltens zu kennen, und die Beschäftigung mit Problemen führe zu Ideen, wie man sie behandeln könne.

Und dann kommt eine Katze wie Baroness und bespritzt etwas, das man sogar als wirksames Abschreckmittel gegen Spritzen betrachtet hat. Nun ja, so bleibt man wach und nimmt bei Katzen niemals etwas für selbstverständlich. Was Helen angeht, soll sie ihre Fertigmahlzeiten doch beim Chinesen holen. Was Chinesen kochen, ist gewöhnlich für alle Katzen als Nahrung, nicht als Spritzobjekt, unwiderstehlich.

Kot absetzen

Für den Fall, daß Sie jetzt dieses Buch zuklappen und etwas essen gehen möchten, kommen wir nun zu einer anderen Art, in der Katzen markieren, die noch ekelhafter ist als Spritzen: Kot absetzen.

Lieber Mr. Neville

Seitdem wir vor ein paar Wochen umgezogen sind, setzt Snaggle, mein Kater, bei der Hintertür und bei den Treppen konsequent Kothäufchen ab. Ich hab' ihm Kistchen angeboten – es stehen jetzt sechs im ganzen Haus – aber wenn ich eines hinstelle, wo Snaggle beschmutzt hat, tut er das einfach ein bißchen weiter weg. Ich habe ihn nur einmal dabei erwischt, und als er mich sah, verhielt er sich völlig normal, als ob er nichts Unrechtes getan hätte. Wie kann ich dieses Verhalten abstellen?

Mit freundlichen Grüßen

Anne McLeish

Kot absetzen im Haus hat nichts mit dem Vorhandensein von Kistchen zu tun. Es ist eine bewußte Handlung; der Kot wird im Freien an ganz bestimmten Stellen abgesetzt, um Besitz anzuzeigen oder das Recht, einen bestimmten Platz oder bestimmte Wege zu benützen. Im Haus scheinen es vor allem Heimtiere zu tun, die bereits ein bißchen nervös und ängstlich waren und die dann eine große Veränderung durchmachen müssen. Dieselben Arten von Umwälzungen können die eine Katze zum Spritzen, die andere zum Kotabsetzen veranlassen. Nur ist Kotabsetzen schwieriger zu behandeln als Spritzen, denn es ist eine schärfere Reaktion und zeigt eine tiefere Verwirrung der Katze an. Kot wird gewöhnlich bei Türen oder auf von der Familie benutzten Wegen abgesetzt, denn hier kommen seltsame, unvertraute, herausfordernde Gerüche von außen mitten ins Zentrum des Territoriums der Katze hinein. Andere Katzen wählen auffälligere Stellen, um ihre Häufchen zu machen. Einige wollen ihr Durchgangsrecht auf Stühlen und Kühlschränken und in ihrem Bett bestätigen. Andere beschmutzen unsere persönlichen Gegenstände wie Stereo-Kopfhörer. Elektrische Geräte wie Fernseher und Videogeräte scheinen besonders beliebt. Und ich sah einmal einen Akrobaten, der zuoberst auf einer Türe die Kante beschmutzte, die er benutzt hatte, um von einem Schrank zum andern zu springen.

Viele Arten von wilden Katzen, auch Tiger, bedecken ihren Kot nicht immer, sondern lassen ihn als Markierung liegen. Ähnlich handeln andere Tiere wie Otter und Nerze, die ihre Marken auf Felsen und hohen Stellen entlang des Flusses setzen, um ihre Territorien abzugrenzen. Dominante Katzen, egal in welcher Umgebung, scheinen in ihren Territorien öfter hohe, wichtige Punkte mit Kot zu markieren als unterwürfige Katzen, und unkastrierte Kater hinterlassen Kot an Stellen, die auch andere Hauskatzen beanspruchen. Man betrachtet dies wohl am besten als die schwerste visuelle und geruchliche Bombe, völlig eindeutig im Vergleich zu den subtileren und haltbareren Botschaften, die durch Spritzer von Urin vermittelt werden können.

Heimkatzen, die im Haus Kot absetzen, müssen einfühlend wie Spritzer behandelt werden, nicht als schmutzige, hausverschmierende Katzen. Gefangenschaft in einem sicheren Käfig, etwa eine Woche lang, ist oft der erste Schritt, und dann wird die Katze allmählich in soviel Räume des Hauses entlassen, als sie verkraften kann. Manchmal sind das nur zwei Zimmer, aber wenn die Katze darin glücklich scheint, empfehle ich, keine weiteren Fortschritte zu forcieren. Nach klaren Umwälzungen wie Snaggles Umzug ist es immer ratsam, die neuen Räume, Nachbarn und den Garten Schritt für Schritt zu zeigen; Sedative während einigen Tagen können helfen. Es wäre auch gut, wenn die Besitzer die ersten paar Tage nicht viel neue Sachen heimbrächten und vor der Türe die Schuhe auszögen und in einen Schrank stellten, bis die Katze sich an den Geruch ihrer neuen Umgebung gewöhnt hat.

Ich bekomme wenig kotabsetzende Katzen zur Behandlung. Vielleicht heißt das, daß das Verhalten im Haus selten ist. Ich vermute allerdings, daß sehr viele unserer Heimkatzen, besonders in den katzenreichen Vorstädten, mit Kot markieren bei Streitigkeiten über Territorien oder wenn unklar ist, welche Katze zu welcher Zeit an einer bestimmten Stelle sein darf. Das Markieren geschieht meist nicht auf dem Territorium der Besitzer, oft auf einem benachbarten Schuppen oder Garagendach, auf Gartenwegen oder Katzenwegen entlang Gartenzäunen. Ich vermute auch, daß, wenn eine Katze im Haus Kothäufchen zu verteilen beginnt, die Toleranz und das Verständnis der Besitzer schnell erschöpft sind, und wenn das Bereitstellen weiterer Kistchen nichts nützt (was zu erwarten ist), die Katze nicht mehr lange im Haus bleibt. Wenn sie Glück hat, lebt sie von nun an draußen, hat aber noch denselben Besitzer. Oder sie wird in ein Katzen-Auffanglager gegeben. Da heißt, sie wird den höchstmöglichen Preis dafür bezahlen, daß sie Veränderungen und Herausforderungen gegenüber zu stark reagierte.

10

Die Toilette im Haus

Es gibt kein Tier, das in bezug auf persönliche Hygiene so heikel ist wie die Katze. Ihre ständige Sorge, sich selbst und ihr Heim sauberzuhalten, ist einer der Hauptgründe für die Beliebtheit der Katze. Manche Hunde und sogar Kaninchen können dazu abgerichtet werden, ein Kistchen zu benutzen, aber kein anderes Heimtier gräbt ein Loch, kauert sich drüber, macht sein Geschäft und deckt es zu. Ob die Katzen den Garten draußen oder das Kistchen drinnen benutzen, die große Mehrheit der Katzen macht nie den Fehler, unerwünschte Geschenke zu hinterlassen, es sei denn, sie sei krank oder wir hätten sie eingeschlossen. Eine Katze, die gezwungen wird, ihr Geschäft an einem anderen Ort als dem gewohnten zu verrichten, ist gewöhnlich noch eine ganze Weile verstimmt, so stark ist der Wunsch, ihr Heim oder ihren Schlafplatz nicht zu beschmutzen.

Woher kommt dieses Verhalten und warum brauchen Hundewelpen ein paar Wochen gespannte Aufmerksamkeit, bis sie stubenrein sind, während Kätzchen mit sechs oder zwölf Wochen schon mit sauberen Gewohnheiten ankommen? Wir können nur raten. Es muß ein Überlebensvorteil darin liegen, daß die Jungen sauber sind. Es werden so keine Raubtiere angezogen und Beutetiere werden nicht aufmerksam, so daß stets Nahrung in der Nähe ist. Amerikanische Verhaltensforscher meinen auch, das Vergraben des Kots unterbreche den Lebenszyklus von Eingeweidewürmern; die Katze und die noch zarten Kätzchen steckten sich so weniger an. Diese Theorie überzeugt mich aber nicht, denn ein Bandwurm muß sich im Muskelgewebe eines Nagetiers entwickeln und kann eine andere Katze nur infizieren, wenn sie dieses Nagetier frißt. Aber eine bessere Theorie habe ich auch nicht – nur, daß es sinnvoll scheint, daß eine Katze, wie ein Hund oder ein Mensch, ungern den Schlafort beschmutzt, weil es unangenehm ist, nahe bei Exkrementen oder im Feuchten zu liegen. Tiere, die das bedenkenlos tun, infizieren sich leichter durch Bakterien, Fungi etc. und sind so gegenüber denen, die in einem sauberen, trockenen Bett liegen, im Nachteil. Sie werden also die Kindheit nicht so zahlreich überleben, um ihre Hygiene-Gewohnheiten der nächsten Generation zu übermitteln.

Die Hygienebewußtheit der Katze im Nest ist von Geburt an vorbestimmt. Das junge Kätzchen ist körperlich außerstande, zu urinieren oder Kot abzusetzen, wenn seine Mutter nicht seinen Bauch und sein Hinterteil ableckt. Das nennt man den urogenitalen Reflex, der sicherstellt, daß sie sich nur erleichtern können, wenn die Mutter da ist, die sie sofort säubert. So wird das Nest saubergehalten, und Gerüche, die Räuber anziehen könnten, wenn sie abwesend ist, werden vermieden. Der Reflex kann bis zum Alter von fünf Wochen funktionieren, obschon die meisten schon mit drei Wochen selbständig urinieren und Kot absetzen können. Wie jeder weiß, der je Kätzchen von Hand aufzog, muß man sie ähnlich wie die Mutter körperlich stimulieren, damit sie Harn und Kot ausscheiden. Das tut man normalerweise nach dem Füttern, aber wenn das Kätzchen wächst, kann man es jederzeit dazu bringen, daß es sich passiv auf den Rücken legt und die Hinterbeine spreizt, um sich pflegen zu lassen. Ältere Kätzchen sind aktiver, sie spielen und laufen herum und brauchen keine besonderen Reize mehr, um sich zu versäubern.

Wenn die Kätzchen anfangen herumzukriechen und aus dem Nest zu fallen, kümmert sich die Mutter immer noch um ihre Bedürfnisse, und der urogenitale Reflex kommt auch außerhalb des Nests ins Spiel. Manchmal trägt sie die Jungen sogar aus dem Nest für diesen Zweck. Das beweist nicht nur, daß Kätzchen aus hygienischen Gründen unfähig sind, das Nest zu beschmutzen; es bringt ihnen auch im empfänglichsten Alter bei, dies ihr Leben lang nicht zu tun. Die früh gesetzte Abneigung sorgt dafür, daß folgende Generationen dasselbe Verhalten gelehrt werden. Sie ist auch sehr nützlich, um eventuell doch auftretende Probleme der Ausscheidung zu behandeln.

Außerhalb des Nests haben alle Kätzchen eine natürliche Tendenz, in loser Erde oder beweglichem Material zu scharren. Sie beobachten, wie ihre Mutter sich bemüht, ein Latrinenloch zu graben und nach Gebrauch zuzudecken, und das regt sie zur Nachahmung an. Auch bildet der Geruch einen Anziehungspunkt, wenn die Natur ihre Rechte fordert, und zieht das Kätzchen zu bestimmten Latrinen. Wenn sie mit sechs Wochen entwöhnt sind, benutzen sie schon weichen Boden für ihre Ausscheidungsfunktionen. Alles, was wir zu tun brauchen, wenn unsere Katze Junge haben darf, ist, ein passendes Kistchen für diese bereitzustellen, damit sie es in diesen wichtigen ersten Wochen erforschen und als ihre Toilette annehmen können. Der Übergang von Katzenstreu zu Erde, wenn die Katze später ins Freie darf, ist gewöhnlich problemlos, und das hilft der Katze, unser Heim als Ort anzusehen, wo man ißt und schläft, aber nicht sich versäubert. Für Wohnungskatzen eignet sich praktisch jede der unendlich vielen Arten von Katzenstreu, solange sie noch jung sind; später haben sie meist ihre Vorlieben und wechseln nicht gern.

Wenn Katzen in der Erde scharren, kann das einfach eine Reaktion auf die Anwesenheit von Kot sein; deshalb sieht man sie manchmal unermüdlich kratzen, auch wenn der Kot längst verdeckt ist. Andere kratzen in der Nähe oder neben dem Kistchen und anderen nahen Gegenständen, obschon sie sich überhaupt nicht wie Katzenstreu anfühlen. Für manche ist das Bedürfnis, zuzudecken, ungemein stark, und sie bedecken nicht nur ihren eigenen Kot, sondern auch den anderer Katzen. Katzen bei ihren Toilettegeschäften zuzuschauen, ist vielleicht nicht das größte Vergnügen, aber es ist interessant zu sehen, daß die Katze oft innehält, um am zugedeckten Kot zu schnuppern. Dann scharrt sie weiter, bis sie befriedigt ist von der Stärke des Geruchs. Das kann entweder heißen, daß er nicht mehr wahrnehmbar sein sollte, damit keine Aufmerksamkeit erregt wird, oder daß der Geruch noch durch die Erde dringen sollte, um andere Katzen aufmerksam zu machen. Das wäre dann eine Art von Markierung mit Kot. An der Luft würde der Kot den Geruch zu schnell verlieren. Wieder läßt uns unser Geruchssinn im Stich. Gewiß, Katzenkot riecht weithin und stark, aber wir können das zarte Geruchspaket nicht interpretieren.

Im großen und ganzen passen Katzen gut zu uns, schon weil wir nichts dazu tun müssen, daß sie stubenrein sind. Entweder sind sie völlig zufrieden und gewöhnt, ein Kistchen zu benutzen, und versuchen es zu erreichen, sogar wenn sie sehr krank sind, oder sie gehen in den Garten. Da der Garten des Nachbars weiter weg ist vom Zentrum der Welt unserer Katzen, gehen sie vielleicht lieber dorthin. Das kann zu Auseinandersetzungen führen, besonders wenn der Nachbar eben sein Gemüsebeet umgestochen und dabei die weiche Erde an die Oberfläche befördert hat, die viele Katzen als Latrine bevorzugen. Andere lassen mit Absicht ihren Kot unbedeckt oder nur teilweise bedeckt als deutliche Herausforderung an andere Katzen, und auch dies geschieht meistens vom eigenen Haus entfernt. Aber da das Territorium unserer Katze, Haus und Garten, an das anderer Katzen grenzt, bekommen wir etwa ebenso viel, wie wir geben, und unter Katzenhaltern gleicht sich das aus. Wer keine

Katzen hält, ist allerdings wenig überzeugt von der Düngung seiner Gärten durch unsere Katzen. Aber wenn Sie das ernsthaft ärgert, können Sie sich ja einen energischen Hund anschaffen, um sicher zu sein, daß keine Katze den Mut haben wird, die so ungeschützte Haltung in Ihrem Garten anzunehmen.

Die Aufregung, die der Besitzer eines Kätzchens empfindet, das nie völlig stubenrein geworden ist, oder schlimmer, einer Katze, die plötzlich anfängt, ihr Heim zu beschmutzen, kann sehr groß sein. Einer der wichtigsten Gründe für die Wahl einer Katze wird hinfällig, wenn sie das unverwechselbare Paket mitten auf dem Teppich, hinter einem Sessel oder, am schlimmsten, einen feuchten Fleck im Bett oder auf der Morgenzeitung hinterläßt. Einen gelegentlichen Unfall oder Unsauberkeit wegen Krankheit akzeptieren wir meistens, aber Dauerprobleme machen etwa ein Viertel aller mir überwiesenen Fälle aus. Das steht im Gegensatz zu der sehr kleinen Anzahl analoger Hundeprobleme, die ich behandeln muß. Vielleicht sind Hunde sogar sauberer als die reinlichkeitsbewußten Katzen, oder es liegt daran, daß wir uns die Schuld geben, weil wir für den Ausgang des Hundes zu sorgen haben. Vielleicht erregt Hundekot einfach weniger Ekel, liegt offener da oder riecht weniger lang als Katzenkot.

Medizinische Probleme und ihre Folgen

Lieber Mr. Neville

Seit mein Kater Markus vor ein paar Wochen eine Blasenentzündung hatte, uriniert er konsequent im ganzen Haus herum, Kot landet immer noch im Kistchen, aber urinieren tut er, wo immer es ihm gefällt. Die Blasenentzündung wurde vom Tierarzt geheilt, also liegen keine medizinischen Gründe vor. Wissen Sie, wie so etwas zustande kommt, und kann ich etwas tun, um Markus wieder stubenrein zu bekommen?

Hochachtungsvoll

Leonorah Jones

Medizinische Krankheiten, vor allem Blasenentzündung und milde Arthritis, die am häufigsten bei älteren Katzen auftreten, haben sehr oft den Zusammenbruch der Reinlichkeitsgewohnheiten zur Folge. Kot wird zwar immer noch im Freien oder im Kistchen abgesetzt, aber uriniert werden muß viel häufiger, so daß die Katze öfters von ihrem Drang überrascht wird.

Mit dem Alter wird der Schließmuskel der Blase lockerer, so daß es schwieriger ist, Urin zurückzuhalten, und auch Arthritis kann das Zurückhalten noch schmerzhafter machen, so daß die Katze häufiger urinieren muß. Das kann sie zwingen, es an anderen Orten als im Kistchen zu tun, weil sie nicht rechtzeitig bis dorthin kommt oder weil das Gehen wehtut. Manche Katzen bringen den brennenden Schmerz des Urinierens mit dem Kistchen in Verbindung, wenn sie Blasenentzündung haben, und vermeiden es tunlichst, um »weniger gefährliche« Stellen zu suchen. Sind einmal neue Stellen als Latrinen gewählt, so können sie es lange, nachdem die medizinische Krankheit geheilt und der Schmerz gelindert oder behoben ist, bleiben. Es ist, als ob sich eine neue Assoziation der verschiedenen Unterlagen wie Teppichen und weichen Stoffen mit Katzenstreu gebildet hätte. Viele Fälle geben sich mit der Zeit, aber man kann dabei helfen, indem man an die Erfahrungen der Katze als junges Kätzchen anknüpft.

Während der Behandlung der medizinischen Probleme ist es oft ratsam, die Katze in engeren Räumen als gewöhnlich zu halten. Ein Raum, am besten das Badezimmer, stellt sicher, daß die Katze nie mehr als ein paar Schritte vom Kistchen entfernt ist. Wenn es keine günstigen kleinen Räume gibt, ist eine größere Anzahl von Kistchen aufzustellen. Damit wird bezweckt, daß die Katze einen möglichst kurzen Weg hat, wenn sie urinieren muß, und daß die Assoziation mit der Streu als ihrer Latrine während der Behandlung aufrechterhalten bleibt, so daß kaum zu befürchten ist, daß sie anderswo uriniert. Jedesmal, wenn die Katze den Drang dazu verspürt, wird sie nahe bei einem Kistchen sein und durch »sukzessive Approximation« alles richtig machen, weil sie keine Gelegenheit hat, es falsch zu machen. Nach ein paar Tagen konsequenter Kistchenbenutzung gibt man der Katze mehr Freiheit, stellt ein Kistchen in jeden Raum, bis die medizinischen Aspekte des Problems gelöst sind. Nachher kann man die Anzahl der Kistchen schrittweise verringern, bis nur noch die ursprünglichen da sind. Aber alte Katzen brauchen stets kleine

Räume, wenn sie unbewacht sind, oder mehr Kistchen im Haus, wenn sie besonders steif und arthritisch sind.

Ähnliche Latrinen-Assoziationsprobleme sieht man, wenn auch seltener, bei Katzen, die an Durchfall leiden. Das kann nach Magenverstimmung auftreten oder als Sekundärproblem nach einer Infektion der oberen Atemwege, wenn zuviel Schleimaufnahme zu Durchfall führt. Eine ähnliche Behandlung läßt sich gewöhnlich erfolgreich anwenden.

Lieber Mr. Neville

Als meine Katze krank war, verschrieb ihr der Tierarzt Pillen, die dreimal täglich einzunehmen waren. Fantasia, meine Katze, lernte rasch, sich zu verstecken, wenn es Zeit für die Pille war, und ich mußte sie erwischen, wenn sie erschien. Das ging am besten, wenn sie auf ihrem Kistchen saß. Wir brauchten die Pillen auf und dank meinem Tierarzt ist sie wieder gesund, außer, daß sie ihr Kistchen nicht mehr konsequent benützt. Sie hat angefangen, andere Stellen zu suchen, in einer Ecke des Wohnzimmers und hinter einem Stuhl im Schlafzimmer. Ich habe das Gefühl, wir sind vom Regen in die Traufe gekommen. Wie kann ich ihr beibringen, daß sie keine Pillen mehr zu erwarten hat und das Kistchen wieder benutzen sollte?

Mit freundlichen Grüßen

Serena Cuthbertson

Du lieber Himmel! Es ist niemals weise, jemand zu übervorteilen, wenn er ohne Deckung ist, egal wieviel leichter das Leben im Augenblick scheint. Fantasia bringt das Kistchen nun deutlich mit einem gefährlichen Ort in Verbindung, wo unangenehme Dinge passieren können. Da Fantasia nun sichere Ecken oder Stellen hinter Stühlen aufsucht, damit man sie nicht stören kann, sollten die Besitzer das Kistchen in eben eine solche Ecke stellen oder noch besser in eine Ecke und unter einen Tisch, damit ein »Angriff« von oben nicht möglich ist. Schon die Umstellung wird die Assoziation der Katze vermindern. Noch wichtiger ist es, ein Kistchen mit Dach zu kaufen oder eine Kartonschachtel über das Kistchen zu stülpen, innerhalb des Randes, damit die Streu im Kistchen bleibt. Ein Loch von der Größe einer Katzentür sollte an einem Ende hineingeschnitten werden. Wenn sie drin ist, sollte die Katze sich sicher fühlen. Diese Einrichtung simuliert die Gegend, die viele Katzen im Freien als Latrine wählen, zum Beispiel unter einem niedrigen Busch neben einer Mauer. Viele Katzen sind nicht so ängstlich und verrichten ihr Geschäft ohne weiteres auf offener Fläche, besonders auf frisch gerechtem Boden, aber wie der sprichwörtliche Vogel Strauß drehen sie Zuschauern den Rücken zu und machen sich vielleicht vor, es gebe keine. Unnötig zu sagen, daß Probleme wie Fantasias vermieden werden können, wenn man beachtet, daß man eine Katze niemals, aus welchem Grund auch immer, stören sollte, wenn sie ihr Kistchen aufsucht, und draußen auch nur, wenn sie das Beet beschmutzt, in dem Sie ihr Gemüse pflanzen wollen.

Frühes Lernen

Lieber Mr. Neville

Ich habe vor kurzen zwei verlassene, verwilderte Kätzchen aufgenommen, etwa drei Wochen alt. Ich muß sie von Hand aufziehen. Pflichtbewußt kitzle ich sie nach dem Füttern an Bauch und Popo, aber bis jetzt haben sie in der Streu, auf die ich sie dann setze, nicht gescharrt. Kann man sie scharren lehren oder machen sie das mit der Zeit ohnehin?

Mit freundlichen Grüßen

Linda Court

Eins der Probleme beim Aufziehen von Hand besteht darin, daß wir die Ernährungsbedürfnisse der Kätzchen jetzt bestens befriedigen können, aber wir verlassen uns im übrigen auf ihr instinktives Verhalten, das sich ohne Hilfe entwickeln sollte. Normalerweise ist das der Fall, und man dürfte erwarten, so junge Kätzchen zeigten die Grabreaktion in der Streu bald. Dennoch können wir nie die Instruktionen der Mutter ganz ersetzen und auch nicht die Möglichkeit, daß die Kätzchen das Verhalten der Mutter beobachten und lernen. Hier wird es helfen, die Pfoten der Kätzchen nach dem Füttern sanft in der Streu zu bewegen, und vermutlich kapieren sie es bald. Noch stärker wird die Gewohnheit, wenn sie einer Katze beim Graben einer Latrine zuschauen können. Wichtig ist, den Kätzchen viel Gelegenheit zu geben, in Streu zu spielen und sie umherzuschieben, als Vorspiel zum Graben kleiner Löcher.

Das Fehlen einer frühen Gelegenheit, Streu oder losen Boden kennenzulernen, kann dazu führen, daß ein verwildertes Kätzchen aus der Stadt dies nie als Latrine ansieht. Selbst wenn es nachher erfolgreich gezähmt wird, kann es Schwierigkeiten haben bei der Benutzung von Streu, da es auf Beton oder hartem Boden aufgewachsen ist. Offenes Urinieren und Absetzen von Kot ist zur Gewohnheit geworden, und es kann schwierig werden, sie an Latrinen zu gewöhnen, wie wir sie gerne sähen. Zum Glück können die meisten Fälle gelöst werden, indem man ihnen eine Weile lang in engem Raum feinkörnige Streu anbietet. Die meisten Katzen können der Versuchung, in trockenem feinem Sand zu scharren, nicht widerstehen, und wenn sie einige Tage lang keine andere Möglichkeit haben, ändern sie ihr Verhalten bald.

Wenn ältere Katzen in den Genuß des Luxus kommen, den ein Leben im Haus bietet – vielleicht haben sie sich verlaufen oder sind ausgesetzt worden –, so ist es möglich, daß sie ihr Geschäft auf harten Flächen verrichten mußten, solange sie wild lebten. Auch sie werden etwas Zeit und die erzwungene Gelegenheit brauchen, bis sie wieder Streu benutzen. Bei ihnen mag es helfen, zuerst Erde ins Kistchen zu legen und dann langsam immer mehr von der saubereren käuflichen Streu dazuzugeben. Werden ausgewachsene verwilderte Katzen gefangen und gezähmt (eigentlich sollte man sie kastrieren, behandeln und wenn immer möglich an ihren Platz zurückbringen), kann die Anpassung an den Gebrauch des Kistchens sehr langsam sein, ist aber meist überraschend schnell vollzogen. Oft glauben die Zähmer, die Benutzung des Kistchens durch die verwilderte Katze sei der erste Schritt der Zähmung. Das ist nicht so. Die Katze tut einfach, was natürlich ist.

Ein Rat zur Vorsicht für unerfahrene Katzenzüchter. Holen Sie niemals Erde aus dem Garten herein als Unterlage für junge, noch nicht geimpfte Kätzchen. In Erde kann viel Ansteckendes enthalten sein, das zu schwerer Krankheit und sogar zum Tod führt. Aber man kann gewöhnlicher Katzenstreu den Geruch von Erde beigeben und damit den Übergang von Streu zu Erde erleichtern, wenn die Kätzchen alle Impfungen hinter sich haben und mit zwölf bis vierzehn Wochen ins Freie gelassen werden können. Der sterile Geruch von Erde ist in Form eines Produkts namens »Tray Trainer« erhältlich. Er hilft auch, Katzen an Streu zurückzugewöhnen, wenn sie wegen Krankheit oder Verhaltensproblemen nicht nach draußen können; Katzenpensionen verwenden es mit Vorliebe. Der Geruch der Katzenlatrine ist es, der die Kätzchen zu ihr führt. Kätzchen, die das Kistchen nicht finden oder es nicht leicht als Latrine annehmen, können oft geleitet werden, indem man ihren anderswo deponierten Kot nicht fortwirft, sondern ins Kistchen legt. Das nächstemal wird es das Kistchen gerne benutzen und vielleicht sogar auch das ältere, fehlplazierte Häufchen zuzudecken versuchen.

Die Nähe von Futter

Lieber Mr. Neville

Als wir unser Kätzchen bekamen, waren wir entzückt über seine Reinlichkeit. Wir gaben uns fleißig mit ihm ab, kauften ihm alles mögliche Spielzeug und richteten in der Küche seine eigene Ecke ein mit Bett, Futter und Kistchen. Nach ein paar Wochen benutzte der Kater sein Kistchen nicht mehr und fing an, die Türmatte an der Hintertür zu beschmutzen. Er schläft immer noch in seinem Bett und ißt sein Futter, aber er will sein Kistchen nur benutzen, wenn wir es auf die Türmatte stellen oder sonstwie aus seiner Ecke entfernen. Wir haben nur eine kleine Küche, und das ist ziemlich lästig. Gibt es etwas, das wir tun können?

Hochachtungsvoll

Sheila und Michael Pryce-Jones

Ist es nicht seltsam, daß viele Leute glauben, Katzen seien auf ihrer Toilette so reinlich, daß sie sogar daneben essen. Wir selbst würden nicht im Traum daran denken, unser Essen in die Toilette mitzunehmen, aber in unserem Drang, die Bedürfnisse unserer Tiere zu rationalisieren, erwarten wir genau das vom saubersten und sensibelsten unserer Haustiere. Genau wie Futter eine Katze davon abhalten kann, im Haus zu spritzen, kann es die Katze auch daran hindern, ihre liebste Toilette, das Kistchen, zu benützen, wenn dieses zu nahe plaziert ist. Futter muß stets so weit als möglich von Kistchen entfernt sein, damit die Katze nicht gezwungen ist, andere, unerwünschte Latrinen aufzusuchen. Meist fangen die Katzen aus diesem Grund an, das Haus zu beschmutzen, und das ist so leicht vermeidbar.

Assoziation mit der Latrine

Lieber Mr. Neville

Mein Kater Fred entwickelte sich als Kätzchen ganz normal und war sehr sauber. Aber plötzlich, mit etwa vier Monaten, begann er an drei oder vier Orten im Haus den Teppich als Latrine zu benutzen und weigert sich jetzt, aufs Kistchen zu gehen, ob es sich um Urin oder Kot handelt. Wir haben wenigstens zwei Kistchen in jedem Raum, aber er ignoriert sie alle und geht zu einem seiner selbstgewählten Plätze. Stellen wir ein Kistchen dorthin, so sucht er sich einfach eine neue Stelle. Was können wir tun?

Mit freundlichen Grüßen

Jodi Burton

Hin und wieder kommt eine Katze zum Schluß, die Streu oder das Kistchen und sein Platz seien als Latrine nicht akzeptabel, selbst wenn nirgends in der Nähe Futter steht. Das kann aus allgemeiner Nervosität geschehen oder einfach, weil die Katze Teppich angenehmer findet. Wenn die neue Unterlage fest angenommen ist, ist es unwahrscheinlich, wenn nicht unmöglich, daß die Katze von sich aus wieder aufs Kistchen geht. Statt dessen muß man die Gelegenheit, Teppiche zu verschmutzen, herunterschrauben, so daß sie eine andere Unterlage wählt. Dies geschieht, indem man sie kurze Zeit in einen teppichfreien Raum, die Küche oder das Badezimmer, einsperrt, mit einem Kistchen, das mit Teppich belegt ist. Gewöhnlich ist die Katze von dieser Geste beeindruckt und benutzt das Kistchen bereitwillig. So wird die Idee eingepflanzt, daß man sich an diesem Ort versäubert. Das Teppichstück wird dann dünn bestreut mit einer leichten Streu oder Holzspänen oder unbedruckten Papierfetzen. Nach jeder Reinigung wird diese Schicht dicker angebracht, und nach ein paar Tagen guten, konsequenten Gebrauchs wird das Teppichstück ganz entfernt.

Die Katze bekommt nach und nach mehr Freiheit im Haus und die Idee, daß Versäuberung im Haus auf einer bestimmten Oberfläche, an einem bestimmten Ort und in ein bestimmtes Gefäß zu geschehen hat, wird sich festgesetzt haben. Das beste Ergebnis wird erzielt, wenn die Katze wenigstens zwei Wochen lang keinen unüberwachten Kontakt mit Teppichen hat.

Das Reinigen unerwünschter Latrinen ist so wichtig wie das Reinigen von Spritzplätzen im Haus. Dasselbe System mit biologischem Waschmittel und Alkohol, wie im Kapitel 5 beschrieben, sollte angewendet werden. Die gereinigten Stellen sollen vollkommen trocken sein, ehe die Katze wieder, unter Überwachung oder nicht, dorthin gelassen wird. Keine chlor- oder ammoniakhaltigen Reiniger – wie es die meisten Haushaltsreiniger sind – sollen benutzt werden. Bleichmittel sind sehr giftig für Katzen, und man soll sie überhaupt nicht an Orten verwenden, die der Katze zugänglich sind, schon gar nicht beim Kistchen.

Der Geruch einer Latrine ist offenbar so wichtig wie die Unterlage oder die Plazierung, er zieht die Katze an und bestätigt ihr, daß es sich hier um eine Latrine handelt. Es ist deshalb wichtig, sehr gründlich zu putzen, um alle Spuren des Geruchs zu beseitigen. Leider wird man stark verschmutzte Teppiche und Möbel wegwerfen müssen, wenn die Behandlung Erfolg haben soll.

Nochmals: In meiner Erfahrung nützen alle käuflichen Abschreckmittel nichts, so wenig wie die herkömmlichen Methoden wie das Streuen von Pfefferstaub. Futter kann aber wie ein Abschreckmittel wirken, wenn man es nach der Reinigung auf die unerwünschten Latrinenplätze stellt (s. Kapitel 5).

Lieber Mr. Neville

Mehr als acht Monate haben wir versucht, unserem Perserkaterchen, Khan, Stubenreinheit beizubringen, aber er scheint einfach nicht zu begreifen, wozu ein Kistchen dient. Wir haben vergeblich alle möglichen Arten von Kistchen, Streu und Aufstellungsorten versucht. Er geht einfach, wo und wann es ihm behagt, selbst vor unseren Augen. Er weiß ganz einfach nicht, was sich gehört, aber im übrigen ist er ganz normal und liebevoll. Wir haben es mit Freundlichkeit versucht und mit Bestrafung, obschon wir wußten, daß dies kaum hilft. Können Sie bitte helfen? Sonst müssen wir ihn entweder einschläfern lassen oder sein ganzes Leben in einem Käfig halten.

Hochachtungsvoll

Anna Selwood

Der Versuch, mit einem Kätzchen fertigzuwerden, das keinerlei Assoziationsverhalten zur Versäuberung zeigt, kann seine Besitzer zur Verzweiflung bringen, wie Khan seine Halter. Aus irgendeinem, sicher durch die hohe Züchtung verursachten, Grund sind es meistens Perserkätzchen, die nicht lernen. Mehr als die Hälfte meiner Fälle von Hausbeschmutzung betreffen diese Rasse, und das ist schade, weil sie zu teuer sind, um einen solchen Nachteil mitzubringen. Sie sind auch für viele Leute zu schön, um im Haus nicht reinlich zu sein, und ihre Besitzer verlieren beim Versuch, sie sauber zu bekommen, die Geduld. Da Perser viel Pflege und Bürsten brauchen, fühlen sich ihre Besitzer geprellt, und da Perser im allgemeinen nicht für das Leben im Freien bestimmt sind, kann man sie auch nicht für den Großteil des Tages hinausbefördern.

Mit äußerst schweren Fällen von Versagen bei der Stubenreinheit oder mit Kätzchen kann man wirklich nur eine Behandlung versuchen. Sie ist nicht immer erfolgreich, denn die Anwesenheit anderer Katzen kann den Sünder beeinflussen, aber sie hat ein paar hartnäkkige Verschmutzer zur Reinlichkeit gebracht. Die Katze wird wie vorher in ein Gehege gesetzt, aber mit nur ihrem Bett und sehr wenig Bodenfläche drin. Zum Füttern wird sie herausgenommen und bekommt mehr Wasser als sonst. Die Bodenfläche im Gehege ist mit möglichst feiner, leichter Streu bedeckt. Die Katze wird gewöhnlich von ihrem Bett weggehen wollen, um zu urinieren oder Kot abzusetzen, und wird das auch in ihrem Gehege tun. Macht sie aber aufs Bett, so wird das durch ein katzengroßes Stück Teppich ersetzt. Der Katze bleibt dann nichts übrig, als sich auf dem streubedeckten Boden zu versäubern. Allmählich wird die Bodenfläche verkleinert. Im Lauf von vierzehn Tagen soll sie die Größe eines Kistchens erreicht haben. Hierauf legt man unter die Streu eine Plastikfolie ohne Seitenwände, und später wird ein sehr flaches Kistchen mit Streu drin hingestellt. Gewöhnlich geht die Katze die ganze Zeit hindurch auf die Streu und akzeptiert Schritt für Schritt immer kleinere Latrinen. Die Fläche im Käfig, auf der vorher Streu lag, kann auch mit Näpfen voll Trockenfutter überstellt werden, um die Katze zu zwingen, die Streu zu benutzen, wiederum in der Annahme, daß die Katze Futter und Latrine getrennt haben möchte. Der einzige Nachteil bei dieser Methode ist der, daß Perser häufiger als sonst gebürstet und gesäubert werden müssen, vor allem am Anfang ihrer Gefangenschaft.

Aber wenn alles gut geht, wird die Bindung an Katzenstreu ebenso stark wie bei einer Katze, die das von sich aus gelernt hat, und man kann die Patientin aus dem Käfig zuerst in einen andern Raum gehen lassen und dann allmählich in andere.

Warum vor allem Perser? Sie haben vielleicht eine angeborene Interesselosigkeit für lose Streu, oder sie sind einfach langsamer oder unfähig, das Toiletteverhalten ihrer Mutter als etwas Nachahmenswertes zu sehen. Wahrscheinlich ist aber, daß das Verhalten bei der Mutter nicht entwickelt ist und das Kätzchen nicht durch Beobachten lernen kann. Schlechtes Mutterverhalten, ob bei Rassekatzen oder Mischlingen, kann beim Kätzchen alle möglichen Probleme verursachen, von ungehörigem Toiletteverhalten bis zum Tod durch Vernachlässigung. Aber ein schlechtes Mutter-Vorbild liegt nicht am Grunde jeden Falles, denn vollkommen stubenreine Perserinnen haben manchmal ein Kätzchen, das ihrem Beispiel nicht folgt. Was nötig ist, ist besondere Aufmerksamkeit der Züchter; Sie sollten solche Kätzchen so früh wie möglich erkennen und sie besonders an Streu gewöhnen, ihre Pfoten führen, damit sie darin graben, und sie zum Spielen in Streu anregen. Dann kommen vielleicht ein paar weniger zu mir. Ich will aber gerecht sein; ich sehe nicht viele Perser; sie sind nur einfach die schwierigsten Patienten, wenn es um mangelnde Stubenreinheit geht.

Ann Selwood hat sich vor Verzweiflung und wider besseres Wissen dazu hinreißen lassen, Khan für seine Fehler im Haus zu strafen. Jede Strafe ist sinnlos einer hausbeschmutzenden Katze gegenüber, besonders der alte Blödsinn, ihre Nase im Dreck zu reiben. Die arme Katze wird keine Ahnung haben, was da vor sich geht; Sie erlebt nur, daß gewöhnlich freundliche, mütterliche Besitzer sich erschreckend und unverständlich benehmen. Das gilt auch für die Katze, die man eben dabei erwischt; sie weiß von keinem Verbrechen, als daß sie sich erleichtern wollte. Keine Strafe wird das Toiletteverhalten zum wartenden Kistchen dirigieren oder sonst etwas bewirken, außer, daß die Katze sich zu fürchten beginnt, wenn die Besitzer sich ihr nähern. Und eine nervöse Katze hat weniger Kontrolle über ihre Blasen- und Darmschließmuskeln. Die geduldige Anwendung einiger weniger, einfacher Methoden ist die einzige Möglichkeit, eine Katze, die das Haus beschmutzt, zu behandeln; niemals aber negatives Konditionieren.

Kistchen reinigen

Lieber Mr. Neville

Als wir nur Morris hatten, fanden wir nie einen feuchten Fleck im Haus außer im Kistchen. Dann beschlossen wir, Morris eine kleine Freundin, Marla, beizugeben, und seither gibt es gelegentlich Pfützen auf dem Küchenteppich neben dem Kistchen. Sollten wir das Kistchen häufiger putzen oder mehr als eines bereitstellen?

Hochachtungsvoll

Brigitte und Ulivia Simons (9 und 11 Jahre)

Katzen mögen schmutzige Kistchen nicht. Wenn doppelt soviel hineinkommt, weil doppelt soviel Katzen da sind, muß man die Anzahl der Kistchen erhöhen oder, noch besser, sie häufiger reinigen. Wahrscheinlich mag es die Katze nicht, auf feuchter Streu zu stehen, noch liebt sie den Geruch einer überbeanspruchten Unterlage. Es kann nützlich sein, die Streu allmählich gegen eine besonders absorbierende auszuwechseln, die bei Nässe Klumpen bildet und so Geruch und Feuchtigkeit konzentriert. Aber einen wirklichen Ersatz für regelmäßige Reinigung gibt es nicht. Manche Katzen teilen das Kistchen ungern selbst mit Freunden, und da kann man nichts machen, außer mehrere Kistchen bereitstellen oder das einzige nach jedem Gebrauch reinigen. Wieder hilft dabei die klumpenbildende Streu, die man eine Weile lang bloß wegzunehmen braucht; völliges Auswechseln der Streu wird weniger oft nötig.

Bevorzugte Unterlagen

Lieber Mr. Neville

Wir verwendeten früher eine graue, erdeähnliche Streu für unsere Katze, aber in unserer neuen Wohnung ist sie umständlich die Treppen hochzutragen. Das Abwärtstragen ist dann noch schwerer, und so gingen wir zu einer Streu aus parfümierten Holzkügelchen über. Aber seither benützt Tom sein Kistchen ungern, und wir mußten zur grauen Erde zurückkehren. Ich hätte geglaubt, die Kügelchen seien hygienischer für ihn, und wäre froh, wenn er sie annähme. Können wir etwas tun?

Mit freundlichen Grüßen

Pauline und Bertie O'Sullivan

Katzen können sich sehr fest an eine bestimmte Art Streu gewöhnen, und ein plötzlicher Wechsel von grauen Erdkörnern zu Holzspan-Kügelchen ist für sie eine weit größere Veränderung, als uns bewußt ist. Vielen paßt moderne, leichte Streu nicht, und andere werden regelrecht abgeschreckt durch das Parfüm, das menschlichen Nasen gefallen soll. Das scheint besonders der Fall bei Streu, deren Parfüm erst wirksam wird, wenn sie vom Urin der Katze naß wird. Der Duft wohlriechender Kiefern kann die Katze vom Scharren abhalten und ihn vielleicht überhaupt das Kistchen verleiden. Dann sieht man die Katze entmutigt und verwirrt nach weniger beunruhigenden Latrinenplätzen suchen, als ihr Kistchen es ist, und schnell den Teppich oder sonst einen Ort als Latrine wählen. Wählen Sie also die Streu für Ihre Katze mit Sorgfalt und ändern Sie sie nie auf einen Schlag, da dies ihre Versäuberungsgewohnheiten sehr rasch zusammenbrechen lassen kann. Ich nehme an, daß die leichte Streu, weil sie lange vorhält und den meisten Katzen zusagt, bald die beliebteste im Vereinigten Königreich wird, wie sie es schon in den USA ist. Die Tage der großen, schweren Säcke von Erde-Streu sind gezählt.

Wo sich eine Änderung aufdrängt, soll man die alte Streu schrittweise durch die neue ersetzen im Lauf von einer Woche, damit sich die Katze allmählich an die neue Struktur und den neuen Geruch gewöhnen kann. Ein wenig feuchte Streu vom Vortag sollte der neuen Mischung beigegeben werden, damit die Katze den Geruch erkennen kann. Diese Technik nützt auch, wenn man eine Katze daran gewöhnen will, das Kistchen wieder zu benutzen, nachdem sie das nicht mehr getan hatte; sie hilft ihr, die Latrine als das, was sie ist, zu erkennen. Die Kistchen von Katzen, die das Haus verschmutzen, sollten nie allzu oft gereinigt werden, damit die Assoziation mit der Latrine nicht unterbrochen wird. Alle zwei Tage pro Katze, das heißt einmal täglich pro Katze, wenn es zwei sind, ist etwa richtig für ein Kistchen von durchschnittlicher Größe, und das kann man auf einmal täglich pro Katze erhöhen, wenn das Verschmutzungsproblem gelöst ist. Das ist ein bißchen weniger hygienisch, als gewöhnlich empfohlen wird, aber wenn man die üblichen Vorsichtsmaßnahmen, das Kistchen zu waschen und Gummihandschuhe zu tragen, trifft, ist kein größeres Risiko für den Besitzer dabei, und die Behandlung wird helfen. Natürlich muß die Katze jederzeit entwurmt sein.

Lieber Mr. Neville

Unser Kater Roger ist nicht sehr gescheit, sondern hilft sich mit feigem Bluff durchs Leben. Das heißt, bis er sein Kistchen verpaßt. Er weiß genug, um zum Kistchen zu gehen, scheint aber unfähig, seine Sache in die richtige Richtung zu lenken. Meistens klettert er ins Kistchen und hängt dann mit dem Hintern über die Seite, so daß seine Geschenklein auf den Boden fallen. Legen wir Papier unter das Kistchen, geht er überhaupt nicht hinein, sondern kauert sich außen nieder. Ist Roger dumm oder machen wir etwas falsch?

Mit freundlichen Grüßen

Mary und Alan White

Roger hat wenigstens ein paar Dinge kapiert. Offensichtlich weiß er, daß in der Gegend des Kistchens seine Latrine ist, aber nicht, welche Stellung er einnehmen muß, und wie er Urin und Kot in die Streu praktizieren kann. Offenbar gräbt er auch kein Loch, was denken läßt, seine frühe Erziehung sei unvollständig gewesen oder unterbrochen worden.

Manchen Katzen mit diesem Problem braucht man bloß ein größeres Kistchen zu geben, oder eins mit höheren Seitenwänden; die übliche Behandlung ist aber, die Möglichkeit eines Irrtums durch vorübergehendes Einschließen zu vereiteln und ihm ein Kistchen mit Dach zu geben, so daß er nicht mit dem Hinterteil heraushängen kann. Allerdings gibt es viele Katzen mit ungenügenden Kistchengewohnheiten, die ein gedecktes Kistchen ungern betreten; sie sehen es nicht als den sicheren Ort an wie die meisten anderen Katzen. Für sie ist es vielleicht eine Einschränkung, die auf einer alteingesessenen Antipathie gegen das Kistchen beruht. Deshalb hilft eine dachlose Bedeckung das Ziel der Katze definieren, ohne daß sie sich eingeschränkt fühlt, und wenn eine feinkörnigere Streu dazukommt, sollten Roger und seine liebenswerten Leidensgenossen keine Fehler mehr machen. Wenn möglich sollte man solchen Katzen auch zeigen, wie man gräbt, indem man ihre Pfoten entsprechend bewegt, falls sie es erlauben. Erschrecken sie aber über diesen Versuch, soll man sofort aufhören, sonst mag die Katze vielleicht nicht einmal mehr in die Nähe des Kistchens gehen.

Lieber Mr. Neville

Puss, unser getigertes Weibchen, uriniert oft ins Bad oder in den Küchenspültrog anstatt in ihr Kistchen oder draußen. Gibt es einen Grund hierfür? Es ist kein großes Problem, weil das schnell weggespült ist, aber wir müssen natürlich daran denken, bevor wir Geschirr spülen oder ein Bad einlaufen lassen.

Mit freundlichen Grüßen

Stella und Norman Smith

Eine ganze Anzahl von Katzen haben diese Gewohnheit, aber gewöhnlich wird sie nur als Problem empfunden, wenn Kot abgesetzt wird. Vielleicht dringen latrinenähnliche Gerüche aus der Kanalisation herauf, die die Katze anziehen, oder vielleicht erscheinen Spültrog und Bad der Katze als hübsche, rundum geschützte Latrine, angenehmer als das offene Kistchen.

Es lohnt sich immer, genau zu beobachten, wie die Katze vorhandene Einrichtungen benutzt und sie angenehmer macht, indem sie sie umstellt, zudeckt oder die Streu verändert. Nachher kann man einfach das Bad oder den Spültrog mit ein paar Zentimeter Wasser füllen, wenn sie nicht in Gebrauch sind; das schreckt die meisten Katzen ab. Kann man im selben Raum ein Kistchen hinstellen, ist zu hoffen, daß die Katze dorthin geht, wenn Bad oder Spültrog inakzeptabel geworden sind. Man kann so weit gehen, Streu ins Bad zu geben und dann in ein Kistchen, das ins Bad gestellt wird. Das Kistchen wird jeden Tag höher und schließlich aus der Wanne herausgestellt, hierauf auf einen Stuhl und auf den Boden und zum Badezimmer hinaus. Das scheint etwas umständlich, funktioniert aber meistens. Für die Küche ist es aus hygienischen Gründen nicht zu empfehlen. Die Wassermethode ist auf jeden Fall besser.

Nervöses Urinieren

Lieber Mr. Neville

Mimi ist eine so schüchterne Katze. Jeder Lärm und jede abrupte Bewegung erschrecken sie, und wenn Besucher kommen, läuft sie sofort weg. Normalerweise ist sie sehr sauber, aber nach jeder Störung uriniert sie in eine Ecke oder unters Bett oder Büffet. Einmal, als ein Verwandter seinen Hund mitbrachte, setzte sie vor Angst unterm Bett sogar Kot ab. Können wir etwas tun, damit es ihr besser geht und unsere Wohnung sauberer wird?

Hochachtungsvoll

Miriam und Charles Bewley

Nervöses Urinieren ist eine der häufigsten Formen des Hausbeschmutzens, die ich zu Gesicht bekomme, aber nervöses Kotabsetzen kommt in den Krankenblättern selten vor. Ich erinnere mich an die Wut eines Besitzers, dessen Katze es fertiggebracht hatte, einen stinkenden Haufen in seinem Hifi-Kopfhörer zu hinterlassen. Die Katze wurde sofort weggegeben, so daß ich sie nicht behandeln konnte. Wenn der Zorn und der Mangel an Humor des Besitzers auf allgemeine Intoleranz schließen läßt, wäre die Behandlung einer offenbar sehr nervösen Katze ohnehin schwierig gewesen.

Die Behandlung nervöser, das Haus beschmutzender Katzen folgt den in Kapitel 5 gegebenen Richtlinien, mit denen die Fähigkeit der Katze, mit Störungen wie zum Beispiel Besuchern fertigzuwerden, gesteigert werden soll. In schweren Fällen muß man die Katze solchen Störungen unter Überwachung aussetzen, indem man sie in einen Käfig setzt. Ein Kistchen muß drin sein, damit die Katze es in solchen Situationen benutzen kann. Das Hauptziel der Behandlung ist, die Katze resistenter zu machen. Eine begleitende Therapie mit Progestin ist hingegen in diesen Fällen nicht angezeigt. Eine Nebenwirkung von Progestin kann das Zurückhalten von Wasser sein, so daß die Katze sehr plötzlich und reichlich urinieren muß. Das wäre kontraproduktiv, und so benutzt man mildere Sedative wie Valium oder homöopathische Mittel.

Orte, die eine nervöse Katze beschmutzt hat, sollen unbedingt gereinigt werden, damit die Katze sie nicht als normale Latrinen ansieht. Aber da die meisten dieser Katzen unwillkürlich Harn oder Kot absetzen, wird kaum eine Stelle mehr als einmal benutzt werden.

Manche nervöse Katzen urinieren nur, wenn ihre Besitzer sie strafen; andererseits verziehen sie sich auch gerne in ein Versteck, um dort zu urinieren und Kot abzusetzen. Nie gab es ein klareres Beispiel dafür, daß man mit der Katze konsequent sein, aber Strafe vermeiden soll. Besitzer müssen immer freundlich sein, denn für sensible Katzen bricht die ganze Sicherheitsbasis zusammen, wenn ihre Besitzer Aggression gegen sie zeigen oder ihnen drohen. Die meisten Katzen sind natürlich nicht so sensibel und brauchen gelegentlich einen Tadel, wenn sie den Vorhang hinaufklettern oder während des Sonntagsessens über den Tisch marschieren wollen. Wichtig ist, sie dabei eher aufzuschrecken als zu strafen, und der Besitzer sollte dabei soweit als möglich unbeteiligt sein. Ein lautes Zischen des Besitzers wird von Katzen als allgemeine Warnung oder Drohung aufgefaßt und dem Sünder klarmachen, daß er besser fortgeht. Solche Methoden sind aber mit Vorsicht zu gebrauchen bei nervösen Katzen, besonders solchen, die vor Schreck urinieren.

Assoziatives Ausscheiden

Lieber Mr. Neville

Letztes Wochenende fuhren meine Frau und ich zur Abwechslung einmal fort und ließen unsere Kater Tom und Jerry im Haus, da wir sie nicht in eine Pension bringen wollten. Unsere Nachbarin kam zweimal täglich, um sie zu füttern, ihr Kistchen zu säubern und allgemein nach ihnen zu sehen. Sie aßen gut, und unsere Abwesenheit schien ihnen nichts auszumachen, mit einer sehr unangenehmen Ausnahme. Sie benutzten unser Bett, unsere Lieblingssessel und ein paar Kleider, die wir auf dem Boden des Schlafzimmers gelassen hatten, als Toilette. Kot und Urin erwarteten unsere Nachbarin jeden Morgen, und natürlich will sie künftig unsere Katzen nicht mehr besorgen, wenn wir weggehen. Wie kommt eine Katze dazu, etwas so Ekliges zu tun, und, was wichtiger ist, wie können wir das in Zukunft verhindern?

Hochachtungsvoll

Gwen und Harry Clarke

Man nennt diese Art von Hausverschmutzung manchmal »Trotzhandlung«, aber das ist, obwohl es wie ein beabsichtigter Racheakt aussieht, wohl nicht fair. Wahrscheinlich handelt es sich hier um nervöse oder durcheinandergebrachte Katzen. Manche gehen so weit, auf den Schoß ihres Besitzers zu urinieren, und andere beschmutzen das Bett ihrer Besitzer, wenn diese darin liegen. Es ist schwer, bei solchen Gelegenheiten Mitgefühl mit der Katze zu empfinden, aber Strafe muß unter allen Umständen vermieden werden. Und die vom Verleger dieses Buches vorgeschlagene Methode, die Besitzer möchten sich rächen, indem sie ihrerseits ins Katzenbett pißten, ist auch nicht empfehlenswert! Akute Angst, Frustration, wenn der Schutz durch mehrtägige Abwesenheit entzogen wird, ja sogar die Ankunft eines neuen Babys können solches Verhalten einleiten. Wichtig ist, die Plazierung und Annehmbarkeit des Kistchens zu kontrollieren, oder ihren Ausgang nach draußen, um sicher zu sein, daß alles für die Katze geeignet ist. Vorausgesetzt, die Katze hat durchaus geeignete Einrichtungen zur Verfügung und wandert nicht einfach auf der Suche nach einer Latrine herum, können wir annehmen, daß das Urinieren auf abgelegte getragene Kleider, auf das Bett oder auf Lieblingssesseln auftritt, wenn der Besitzer abwesend ist, und es gibt zwei Erklärungen. Die erst ist, daß eine angsterfüllte Katze einfach schläft oder ruht, wo sie es sonst auch tut, aber wenn sie erwacht, fühlt sie sich nervös und einsam und erleichtert sich unabsichtlich. Ist das geschehen, wird der Ort als Latrine statt als Bett angesehen und als solche benutzt; zum Schlafen werden andere Orte aufgesucht. Die zweite, einleuchtendere Erklärung: Die unsichere Katze sucht bewußt Gegenstände und Orte auf, die stark nach ihren Besitzern riechen, und setzt Urin und Kot auf sie ab im Bestreben, ihren Geruch mit dem der abwesenden Besitzer zu vermischen. Das ist eher eine Art des Markierens und soll einem wirklichen oder eingebildeten Feind, der in Abwesenheit der Besitzer der Katze ihr Heim streitig machen möchte, einen starken Wall entgegensetzen. Wenn die Ausscheidung auf den Knien des Besitzers oder im Bett erfolgt, dürfen wir annehmen, daß ihre Gefühle aus irgendeinem Grund verwirrt sind, und wenn sie auf ihrer Mutter Schutz gefunden hat, versucht sie entweder die Bindung zu verstärken, oder vor Erleichterung entspannt sie sich zu sehr und uriniert, ohne es zu wollen.

Das können interessante Theorien sein, aber wenigstens zeigen sie, wie nötig es ist, Ursache und Wirkung herauszufinden. Wenn die Katze nur versucht, ihr Selbstvertrauen durch Gerüche zu verstärken, weil sie sich in ihrem eigenen Heim verwundbar fühlt, wenn die

Besitzer abwesend sind, ist es vielleicht besser, man verbringt sie in eine sichere, gutempfohlene Katzenpension, anstatt sie allein zu Hause zu lassen. Besitzer haben einen größeren Einfluß auf das Sicherheitsgefühl ihrer Katzen, als wir gemeinhin glauben; das stimmt ja auch mit der Idee einer Ersatzmutter überein. Vielleicht könnte man mehr Sicherheitsgefühl vermitteln, indem man den Katzen einen kleineren Teil des Hauses überläßt, ohne Schlafzimmer und Wohnzimmer, damit sie nicht assoziativ urinieren. Nervöses oder assoziatives Versäubern sollte dann nicht mehr vorkommen, weil sich die Katze in einem kleinen, überschaubaren Raum geborgener fühlt. Solche Techniken werden auch bei Hunden angewendet, die das Leben nicht allein bestehen können und Trennungsängste haben. Hunde heulen gewöhnlich oder zerstören Haushaltgegenstände, wenn sie Angst haben, aber auch sie können unsauber werden. Das ist jedoch nie so gezielt wie bei Katzen und wird deshalb viel weniger als bewußte Handlung zur Erhöhung der Sicherheit angesehen.

Wenn es nicht möglich ist, solche Katzen in Pension zu geben, kann man sie höchstens bei Freunden unterbringen oder eine ganztägige Katzensitterin anstellen. Aber für die Wohnungskatze ist es unerläßlich, kurze Trennungen zu üben und ihre Fähigkeit, mit Neuem und Herausforderndem fertig zu werden, zu steigern. In ernsten Fällen kann eine Progestinbehandlung vom Tierarzt helfen, aber nur kurze Zeit wegen der Wasserzurückhaltung. Eine solche Behandlung sollte zwei bis drei Tage vor der Abreise beginnen, damit die Katze physiologisch vorbereitet ist auf den Schock der plötzlichen Abwesenheit der Besitzer. Ich würde annehmen, daß eine große Zahl alternativer Mittel in solchen Fällen helfen könnten, konnte sie aber bis jetzt noch nicht selbst ausprobieren.

Eine unglückselige Nachwirkung dieser Art von Beschmutzungsproblemen ist, daß, wenn die Katzen einmal angefangen haben, aufs Bett und besonders auf Federdecken zu urinieren, es sehr schwierig ist, diese Gewohnheit auszutilgen. Weiche Unterlagen sind anziehend. Man darf die Katzen mehrere Wochen lang nicht aufs Bett lassen, um die Assoziation zu brechen. Dazu sollte das Kistchen für Katze und Besitzer angenehmer gemacht werden. Nun genug von diesem unappetitlichen Thema, das aber doch in meiner Praxis von überwiegender Bedeutung ist. Jetzt wenden wir uns viel weniger leicht verständlichen oder erklärbaren Aspekten des Katzenverhaltens zu. Für sie gibt es oft wenig mehr als pure Vermutungen, auf die man eine Behandlung aufzubauen versucht. Manchmal wirkt sie, manchmal verschwinden die Probleme von selbst und manchmal bleiben sie. Aber ob eine Behandlung möglich war oder nicht, das letzte Kapitel dieses Buches gilt den Katzen, die ein seltsames oder völlig zweckloses Verhalten zeigen, und ihren manchmal sehr geduldigen Besitzern.

11

Seltsame Eßgewohnheiten und merkwürdiges Verhalten

Viele der Probleme mit Katzen sind das Resultat ihrer starken Bindung an uns und ihrer Unfähigkeit, ohne uns vollständig zu funktionieren. Sie binden sich auch stark an das Territorium, das wir ihnen rund ums Haus bieten. Umziehen kann deshalb ein Schock sein für die Katze, da ein kompletter Wechsel des Territoriums, das Verschwinden der Wege und Fluchtwege damit verbunden ist, so daß sich die Katze völlig wehrlos vorkommt. Langsame, sorgfältige Einführungen, ein Zimmer aufs Mal, und viel Zuneigung hilft den meisten Katzen binnen weniger Tage über den Streß einer solchen Umwälzung, und wenige brauchen daneben noch Sedative. Es empfiehlt sich, besonders nervöse Tiere in einer guten und sicheren Katzenpension unterzubringen, ehe man im alten Haus alles von den Wänden zu reißen und zu packen beginnt, und sie nicht ins neue Haus zu bringen, bis alles ausgepackt und an seiner Stelle ist. Katzen, die ins Freie dürfen, kommen besser durch, aber sie sollten etwa eine Woche im neuen Haus eingeschlossen bleiben, damit sie die Geographie und die Gerüche ihrer neuen Basis kennenlernen. Läßt man sie nachher ihr Stück Land draußen erforschen und sich gegenüber den ansässigen Katzen ein Territorium schaffen, so sollten sie hungrig sein. Wenn sie etwa zwölf Stunden nichts gegessen haben, gehen sie nicht zu weit weg und kommen rasch auf den Ruf oder das Signal »Essen«! Wenn man die Katze auf ihrer ersten Exkursion in die neue Welt begleitet will, hilft das, aber die Anpassungsfähigkeit und der Überlebensinstinkt der Katze kommen gewöhnlich genügend zum Tragen, und sie nehmen bald einen ähnlichen Lebensstil und ähnliche Gewohnheiten an wie im alten Haus. Aber es gibt Ausnahmen.

Umziehen

Lieber Mr. Neville

Mein Partner und ich sind vor sechs Wochen in eine neue

Wohnung umgezogen, zusammen mit unserem roten Kater Banzai. Wir hielten ihn zwei Wochen drinnen, und er schien sich gut einzuleben. Aber sobald er wieder hinausdurfte, ging er dauernd zu unserem alten Haus zurück, das etwa drei Kilometer entfernt ist. Können wir etwas tun, damit er begreift, daß wir und damit er umgezogen sind?

Hochachtungsvoll

Madeleine Fosket

Das ist ein sehr häufiges Problem. Da Sie so nahe bei der alten Wohnung sind, ist anzunehmen, daß Banzai beim Erforschen seines neuen Territoriums auf einen der Wege gestoßen ist, die durch sein altes führten. Er geht diese Wege nachhause wie vorher und wird bei der Ankunft verwirrt sein, weil alles verändert ist. Die Bindung an das neue Haus ist einfach nicht stark genug, um ihn anzuziehen. Manche werden ohne böse Absicht ermutigt von den neuen Inhabern der alten Wohnung, die sie füttern und geschmeichelt sind, daß diese fremde Katze ohne weiteres die Katzentür benutzt und bei ihnen wohnen will. Aber selbst wenn man sie aufgeklärt und gebeten hat, die Katze das nächste Mal zu verjagen oder mit Wasser abzuschrekken, kann die Bindung mit dem alten Territorium bleiben. Die Katze geht immer wieder dorthin zurück und kommt nur ins neue Haus, wenn man sie hinträgt. Beide Parteien werden der Reiserei müde, besonders in den bemerkenswerten Fällen, in denen Katzen über viele Kilometer hinweg zu ihrer alten Heimstätte zurückgekehrt sind. Katzen haben, wie Brieftauben, Zugvögel, Lachse, Wale und sogar manche Hunde, einen angeborenen Sinn, den sie benutzen, um den Heimweg zu finden. Die meisten Theorien besagen, dieser Sinn sei magnetisch; die Katze habe einen eingebauten Kompaß, der auf das magnetische Feld der Erde reagiere. Andere wieder glauben, daß es sich um ein feinabgestimmtes chemisches System handle, daß die Katze über eine sich stets verdichtende Treppe von Gerüchen nach Hause führe, wo sie am stärksten konzentriert sind. Solche Spezialisten zu behandeln, ist mit dem gegenwärtigen Stand unseres Wissens nicht möglich.

Der einzige Ausweg wäre, das alte Haus mitsamt der Katze zu

verkaufen. Manche haben erwogen, einen Magnet auf den Kopf der Katze zu binden, damit die Richtungen durcheinanderkommen, aber ich weiß nicht, ob das funktioniert. Kann man vielleicht einmal versuchen.

Aber Katzen wie Banzai kann man gewöhnlich erfolgreich behandeln. Der erste Schritt ist, daß die neuen Bewohner des alten Hauses alles tun, um ihn zu verjagen, ihn nie begrüßen und nicht bedauern. Andere Nachbarn, selbst wenn sie vorher mit der Katze befreundet waren, müssen es gleich halten. Im neuen Haus sollte Banzai einen Monat drinbehalten werden. Wenn er immer noch an den alten Ort geht und seine Besitzer ihn abholen, sollten sie nie den direkten Weg heimnehmen, sondern den größtmöglichen Umweg machen, erst in entgegengesetzter Richtung und erst dann in weitem Bogen zurückfahren. Manchmal hilft es, die Katze eine Weile in einer Katzenpension, die von beiden Häusern so weit als möglich entfernt ist, unterzubringen, damit die Erinnerung ans alte Heim und der Zug dorthin verblassen. Aber wenn sie im neuen Haus ist, helfen kleine, häufige Mahlzeiten und eine Menge von Liebe und Aufmerksamkeit, neue Bindungen aufzubauen. Das neue Haus sollte als Zentrum des neuen Terrtoriums und als Quelle von Nahrung und Obdach empfunden werden, im Gegensatz zum ungemütlichen alten Haus. Es kann Wochen, manchmal Monate dauern, bis man die Katze ohne Begleitung hinausgehen lassen darf.

Die Moral von der Geschichte: nie weniger als wenigstens zehn Kilometer weit wegziehen.

Manche Katzen binden sich also so stark an ihr Territorium, daß sie Veränderungen kaum akzeptieren können; andere aber binden sich so stark an ihre Besitzer, daß sie kaum mehr ohne sie leben können. Überabhängigkeit kann im Alter dazu führen, daß die Katze Stimmkontakt zu halten versucht. Dieses Sicherheitsbedürfnis ist verständlich, da sie die Besitzer als schützende Mutterfiguren betrachtet. Der Hund leidet häufig an Trennungsangst, wenn er uns, sein Ersatzrudel, vermißt, und versucht, manchmal verzweifelt, bei uns zu bleiben. Er versucht uns von der Tür wegzudrängen, bewacht den Ausgang und den Schrank, in dem die Mäntel sind; all das sind Maßnahmen für die persönliche Sicherheit, indem er in der Gruppe bleibt. Und wenn wir fortgehen konnten, heult der einsame, angsterfüllte Hund, um uns zurückzuholen, oder versucht zu entwischen, indem er an Türen gräbt und durch Fenster springt. Wenn ihn totale

Panik erfaßt, verschmutzt er vielleicht die Wohnung oder zerstört Haushaltsgegenstände.

Das gibt es bei Katzen nicht, aber viele sind offensichtlich unglücklich und unsicher, wenn sie von ihren Besitzern getrennt sind. Die einen jammern mit hoher Stimme und ahmen damit den Verzweiflungsschrei der Kätzchen nach. Andere versuchen systematisch, bei uns zu bleiben.

Der bemerkenswerteste Fall dieser Art ist der einer Burmesin, kastriert, vier Jahre alt und eine von vier Katzen im Haus. Sie konnte die Nacht ohne ihre Besitzerin nicht ertragen. Sie kletterte außen am Haus über Simse und Dachrinnen hoch, drei Etagen, erreichte den Dachvorsprung über dem Schlafzimmer der Besitzerin und schrie. Das passierte drei Wochen lang jede Nacht. Die Besitzerin wurde vom Lärm aufgeweckt; sie ging im Nachthemd zum Dachboden, um die Katze zu retten, und nahm sie dann zu sich ins schöne warme Bett für die ganze Nacht. Das ist ein typischer Fall von erlerntem Unvermögen, der glücklicherweise inzwischen gelöst wurde, indem man das Band zwischen Katze und Besitzerin etwas lockerte: Zuneigungsbeweise mußten stets von der Besitzerin, niemals von der Katze ausgehen, und, am wichtigsten, sie bekam in der Küche ein schönes geheiztes Bett. Der Fall zeigt, wie stark die Bindung zwischen Alleinjäger und Besitzer werden kann, wenn wir Wärme und Schutz spenden.

Lieber Mr. Neville

Hin und wieder müssen meine Frau und ich ins Ausland reisen und unsere geliebte Katze Shona wegen der Quarantäne-Vorschriften zu Hause lassen. Gewöhnlich bringen wir sie in eine tadellos hygienische und komfortable Katzenpension, aber wenn wir dort von ihr weggehen, zeigt sie sich verzweifelt. Sie frißt fast nichts, liegt meistens in ihrem Bett, und wenn das Personal sie etwas zu beleben versucht, kann sie sogar nach ihnen schlagen. Aber sobald wir wiederkommen, um sie abzuholen, kommt sie wie ein Hund auf uns zugesprungen; sie erkennt sogar den Ton unseres Automotors. Sie schnurrt laut und kuschelt sich in unsere Arme. Wieder zu Hause, ißt sie heißhungrig und läuft uns durch alle Räume nach; offensichtlich haben die

»Ferien« ihr nicht geschadet. Können wir mehr tun, damit sie die Trennung besser erträgt?

Mit freundlichen Grüßen

George und Julietta Barclay

Ob Katzen wie Shona stark an ihre Besitzer gebunden sind oder nur ihren gewohnten Lebensstil vermissen, ist manchmal schwer abzuschätzen. Die meisten Besitzer möchten glauben, daß sie es sind, nach denen die Katze sich sehnt, wenn sie in einer Katzenpension zurückgelassen werden. Das Gefühl, die Katze sei verzweifelt, verstärkt die Last der Schuld, die die Besitzer tragen, weil sie die Katze nicht mit in die Ferien nehmen können. Wieviel Zeit und Mühe die Besitzer von Katzenpensionen auch aufwenden, um ihr Unternehmen sauber und anziehend zu gestalten, Besitzer werden sie trotzdem als Gefängnisse auf Zeit betrachten. Die Stärke der Bindung zwischen Katze und Besitzer kann in einem solchen Maß das Sicherheitsgefühl der Katze beeinflussen, daß Trennungsängste entstehen, selbst wenn die Katze in die luxuriöseste aller Pensionen verbracht wird. Es gibt heute Hundepensionen, die den Komfort des Heims nachahmen, indem sie ihnen Stühle und Betten hinstellt, auf die sie klettern können, Fernseher und mehr Personal als üblich, um sie zu unterhalten. Vielleicht kommt das auch für Katzen, aber das wird für Shona nicht viel ausmachen. Ihr Heim, ihre Routine und ihre Besitzer sind ein so wesentlicher Bestandteil ihres Lebensgefühls, daß alles andere ungenügend und angsterregend ist. Die Behandlung solcher gelegentlicher Angstzustände ist sehr schwierig. Etwas Fortschritt läßt sich erzielen, wenn man die Katze daran hindert, ihren Besitzern soviel nachzulaufen, wenn sie zu Hause ist, und nicht auf jeden Versuch der Katze zu reagieren, Aufmerksamkeit zu erregen. Wichtiger ist es, die Katze mehrmals vor der längeren Abwesenheit in die Katzenpension zu bringen, damit sie das Personal kennen lernt, wenn die Besitzer dabei sind.

Sachen von zu Hause wie ihr Bett, Lieblingsspielzeug und getragene Kleider, die nach den Besitzern riechen, können der Katze helfen, ihre Loyalität zu übertragen. Allzuviel darf man nicht erwarten; eine Beziehung wird bestenfalls mit einem einzigen Mitglied des Personals möglich sein. Diese Person sollte man auch einladen, die

Katze in ihrem eigenen Heim zu besuchen, um Freundschaft zu schließen und um das Füttern und Liebkosen zu übernehmen. Unterdessen sollten sich die Besitzer etwas distanzieren. Der Zweck ist, der Katze beizubringen, besser mit dem Wechsel des Heims und des Lebensstils fertigzuwerden und sich von der Ersatzperson dabei helfen zu lassen. Das wird wohl nur in sehr wenig Katzenpensionen mit besonderem Personal möglich sein, und weit mehr Katzen müssen eben Trennungsängste haben. Wo immer möglich, sind solche Katzen wohl glücklicher, wenn man sie im Haus läßt und einen Katzensitter oder eine Tierfreundin damit beauftragt, die Katze zu füttern und zu pflegen. Dann geht wenigstens nicht die ganze Welt der Katze in Stücke, und sie bleibt von ihrem vertrauten Territorium und ihren Dingen umgeben, wenn auch nicht von ihren Besitzern und der üblichen Routine.

Wenn die Besitzer zu ihrer Katze zurückkommen, werden sie oft überschwenglich begrüßt mit Rufen, Schnurren und An-den-Beinen-Reiben. Sie entdeckt ihre Quelle mütterlicher Sicherheit aufs neue. Wir antworten der Katze in einem Strom von hohen Tönen. So verständigen sich Mutterkatze und Kätzchen. Das kann amüsante Folgen haben.

Musikalische Katzen

Lieber Mr. Neville

Meine Katze Mignon liebt die ganze Welt. Sie rollt sich auf den Rücken und ist selig, wenn Besucher oder sogar Leute auf der Straße sie streicheln. Sie schnurrt die ganze Zeit; eine glücklichere Katze habe ich noch nie gesehen. Wenn ich pfeife, kommt sie wie ein Hund und rollt sich laut schnurrend auf den Rücken. Aber wenn ich hohe Noten pfeife, springt sie auf die Füße und klettert an mir herauf und reibt sich an meinem Mund. Sie umklammert mit den Pfoten meinen Hals und reibt mit der Seite ihres Mauls gegen mein Gesicht und an der Kinn-Unterseite. Manchmal ist es einfacher, nicht zu pfeifen, aber als Musikerin muß ich einfach auf der Flöte üben. Mignon reagiert darauf wie von Sinnen, sie springt auf mich, gräbt ihre

Krallen in mein Bein und reibt wie eine Wilde an meinem Gesicht und der Flöte. Es ist unmöglich, so zu üben, aber wenn ich sie aussperre, kratzt sie am Teppich vor der Tür und will um jeden Preis wieder zu mir. Ist sie einfach musikalisch oder gibt es eine logische Erklärung für dieses seltsame Verhalten?

Mit freundlichen Grüßen

Jennifer Hillborough

Die hohen Töne unseres Pfiffs oder die reineren, höheren Töne der Flöte oder anderer leichter Windinstrumente ähneln den Tönen, die ein Kätzchen an seine Mutter richtet. Wenn sie daraufhin herbeikommt, reibt sie das Kätzchen und beruhigt es mit Lecken. Oft tut sie das in der Gegend des Mauls. Mignon sucht wahrscheinlich Gesichtskontakt mit ihrer flötenspielenden Besitzerin, weil die Töne, gleichviel wie gut gespielt, für sie einen Notruf bedeuten, und sie will ihrer Besitzerin mütterliche Beruhigung spenden. Ein Rollentausch, den man sicher nicht bei vielen Katzen sieht. Man kann annehmen, daß Mutterkatzen, die schon Würfe hatten, oder besonders freundliche und an viel Stimmkontakt gewöhnte Katzen so reagieren können.

Wir alle sprechen zu unseren Katzen in hohen Tönen, weil sie eher darauf reagieren als auf unsere normale Stimmlage oder tiefere Töne. Abgesehen von dem Kauderwelsch, mit dem wir ihre Aufmerksamkeit erregen möchten, benutzen wir auch hohe, piepsende »Komm her«-Töne, und wieder reagiert die Katze, als wäre sie ein Kätzchen, das auf den Ruf der Mutter herbeikommt. Sie trotten auf uns zu, Schwänze emporgereckt, in der Erwartung, von einem Freund gegrüßt und liebkost zu werden, und dieses Grußritual befolgen wir ihr ganzes Leben. Wie sich unsere Töne zusammensetzen, ist fast unmöglich herauszufinden. Aber Katzen reagieren gewöhnlich nicht so deutlich auf Fremde, die ähnliche Töne äußern und ebensoviel Zuneigung bekunden. Wir dürfen annehmen, daß jeder von uns ein eigenes persönliches »Piepsen« hat, das unsere Katzen und wenig andere erkennen.

Das Hörvermögen der Katze ist bei tiefen Tönen gleich wie bei uns, bei hohen Frequenzen aber sehr viel besser. Wir hören etwa bis zu 20 kHz und Hunde, trotzdem ihr Hörvermögen gerühmt wird, bis etwa 30 kHz. Aber die Katze reagiert auf Töne von 65 kHz, wenigstens anderthalb Oktaven höher als wir. So sind unsere hohen Piepstöne für sie bestens hörbar. Ihre Fähigkeit, solch hohe Töne zu hören, mag erklären, warum manche Katzen in der Nähe elektrischer Haushaltgeräte, wie zum Beispiel der Waschmaschine, nervös sind.

Für die so gewaltig reagierende Mignon gibt es wohl keine andere Lösung, als sie während des Übens nach draußen oder zwei Räume weiter weg zu verbannen. Oder ihren Beruhigungsversuchen sollte die Besitzerin etwas weniger Toleranz entgegenbringen.

Hunde, die Aufmerksamkeit wünschen, können das viel stärker ausdrücken. Der fordernde Hund kann eine Vielfalt von Schlichen kennen, um im Mittelpunkt zu sein: er steht vor uns und wedelt, er springt an uns hoch, er bellt und trägt unsere Pantoffeln, unsere Brieftaschen und Handtaschen als Trophäen fort. Katzen machen das subtiler und ruhiger, obwohl es welche gibt, die die Beine hochklettern. OK, wenn man Jeans trägt, aber schmerzhaft, wenn man in Rock und Nylons gekleidet ist. Die meisten Katzen benutzen die Gelegenheit, um ein bißchen mütterlichen Trost und Zuspruch zu erhalten, wann immer wir uns setzen. Sie wissen, daß wir dann verfügbar und entspannt sind und sie wahrscheinlich streicheln werden. Wenn wir nicht darauf eingehen, geht die Katze offensichtlich beleidigt weg, dreht uns den Rücken zu und hält den Kopf hoch und distanziert. Einige gehen weiter und bestehen auf unserer Aufmerksamkeit, indem sie aus Protest spritzen (Kapitel 5), und ein paar andere kennen andere Wege, uns sofort zu ihnen laufen zu machen. Ein Lieblingstrick solcher Katzen ist es, auf Fenstersimse zu springen und sich ohne große Sorgfalt durch unsere Lieblingspflanzen oder Antiquitäten zu winden. Es klappt jedesmal. Glücklicherweise bleiben die meisten Aufmerksamkeit heischenden Katzen beim mehrmaligen Versuch, unseren Schoß zu erklimmen, und wenn sie keinen Erfolg haben, tun sie einfach dergleichen, es sei ihnen egal.

Durch dieses ganze Buch hindurch haben wir unsere Beziehung zu den Katzen als mütterlich bezeichnet, und das zeigt sich nie klarer als bei den vielen Katzen, die zwar erwachsen sind, aber trotzdem gerne an unseren Kleidern und sogar an unserer Haut saugen. Dabei sondern sie reichlich Speichel ab in Erwartung der Milchmahlzeit, die sie als Kätzchen bekamen, und ihre Pfoten treten uns abwechselnd, weil auf diese Weise der Milchfluß der Mutter angeregt wird. Bei einer großen, angriffslustigen Katze scheint dieses Verhalten nicht vereinbar mit dem allgemeinen Despotismus, den sie draußen zeigt, und für den Besitzer ist es schmerzhaft und feucht. Dieses Verhalten sieht man aber bei fast allen Heimkatzen; es wird durch unser Streicheln ausgelöst oder einfach durch unsere beruhigende Gegenwart. Das »Treteln« ist meist erträglich, aber die Katze, die ihren Besitzer mit Speichel betröpfelt, wird gewöhnlich weggeschickt, ehe es so weit ist. Kätzchen, die von Hand aufgezogen wurden, zeigen das Verhalten besonders oft, weil offensichtlich ihre Mutter voll ersetzt wurde.

Manche Besitzer, besonders solche nervöser Katzen oder Katzen, deren Leben unglücklich begann, wollen die Katze nicht wegstoßen aus Angst, sie könne sich abgelehnt oder ungeliebt fühlen. Duldet man das, so kann die Katze ihr Saugen steigern, bis die Haut rote Flecken hat oder Kleiderzipfel zum Auswringen naß und durchgekaut sind. Man soll dieses Spiel nur kurz, dafür häufig spielen und es unterbrechen mit dem Streicheln und Reiben der Erwachsenen, dann verschwindet das kindliche Muster bald, wenn es der Besitzer möchte. Andere, vor allem Leute, denen die Katze die Gesellschaft ersetzt, etwa ältere oder ans Haus gebundene Leute, haben dieses Verhalten gern und scheuen die feuchten Folgen nicht, solange sie etwas Warmes und Reagierendes betreuen können.

Solche Katzen interessieren sich vor allem für wollene Kleider. Vielleicht fühlt sich nasse Wolle ähnlich an wie das Fell der Mutter im Bereich der Zitzen. Wahrscheinlich aber erinnert der Geruch von Lanolin und anderen Wollebestandteilen an den des Fells der Mutter. Wollesaugen hat jedoch nichts zu tun mit Wollefressen, das ich bei vielen orientalischen Katzen gesehen habe. Wolle und Gewebe fressen, oder überhaupt Dinge fressen, die keinen Nährwert haben, nennt man »Pica«. Seltsamerweise ist das das Swahili-Wort für Katze.

Pica – Gewebe- und Wollefressen

Warum manche Katzen Wolle und Gewebe fressen, weiß man nicht. Daß sie es tun, wissen viele Besitzer von durchlöcherten Kleidern, Teppichen und Möbeldecken. In den fünfziger Jahren glaubte man, das sei eine Besonderheit von Siamesen und vor allem von rolligen Katzen. Da sich die Vorliebe zu vererben scheint, hat man versucht, das Verhalten herauszuzüchten. Eine Umfrage, die ich seit 1988 durchführe, zeigt, daß das Problem weiter verbreitet ist und sich nicht auf Siamesen beschränkt. 152 Fälle wurden mir bis jetzt gemeldet, davon sind 59 Prozent verschiedene Typen von Siamesen, 28 Prozent sind Burmesen und 13 Prozent Mischlinge. Einige der letzteren haben ein siamesisches oder burmesisches Elternteil, aber andere nicht. Ihre genaue Familiengeschichte ist oft unbekannt, und vielleicht figurieren Orientalen unter den Vorfahren. Es ist aber wahrscheinlich, daß das Verhalten bei Mischlingen einfach weniger vorkommt. Vielleicht ist es logischer, an eine genetische Abnormität durch Dysfunktion auf dem Niveau der Chromosomen zu denken, die in hochgezüchteten Katzen eher vorkommen. Die Katzenhalter, die meinen Fragebogen beantworteten, hatten zum Teil Kontakt mit den Besitzern des Wurfs, dem ihre Katze entstammte; 58 Prozent von diesen meldeten, daß wenigstens eines der Wurfgeschwister auch Gewebe fresse. Nicht schlüssig, aber denkbar, daß die Abnormität vererbt sein könnte. Die einleuchtendste Erklärung für Gewebefressen liegt wahrscheinlich in einer Dysfunktion zwischen Hirn und neuraler Kontrolle des Verdauungssystems. Wie weit das Zentralnervensystem (»willkürliche« Entschlüsse) und das autonome Nervensystem (unwillkürliches System, wie etwa die Kontrolle der Verdauung) beteiligt sind, ist noch nicht klar.

Lieber Mr. Neville

Meine siamesische Katze ißt nicht nur Wolle, die wir sorgfältig vor ihr verstecken, sondern auch alle anderen Gewebe. Besonders liebt sie Tücher und Servietten, Socken und T-Shirts und hat jetzt angefangen, an der Sofadecke zu nagen. Sie kaut vor meinen Augen und sogar auf mir, wenn sie meinen Pullover erwischen kann, und läßt sich von unserem Abwehrgeschrei überhaupt nicht stören, nicht einmal von Wassergüssen. Wenn wir ausgehen, schließe ich sie jetzt in der Küche ein, wo sie nichts findet. Kann man etwas gegen dieses kostspielige Verhalten tun?

Mit freundlichen Grüßen

Terrie Peters

Manche Wolle-Gewebe-Esser bleiben bei Wolle, und wieder könnte man erwarten, daß Geruch oder Struktur der Wolle das Verhalten erstmals auslöst. Aber die Mehrzahl dehnt ihren Appetit auf alle Gewebe aus. Kleider, besonders getragene, und Frottiertücher sind besonders beliebt. Laut meiner Umfrage essen 93 Prozent Wolle, 65 Prozent Baumwolle und 54 Prozent Kunstfasergewebe. Vielleicht zieht der Geruch unserer Kleider die Katze an und weckt das Bedürfnis, sie zu essen. Warum mindestens zwei englische Katzen ausschließlich getragene Damenslips verzehren, ist unklar und kann aus Höflichkeitsgründen nicht weiter erforscht werden. In einem dieser Fälle gehört es zum Schlafengehen-Ritual, die Katze im Schlafzimmer zu suchen, wo sie sich schlau versteckt hält in der Hoffnung, kostbare Unterwäsche zu ergattern.

Wenn sie Gewebe ißt, scheint die Katze von ihrer Tätigkeit total absorbiert und wie in Trance. Wenn man faucht, schreit oder die Katze mit Wasser übergießt, hört sie manchmal auf, aber meist fangen sie sofort wieder an oder suchen einen ruhigeren Ort, um fortzufahren. Die Katze erfaßt die Wolle mit ihren Eck- und Schneidezähnen und zermahlt sie mit den Backenzähnen hinten in ihrem Maul. Wieviele Gewebe manche Katzen konsumieren können, ist wahrhaft bemerkenswert, besonders wenn man bedenkt, daß es normalerweise die Katze durchquert, ohne Schaden anzurichten. Es gibt zwar Tiere, deren Magen oder Darm verstopft wird, und einige muß man töten, weil der Schaden zu groß ist, aber die Mehrzahl bleiben ein langes Leben lang gesund.

Einige Katzen werden auch euthanasiert, weil ihre Besitzer ihre Gewohnheit zu kostspielig finden. Manche nennen zerstörte Kleider, die Hunderte von Pfund wert sind, oder Möbel im Wert von Tausenden; es ergab sich ein Durchschnitt von £136 pro Gewebefresser. Interessanterweise haben die meisten Fragebogen-Ausfüller gelernt, mit dem Problem zu leben und würden nicht im Traum daran denken, den Übeltäter los zu werden; sie würden nicht einmal zögern, wieder eine Katze der betreffenden Rasse zu halten.

Eine Theorie über die Ursprünge des Gewebefressens besagt, daß wie Wollesaugen das Verhalten ein überlebendes kindliches Verhalten bei den bekannterweise sensiblen Rassen anzeige. 39 Prozent der Katzen in der Umfrage wiesen die üblichen kindlichen Muster wie übermäßiges Treteln bei den Besitzern, Saugen und Geifern bei Liebkosungen auf und vielleicht eine allzu starke Bindung, so daß sie in Kontakt mit den Besitzern bleiben wollen. Auch das Alter, in dem die Kätzchen entwöhnt wurden, mag wichtig sein. Kätzchen, die ihren Müttern mit sechs bis acht Wochen weggenommen wurden, zeigen später im Leben mehr gestreßte und nervöse Reaktionen als solche, die zwölf Wochen bei ihr waren. Die zusätzlichen Wochen sind für die Ernährung nicht wichtig, wohl aber für die Entwicklung der Gefühle, so daß es später mit Herausforderungen leichter fertig wird und weniger rasch die Schwelle erreicht, die es zum Gewebefressen zwingt.

Aber 61 Prozent der Katzen in der Umfrage zeigten keine anderen kindlichen Verhaltensmuster, so daß es nicht unsere Beziehung zu ihnen ist, die ihre Grund-Veranlagung beeinflußt.

78 Prozent der Katzen fingen das Gewebefressen in der Jugend, mit vier bis zwölf Monaten, an. 22 Prozent taten es als Folge einer Streßeinwirkung oder eines Traumas, zum Beispiel einer Krankheit, eines Umzugs oder der Anschaffung einer weiteren Katze. Man sollte also die Idee, es handle sich um eine ererbte Veranlagung, die durch besondere Umstände aktiv werde, näher untersuchen. Klar ist, daß die meisten, die mit Wolle anfingen, dann auf andere Gewebe übergingen. Kater fangen ebenso leicht damit an wie Weibchen; Kastrieren brachte nur in 15 Prozent der Fälle eine Verminderung des Verhaltens. Manche Katzen hören mit dem Gewebefressen mit zwei Jahren auf; vielleicht weil sie inzwischen gelernt haben, mit der Veränderung oder der Herausforderung, die das Verhalten ausgelöst hatten, fertigzuwerden. Einige kann man behandeln, zum Beispiel, wenn sie nur wenig über die Reaktionsschwelle hinausgedrungen sind, aber genau weswegen die einen ansprechen und die andern nicht, ist ein Geheimnis.

Als erstes versuche ich herauszufinden, ob eine übermäßige Bindung ein wichtiger Einfluß ist und ob ein Rückzug des Besitzers, oder die Tatsache, daß er nicht mehr ständig verfügbar ist, zum streßlindernden Gewebefressern geführt hat. Solche Fälle betreffen gewöhnlich nur Katzen, die Wolle oder Gewebe lediglich bei Abwesenheit ihres Besitzers fressen, die aber an ihm kleben und von ihm abhängig sind, wenn er da ist. Ihre Behandlung besteht darin, ihnen zu helfen, erwachsen zu werden; infantile Reaktionen gegenüber dem Besitzer sollen gegen erwachsene ausgetauscht werden, und Zuneigung wird nur in kleinen Dosen gezeigt. Wo immer möglich ermutigt man diese Katzen, ins Freie zu gehen, damit sie mehr Anregung haben, die

Wichtigkeit des Besitzers und des Heims und die Abhängigkeit von ihnen reduziert wird. Viele scheinen den Sprung zu schaffen, aber wieviele Gewebe sie in den Häusern der Nachbarn und an Wäscheleinen finden, ist schwer zu sagen.

Der Zugang zu eßbarem Gewebe muß für alle Gewebefresser verunmöglicht werden, und manchmal hört das Verhalten so nach ein paar Wochen auf. Direktes negatives Konditionieren, indem man die Katze mitten im Kauen mit einer Wasserpistole beschießt, hat schon etwas geholfen, aber oft tun sie es nachher nur im Geheimen. Indirekte Taktik, indem man mit Geschmacksabschrecker belegte Tücher auslegt, kann die Katze auf immer vom Gewebefressen kurieren, aber die Wahl des Abschreckers ist wichtig. Die überkommenen Geschmacke von Pfeffer, Senf und Chili oder Currypaste sind unweigerlich nutzlos und stärken nur die Gelüste der Katze auf exotischeres Essen. Stark riechende Verbindungen wie Menthol und Eukalyptusöl sind erfolgreicher und haben eine ganze Anzahl von Gewebefressern davon abgebracht.

Die beste Hoffnung liegt in der Zusammensetzung des Futters, obwohl man nicht weiß, wieso, da die meisten Gewebefresser normale, gesunde Mengen fressen und ihr Appetit unter einem Magen voll Sweater oder Wollschal nicht zu leiden scheint. Man soll neben dem üblichen Futter jederzeit zugängliches Trockenfutter aufstellen; das kann offenbar den Wunsch, Gewebe zu fressen, auf Nahrhafteres umleiten; ein Risiko der Gewichtszunahme besteht dabei nicht. Die meisten Katzen holen sich den ganzen Tag über kleine Portionen und nehmen dafür bei den Mahlzeiten weniger vom anderen Futter. Manchmal hilft es, Mahlzeiten ganz auszulassen und einfach genug Trockenfutter hinzustellen.

Wenn es manchen Patienten dadurch, daß der Magen stets aktiv und teilweise gefüllt ist, hilft, das Bedürfnis nach Gewebe abzuschalten, so ist das vielleicht dem angenehm tröstlichen Gefühl zu verdanken, daß man Nahrung im Magen hat und nicht etwas anderes. Das erklärt vielleicht, warum Ballaststoffe, die Volumen und Verdauungszeit des Dosenfutters erhöhen, helfen können, Gewebefressen zu vereiteln. Weizenkleie kann zum Beispiel der gewöhnlichen Nahrung beigegeben werden, aber die meisten Katzen akzeptieren nicht zuviel davon. Hingegen kann man kleine Stücke feingehackter, ungebleichter Wolle oder Gewebe beigeben, die die Katze vielleicht eher akzeptiert. Das ist eine Art von Nachgeben, ist aber viel weniger kostspielig, als wenn man die Katze selber aus den Kleidern auslesen läßt. Andere Besitzer haben das Problem gelöst, indem sie der Katze zu den Mahlzeiten ein Frottiertuch servierten, an dem sie kauen konnte. Die Katze nimmt ein paar Bissen Nahrung zu sich und ißt dann etwas Frottiertuch – eine bizarre Szene, aber in manchen Fällen sehr wirksam.

Bei manchen Gewebefressern scheint die Zeit, die es braucht, um Nahrung aufzunehmen, Einfluß auf die Häufigkeit und die Intensität ihres Gewebefressens zu haben. In der Wildnis müßten die Katzen ihre Beute erst belauern, fangen und töten, ehe sie sie essen können. Auch das Essen selbst würde Zeit brauchen, denn die Katze muß durch Fell oder Federn dringen, um an das Fleisch zu gelangen. Solche blutigen Vorbereitungen braucht die Heimkatze nicht. Wir erjagen ihre Nahrung im Supermarkt oder Tierladen, ziehen sie aus dem Schrank, töten sie, indem wir die Dose mit einem Büchsenöffner aufmachen, und legen alle besten Teile auf den Teller; die Katze braucht nur zu essen. Kein Wunder, haben so viele Katzen schlechte Zähne – die werden nie gebraucht. Wenn die Katze so programmiert ist als Jäger, daß sie das Beutefangen als Vorspiel zur Appetitanregung und als Verdauungsförderer braucht, dann wird sie davon profitieren, daß sie mehr Zeit benötigt, um ihr Futter zu essen. Man hat Gewebefresser gezwungen, sich ihre Nahrung zu verdienen, indem man ihnen Knochen vorsetzt, deren knorpelige Fleischfetzen und unverdauliche Sehnen sie abkauen mußten. Wenn man der Katze zähe Fleischbrocken vorsetzt, kann dies den Wunsch, Gewebe zu fressen, mildern oder ganz ausschalten.

Mehr als das kann ich den Besitzern von wollefressenden Katzen im Moment nicht bieten. Die Resultate der Umfrage und die Details über die Abstammung der Katzen werden von einem Verhaltensforscher meiner Bekanntschaft, Dr. John Bradshaw, und seiner Studentin Diana Sawyer an der Universität Southampton ausgewertet. Ich hoffe, daß dadurch mehr Licht ins Dunkel kommt. Nachher möchten wir direkte Beobachtungstests und Analysen ausführen, besonders in bezug auf die Fütterung und die Zucht der Katze und auf den Einfluß von Streß auf Gewebefressen, in Zusammenarbeit mit Dr. Tim Gruffydd-Jones an der veterinärmedizinischen Fakultät in Bristol, wo ich jeden Monat Sprechstunde habe. Tim ist einer der besten Kenner der Katzenmedizin in England, so daß wir das Problem nun unter allen Gesichtswinkeln betrachten können und hoffen dürfen, daß wir das Gewebefressen der Katzen bald besser verstehen werden.

Pica – Elektrische Kabel

Lieber Mr. Neville

Mein Burmakater Rangoon hat ein sehr gefährliches Verhaltensproblem. Er nagt entsetzlich gerne an elektrischen Kabeln. Gott sei Dank ist es ihm bis jetzt nicht gelungen, die Drähte drinnen miteinander zu verbinden. Ich habe es mit Schelte versucht, aber er scheint unheilbar fasziniert davon. Kann man etwas machen oder wird er eines Tages, wenn ich gerade nicht aufpasse, von einem Stromstoß getötet?

Hochachtungsvoll

Siobhan O'Flaherty

Dieses scheinbar begrenzte Problem könnte offensichtlich für die Katze den Tod bedeuten und zusätzlich eine Feuersbrunst entfachen. Da ich überhaupt nicht verstehen konnte, wieso eine Katze an elektrischen Kabeln herumkaut, vermutete ich, daß ein frühes Interesse für eine bewegliche Spielschnur zu diesem Jagdverhalten geführt habe. Wenn also manche Katzen einfach Mäuse fangen, sie zum Fressen vorbereiten und dann, ehe sie sie verzehren, das Interesse verlieren, war Rangoon vom Belauern direkt zum Fressen übergegangen und hatte gelernt, daß Vorbereitung hier nicht nötig war. Es mußte ein erlerntes Verhalten sein, und vielleicht konnte ein wenig negatives Konditionieren, zusammen mit dem Wecken anderer, passenderer Interessen, es ausschalten. Um ein Übriges zu tun, behandelten wir Rangoon als Gewebefresser, indem wir sein Futter und seine Fütterungszeiten veränderten in der Hoffnung, jagd- oder appetitbedingte Aspekte seines Verhaltens zu beeinflussen. Wir versuchten, sein Spiel und sein Ersatzjagen umzuleiten, indem wir ihn dazu anregten, mehr Zeit im Freien zu verbringen, und mit einer Menge Spielzeug, wovon einige mit Katzenminze parfümiert waren, was er zum Glück unwiderstehlich fand. Dann erlaubten wir ihm unbewachten Zugang zu den Kabeln, die wir mit Eukalyptusöl bestrichen hatten und die nicht unter Strom standen. Irgend etwas aus diesem Katalog von Maßnahmen hatte Erfolg, denn Rangoon nagt nicht mehr an Kabeln und führt ein glückliches, sicheres Leben. Mein Freund, der Karikaturist Russell Jones, fand, bestimmt habe Rangoon versucht, sich wegen einer unsichtbaren psychischen Störung Elektrokonvulsive Therapie zu administrieren, und da es sonst keine ernsthafte Erklärung für das Verhalten gibt (das ich nur in zwei Fällen, die beide Burmakatzen betrafen, gesehen habe), muß ich ihm beinahe zustimmen.

Pica – Gummi

Recht viele der Katzenhalter, die auf meine Umfrage über Gewebefressen antworteten, erwähnten, ihre Katze esse auch Gummi. Die meisten begnügten sich mit Gummibändern, riskierten dabei allerdings böse Magenstörungen. Aber Wilberforce war auf Kondome spezialisiert. Seine Jagdkarriere im Schlafzimmer fand ein plötzliches Ende, als Wilberforce in der Nacht, in der sein Besitzer seine Hemmungen überwand und mich anrief, den Fehler begangen hatte, sich auf seine Beute zu stürzen, als sie bereits montiert, wenn auch noch nicht zum vorgesehenen Zweck verwendet worden war. Das war für einen Besitzer der berühmte Strohhalm gewesen; sicherlich unter großen Schmerzen brachte ihn sein Besitzer am Tag darauf in die Katzen-Auffangstation. Warum manche Katzen, wieder hauptsächlich Orientalen, eine Vorliebe für Gummi entwickeln, weiß ich nicht; manche essen allerdings auch Kunststoff. Behandeln Sie sie wie die Liebhaber von elektrischen Kabeln und beten Sie!

Pflanzen essen

Die meisten Katzen essen mehr Pflanzen, als wir ahnen, vielleicht, um sich rasch verdaubare Vitamine und Mineralien sowie Ballaststoff zuzuführen. Manche würgen das Gras mit einem Teil ihres Futters wieder hinaus, und man glaubt, sie würden so auf natürliche Weise Würmer und Haarballen los. Leoparden können viele Wochen ohne

Schaden nur von Pflanzen leben, trotzdem alle Katzenarten von Natur Fleischfresser sind und nicht sehr lange vegetarisch leben können. Wohnungskatzen sollte man einen Topf mit »Katzengras« hinstellen, damit sie nicht an die Zierpflanzen gehen. Ein bißchen negatives Konditionieren mit einer Wasserpistole kann die Katze, die an einer Lieblingspflanze nagt, überzeugen, aber das ist schwierig, wenn die fragliche Pflanze in Nachbars Garten wächst.

Aber Suki verursachte große Sorgen, als sie sechsmal operiert werden mußte, um ein Stück Blatt einer bestimmten Pflanze, mit gezacktem Rand, aus ihrer Kehle zu entfernen. Man hätte die Pflanze offensichtlich identifizieren und vielleicht entfernen sollen, aber das gelang nicht. Die Katze scheint einen unwiderstehlichen Drang zu empfinden, genau von dieser Pflanze zu fressen. Wir hoffen jetzt, daß sie, die nach der letzten Operation ein paar Wochen im Haus bleiben mußte und die Gelegenheit bekam, Katzengras und Trockenfutter zu essen, ihre Wünsche und ihr Verhalten geändert hat. Wenn wir nur ein erkennbares Muster der Pflanze hätten, stellte es sich vielleicht heraus, daß sie wie Katzenminze eine unwiderstehliche Verbindung enthält, die man der Katze dann in weniger gefährlicher Form vorlegen könnte.

Andere interessante Fälle betrafen Katzen mit einer Leidenschaft für bestimmte Nahrung oder einfach alle Nahrung. Das nennt man Polyphagia; sie ist nicht häufig bei Katzen, die ja dafür bekannt sind, daß sie ihre Nahrungsaufnahme ihren Bedürfnissen anpassen. Aber manchmal trifft man doch ein kätzisches Fäßchen, und abgesehen von den vielen körperlichen Krankheiten, die den Appetit steigern können, sieht man das meist bei Wohnungskatzen. Sie können sich aus Langeweile mit Essen beschäftigen, und wie bei Menschen mindert die Tätigkeit des Essens Streß. Die Behandlung besteht gewöhnlich darin, daß man sie in sorgfältig beschränkten Portionen füttert, außerhalb der Fütterungszeit keinen Zugang zu Nahrung gewährt und für größere Abwechslung und Aktivierung der Katze sorgt.

Ein Alkoholiker

Was man genau für eine Katze tun kann, die leidenschaftlich gern Campari mit Soda trinkt, war schwieriger zu entscheiden. Langsamer

Entzug wurde für Slosher vorgeschrieben, der seit mehr als drei Jahren täglich seinen Drink bekommen hatte. Ich riet auch dazu, immer mehr Soda und immer weniger Campari zu geben, und hoffe nur, es geht ohne Katzenjammer ab.

Sexuelle Probleme

Und nun endlich zum Sex. Traurigerweise ist dies ein kurzes und enttäuschendes Kapitelchen, denn Katzen haben kaum je sexuelle Probleme und können es auf keine Weise mit den sexfreudigen Exzessen junger männlicher Hunde aufnehmen. Hunde- und Katzenweibchen haben viel weniger die Tendenz, unerwünschtes oder seltsames Sexualverhalten an den Tag zu legen, und das Schicksal der meisten Kater ist die Kastration. Bei Beginn der Adoleszenz und vielleicht kurz vor der Kastration (oder wegen ihr) besteigen Kater gelegentlich den Arm ihres Besitzers, ein Kissen oder ein Möbelstück und masturbieren, besonders nach längerem Streicheln oder nach einer Aufregung, aber das Verhalten ist nicht langlebig und nie so hartnäckig wie der Angriff eines erregten jungen Terriers auf unser Bein.

Noch sind Katzen als Exhibitionisten berühmt, wie es so viele Hunde sind, auch mein eigener Dobermann Colonel, der vor seiner Operation »Bleistift« hieß. Die Sexualität der Katze ist nur sichtbar, wenn ein Weibchen rollig ist. Der unkastrierte Kater entdeckt das über kilometerlange Entfernungen und sucht das Weibchen mit aller Macht. Die Umwerbung ist aber gewöhnlich kurz, und man müßte sie Vergewaltigung nennen, wenn das Weibchen nicht die typische Haltung einer empfängnisbereiten Katze annähme. Die Paarung geht sehr schnell vor sich, kann aber mehrmals stattfinden, obwohl der Rückzug des Katers für das Weibchen schmerzvoll ist, da der Penis des Katers rückwärts gerichtete Stacheln trägt. So werden aber die Wände der Vagina zur Ovulation angeregt. Jede Paarung hat so die bestmögliche Erfolgschance. Die Kätzchen in einem Wurf können also verschiedene Väter haben, jenachdem, wieviele Kater in der Nähe sind, wenn ein Weibchen empfängnisbereit ist.

Das Sexleben einer Katze ist voraussehbar und klar, und mir kamen nur zwei Fälle von sexuellem Fehlverhalten zu Gesicht. Einer betraf einen dreijährigen kastrierten Kater, der unerklärlicherweise beharrlich einen bestimmten Knopf des Heizkörpers bestieg. Er bleibt zuoberst auf meiner Liste von Fällen, die sich von selbst erledigten, obschon ich keine Ahnung habe, wie das Verhalten entstand. Weit oben auf meiner Liste behandelter Fälle ist auch der folgende:

Lieber Mr. Neville

Seit ein paar Tagen hat sich Thumper, mein kastrierter roter Kater, in Jasmine, meine achtjährige Dackelhündin, verliebt. Er folgt ihr überall, schreit und schnuppert und versucht, sie bei jeder Gelegenheit zu besteigen. Sie ist deutlich verzweifelt und versucht sich zu verstecken, aber vergeblich. Er scheint regelrecht besessen und macht seine Annäherungsversuche fast pausenlos. Was um Himmels willen geht da vor?

Hochachtungsvoll

Richard Calvin

Es stellte sich heraus, daß der arme Thumper ganz normal auf eine Serie ungewöhnlicher Pheromone reagierte, die Jasmine als Folge eines inneren Tumors ausströmte. Sie erregten ihn sexuell, wie es der Geruch eines rufenden Katzenweibchens getan hätte, obwohl er kastriert war. Die empfangenden Hirnstellen werden von der Kastration nicht berührt; gewöhnlich zeigen sich aber die normalen Reaktionen nicht, da keine männlichen Hormone vorhanden sind. Es kommt aber vor, daß andere Hormone den Mangel an Androgenen kompensieren. Es ist nicht ungewöhnlich, daß kastrierte Hunde trotzdem noch sexuelle Reaktionen zeigen, aber bei Katzen ist das sehr rar. Thumper war offenbar eine solche Ausnahme und konnte nicht anders, als auf die berückenden Düfte Jasmines zu reagieren. Der Tierarzt behandelte den Hund, und das störende Verhalten des Katers verschwand von einem Tag auf den anderen.

Epilog

Wenn diese Reise durch die seelischen Störungen und das unerwünschte Verhalten der Katze auch nur einem Katzenhalter geholfen hat, seine Beziehung zur Katze etwas besser zu verstehen und bewußter zu genießen, ist ihr Zweck erfüllt. Meine eigenen Katzen Scribble und Bullet kamen, währenddem ich das Buch schrieb, hin und wieder zu mir, setzten sich auf meinen Word Processor und schauten herab, um zu ergründen, warum ihre vorher stets für sie vorhandene Mutterfigur sie verlassen hatte, um endlos auf Tasten zu schlagen. Vielleicht schreiben sie die Fortsetzung des Buches und taufen es *Versteh deinen Menschen*.

Hilfe für verhaltensgestörte Katzen

Wenn Ihre Katze Verhaltensprobleme aufweist, suchen Sie in erster Linie Ihren Tierarzt auf. Falls er keine körperlichen Ursachen feststellt, können Sie sich wenden an:

Lehrstuhl für Tierhygiene und Verhaltenskunde
Schwere-Reiter-Str. 9
8000 München 40

oder

IEMT (Interdisziplinäre Erforschung der Mensch-Tier-Beziehung)
Postfach
CH-6300 Zug
Tel.: 0042-2-118 30

oder

IEMT (Interdisziplinäre Erforschung der Mensch-Tier-Beziehung)
Leyringergasse 28 a
A-1040 Wien
Tel.: 0043-1-50 54 270